本书为福建省社科联 2017 年以马克思主义为指导的哲学社会科学学科基础理论研究重大项目"福建省战略性新兴产业协同创新系统演化机理研究"（立项编号：FJ2018MGCZ011）的成果。

福建战略性新兴产业协同创新系统演化研究

马 楠 ◎ 著

Research on the Evolution of
Collaborative Innovation System of
Strategic Emerging Industries in Fujian

中国社会科学出版社

图书在版编目（CIP）数据

福建战略性新兴产业协同创新系统演化研究 / 马楠著．—北京：中国社会科学出版社，2021.5
ISBN 978 – 7 – 5203 – 8550 – 3

Ⅰ.①福… Ⅱ.①马… Ⅲ.①新兴产业—产业发展—研究—福建 Ⅳ.①F269.275.7

中国版本图书馆 CIP 数据核字（2021）第 100766 号

出 版 人	赵剑英
责任编辑	黄　晗
责任校对	夏慧萍
责任印制	王　超

出　　版	中国社会科学出版社
社　　址	北京鼓楼西大街甲 158 号
邮　　编	100720
网　　址	http://www.csspw.cn
发 行 部	010 – 84083685
门 市 部	010 – 84029450
经　　销	新华书店及其他书店
印　　刷	北京君升印刷有限公司
装　　订	廊坊市广阳区广增装订厂
版　　次	2021 年 5 月第 1 版
印　　次	2021 年 5 月第 1 次印刷

开　　本	710×1000 1/16
印　　张	15
插　　页	2
字　　数	218 千字
定　　价	79.00 元

凡购买中国社会科学出版社图书，如有质量问题请与本社营销中心联系调换
电话：010 – 84083683
版权所有　侵权必究

目　　录

第一章　绪论 ……………………………………………………（1）
　第一节　研究背景及意义 ……………………………………（1）
　第二节　国内外相关研究现状与评述 ………………………（6）
　　一　战略性新兴产业相关研究文献综述 …………………（6）
　　二　协同创新相关研究文献综述 …………………………（13）
　　三　战略性新兴产业协同创新系统演化机理相关研究
　　　　文献综述 …………………………………………………（24）
　　四　福建战略性新兴产业相关研究文献综述 ……………（34）
　第三节　研究思路、研究内容及研究方法 …………………（40）
　　一　研究思路 ………………………………………………（40）
　　二　研究内容与结构安排 …………………………………（42）
　　三　研究方法 ………………………………………………（44）

第二章　相关理论基础概述 …………………………………（47）
　第一节　战略性新兴产业理论概述 …………………………（47）
　　一　战略性新兴产业的内涵 ………………………………（47）
　　二　战略性新兴产业的特点 ………………………………（48）
　　三　战略性新兴产业在国民经济中的战略作用 …………（50）
　第二节　技术创新理论概述 …………………………………（51）
　　一　技术创新的概念界定 …………………………………（51）
　　二　技术创新的类型 ………………………………………（53）

三　技术创新的过程 …………………………………………（55）
　第三节　创新系统理论概述 …………………………………………（56）
　　　一　创新系统的层级 …………………………………………（56）
　　　二　创新系统各层级间的关系 ………………………………（61）
　第四节　协同学理论概述 ……………………………………………（61）
　　　一　协同学基本演化方程 ……………………………………（62）
　　　二　协同学基本原理 …………………………………………（62）
　第五节　复杂适应系统理论概述 ……………………………………（64）
　　　一　复杂适应系统理论的提出及含义 ………………………（64）
　　　二　复杂适应系统模型的特性 ………………………………（64）
　第六节　自组织理论概述 ……………………………………………（66）
　　　一　理论基础及研究范畴 ……………………………………（66）
　　　二　耗散结构理论概述 ………………………………………（67）
　　　三　混沌理论概述 ……………………………………………（67）
　第七节　产业协同创新系统理论概述 ………………………………（68）
　　　一　协同创新理论 ……………………………………………（68）
　　　二　产业协同创新系统的基本概念及结构 …………………（71）
　　　三　产业协同创新系统的特征 ………………………………（72）
　第八节　福建战略性新兴产业协同创新系统演化机理的
　　　　　分析背景与框架 ……………………………………………（73）
　　　一　福建战略性新兴产业协同创新系统演化机理的
　　　　　分析背景 ……………………………………………………（73）
　　　二　福建战略性新兴产业协同创新系统演化机理的
　　　　　分析框架 ……………………………………………………（75）
　第九节　本章小结 ……………………………………………………（76）

第三章　福建战略性新兴产业协同创新系统分析 ………………（77）
　第一节　福建战略性新兴产业协同创新的存在性分析 …………（77）

一　战略性新兴产业发展的背景 …………………………… (77)
　　二　战略性新兴产业的具体划分 …………………………… (78)
　　三　战略性新兴产业各细分产业内协同创新的存在性
　　　　分析 ………………………………………………………… (80)
　　四　战略性新兴产业各细分产业间协同创新关系的
　　　　存在性分析 ………………………………………………… (82)
第二节　福建战略性新兴产业发展现状 ……………………………… (83)
　　一　福建战略性新兴产业发展成果显著 …………………… (84)
　　二　福建战略性新兴产业发展存在的问题 ………………… (86)
第三节　福建战略性新兴产业协同创新系统的内涵及
　　　　功能 ……………………………………………………………… (90)
　　一　福建战略性新兴产业协同创新系统的内涵及
　　　　结构 ………………………………………………………… (90)
　　二　福建战略性新兴产业协同创新系统的功能 …………… (92)
第四节　福建战略性新兴产业协同创新系统的特征 ……………… (93)
　　一　整体性 …………………………………………………… (93)
　　二　开放性 …………………………………………………… (94)
　　三　目的性 …………………………………………………… (94)
　　四　自组织性 ………………………………………………… (95)
　　五　动态性 …………………………………………………… (95)
　　六　不确定性 ………………………………………………… (96)
第五节　福建战略性新兴产业协同创新系统的复杂
　　　　适应性分析 ……………………………………………………… (96)
　　一　各子系统内部复杂适应性分析 ………………………… (96)
　　二　各子系统间复杂适应性分析 …………………………… (97)
第六节　福建战略性新兴产业协同创新系统的运行模型 ………… (98)
第七节　本章小结 …………………………………………………… (102)

第四章 福建战略性新兴产业协同创新系统的演化机理及过程分析 ……（104）

第一节 福建战略性新兴产业协同创新系统的演化机理分析 ……（104）
一　福建战略性新兴产业协同创新系统的演化动力分析 ……（104）

二　福建战略性新兴产业协同创新系统演化的分岔与突变分析 ……（112）

第二节 福建战略性新兴产业协同创新系统的演化过程分析 ……（119）
一　福建战略性新兴产业协同创新系统序参量及控制参量的确定 ……（120）

二　福建战略性新兴产业协同创新系统演化方程 ……（122）

三　福建战略性新兴产业协同创新系统的演化轨迹分析 ……（126）

第三节 本章小结 ……（130）

第五章 实证研究：福建新能源汽车产业协同创新系统的演化机理研究 ……（132）

第一节 福建新能源汽车产业的发展背景和现状 ……（132）
第二节 福建新能源汽车产业协同创新系统分析 ……（135）
一　福建新能源汽车产业协同创新系统的内涵与结构 ……（135）

二　福建新能源汽车产业协同创新系统的特征及功能 ……（136）

三　福建新能源汽车产业协同创新系统的运行模型 ……（136）

第三节 福建新能源汽车产业协同创新系统的演化机理及过程分析 ……（138）

  一　福建新能源汽车产业协同创新系统的演化机理 ……… (138)
  二　福建新能源汽车产业协同创新系统的演化过程 ……… (145)
  三　福建新能源汽车产业协同创新系统的演化轨迹
   分析 ……………………………………………………… (149)
 第四节　本章小结 ……………………………………………… (152)

第六章　基于产业协同创新系统视角的福建战略性新兴产业发展对策研究 ……………………………………… (153)
 第一节　提升生产企业的技术创新能力 …………………… (154)
  一　设置高效的研发组织结构 ……………………………… (154)
  二　建立完善的企业人才培养体系 ………………………… (155)
  三　科学决策企业技术追赶路径 …………………………… (157)
 第二节　提升大学及科研机构的技术创新能力 …………… (157)
  一　提升大学的技术创新能力 ……………………………… (158)
  二　提升科研机构的技术创新能力 ………………………… (159)
 第三节　完善和强化产业技术创新动力机制 ……………… (160)
  一　提高福建战略性新兴产业生产企业的技术创新
   意识 ……………………………………………………… (160)
  二　构建福建战略性新兴产业的数据分享机制 …………… (162)
  三　充分发挥子系统间的协同作用 ………………………… (163)
 第四节　加强和完善技术创新保障体系建设 ……………… (164)
  一　推进产业政策实施 ……………………………………… (164)
  二　强化财政政策扶持 ……………………………………… (166)
  三　优化金融资源配置，提升金融支持效率 ……………… (168)
  四　拓宽企业资金投入渠道 ………………………………… (169)
 第五节　本章小结 ……………………………………………… (170)

第七章　结论及展望 ……………………………………………… (171)
 第一节　结论 …………………………………………………… (171)

第二节　创新点 …………………………………………（172）
第三节　研究展望 …………………………………………（173）

附录　福建省"十三五"战略性新兴产业发展专项规划 ………（174）

参考文献 ……………………………………………………（214）

第一章

绪　　论

第一节　研究背景及意义

在现代科学技术迅猛发展和国际经济一体化的背景下，世界各国经济竞争日趋激烈。国家间经济的竞争，归根结底是产业的竞争，产业竞争力的提高关系到整个区域乃至国家经济的发展方向。产业竞争力对经济发展的重要作用，使其成为世界各国关注的焦点。中国作为现今世界上发展最快的国家之一，在世界经济发展的过程中发挥着重要的作用。但是，综观我国近年来经济社会的发展历程，其国际竞争力的世界排名并不理想。截至2020年，我国在全球最具竞争力经济体排名中仅位列20名，究其原因主要在于我国产业竞争力不足，以致企业竞争力不够突出，无法在激烈的国际市场竞争中占据优势。目前，产业竞争力不足已经成为严重阻碍我国在国际竞争中获取竞争优势的根本原因。

知识经济是将知识作为生产中主导要素的一种崭新的经济形态，它实现了资源的科学合理配置及优化利用。21世纪作为知识经济的时代，科学知识已经从抽象的概念逐步融入现实的物质经济体系。在科学技术和知识经济不断繁荣的背景下，全球化的竞争越来越体现在技术和知识层面，技术创新成为经济可持续发展的主要载体，是产业持续发展的力量源泉，也是决定一国在国际竞争中具有比较优势的核心要素。技术创新同时是产业核心竞争力最重要的一环，如果要增加产业竞争力，不可避免要增强产业的技术创新能力。[1] 产业创新对于一个企业、区域乃至国家的发展都具有举足轻重的作用。一个国家或地区经济实力的强弱和人们生活幸福指数的高低在很大程度上取决于这个国家或地区的产业创新能力。我国自入世后缺乏国际竞争力的产业为数不少，这些产业在结构、运行机制、技术构成等方面亟待调整和提升。通过提升我国相关产业的技术创新能力来推动国民经济，并在国际竞争中占据优势地位是一项重大的战略任务，也是实现我国经济跨越发展和新兴工业化的必由之路。

技术创新是一项复杂的系统工程，由多个环节构成，需要多个行为主体的共同参与。自20世纪初技术创新理论由美籍奥地利经济学家熊彼特提出后，技术创新便被视为现代经济增长的核心。伴随经济社会的不断发展、充实和完善，从独立创新、开放式创新到协同创新模式的更替优化过程，是人们对科技与经济发展关系进一步理解的反映。[2] 在经济全球化环境下，创新越来越呈现出开放性的特点，创新主体的创新行为已经从封闭走向开放，从独立走向合作，从单一区域走向多个地区。创新模式与以往的线性和链式方式不同，目前逐渐向非线性、多元化、网络化为特点的全方位共同创新的模式转化。从全世界来看，协同创新已变成各区域增强自身创新能力的全新组织模式，也是推进企业发展、产业升级、区域经济稳步提升的有效途径。

我国正处于进一步增强综合国力、提升国际地位、转变经济增长方式的关键时期，科技创新已成为推动国家经济发展的重要力量。就我国创新发展的总体现状而言，存在大学、科研机构的科研成果闲置，以及企业核心技术不足等现实问题。这些问题严重制约了企业、产业乃至国民经济的发展。作为一种全新的、多元化的、开放的创新模式，协同创新包含企业、大学、研究机构等主体要素以及政府、中介机构、创新平台等辅助要素。协同创新就是由这些主体要素和辅助要素共同构成的协

---

[1] 孙冰、林婷婷：《我国高技术产业竞争力与技术创新的关系研究》，《中国科技论坛》2012年第1期，第23—29页。
[2] 陈劲：《协同创新》，浙江大学出版社2012年版。

同互动的创新网络,它能够有效解决目前我国创新发展遇到的关键问题,形成知识创造和技术创造的协同互动,实现1+1>2的协同效应。

产业协同创新是具有时代背景和现实意义的重大研究领域。它可以全面理解产业的界限与构成、产业创新与生产流程、相关系统的协同演化发展等问题。产业协同创新活动的性质具有综合性、系统性、多层次性和实践性等特征。研究产业协同创新,对我国经济社会的全面发展具有极其重要的战略意义,对我国相关产业、区域经济和企业发展当前存在的实际问题而言,具有迫切的现实意义。特别是产业协同创新系统的观点补充了创新系统的文献资料,无论从我国经济发展的客观需要还是从对现有产业创新理论的充实和完善角度来看,均具有较为重要的理论和现实意义。

战略性新兴产业是指在科技水平有所突破的基础上建立的、引领新时代科学技术发展和产业创新方向的新兴产业,在我国目前还处于发展初期,体现了全球经济对知识性、循环性和低碳性的要求,具有极强的发展潜力,是对经济社会协调发展起带动作用的产业。机遇与挑战并存是目前我国战略性新兴产业所处时期的主要形势特征。尽管我国的战略性新兴产业在很多领域取得了很大进展,但是同发达国家相比,还存在非常大的差距,未形成与先进技术相适应的技术创新模式,也没有形成对各创新主体协同创新的有效引导和激励机制。面对新形势的不断变化,如世界新科技革命的发展、产业重组和新兴产业的不断涌现,怎样才能使战略性新兴产业的"引擎"作用和"杠杆"效应得以发挥,培养并发挥其特殊的优势,以其特有的活力对经济形成新的促进,已成为全世界各地区关注的焦点。[①]

战略性新兴产业的特点包括战略性、知识集中性、先导性。其形成和发展受科技创新、全球化竞争以及产业政策等诸多因素的影响。战略性新兴产业的发展是提升我国各地区产业核心竞争力、保障我国

---

① 汪秀婷:《战略性新兴产业协同创新网络模型及能力动态演化研究》,《中国科技论坛》2012年第11期,第51—56页。

在全球产业竞争中始终处于相对有利战略地位的关键。随着世界范围内新一轮科技革命的兴起以及创新过程各环节并行化、创新资源整合化和创新主体多元化的发展，实现产业可持续性发展的核心问题在于明确创新资源的获取途径、创新成果的共享机制以及创新效率的提升方式。明确了这些问题，便可以保证我国战略性新兴产业可持续、健康发展。在当前我国经济社会发展现状下，战略性新兴产业的发展与壮大是关系到我国经济社会发展、地区经济协同作用发挥与科技进步的重要问题。因此，如何围绕产业发展目标，通过多主体、多因素的产业协同创新网络提高战略性新兴产业的价值创造能力，具有重要的现实意义。

系统是由相互作用、相互依赖的若干构成要素组成的，具有相对稳定结构且能够完成一种或几种特定功能的复杂的有机整体。一个整体系统从形成到发展一般会随着时间的推移发生结构、状态、行为以及功能等方面的变化，这些变化就是系统的演化。系统演化是该系统从无到有的形式、从不成熟到成熟的发育、从一个结构或形态到另一个结构或形态的转变经历的整个过程。对于系统演化机理的研究，就是研究系统中各要素为了实现某些特定功能而形成的内在工作方式，以及各要素在一定环境下相互联系、相互作用的运行规则和原理。系统演化机理的研究，是通过对系统内部运行机制等的分析，从而找出其发展规律的一种科学研究方法。

战略性新兴产业协同创新系统是在政府宏观政策指导下，以战略性新兴产业的生产企业为主体，以相关的大学、科研机构等知识生产机构为辅助，在政府、中介机构、用户需求等要素的协调下构成的，以提升战略性新兴产业技术创新效率与产业竞争力为主要目标的具有高度协同关系的技术创新网络系统。其构建是为了解决产业发展中的技术创新问题，突出功能主要表现在不仅可以为产业发展提供良好的技术创新环境以大幅提高战略性新兴产业的技术创新效率，还可以协调产业主体的关系，促进战略性新兴产业中产业链上、中、下游资源的整合及协同发展。

自 2009 年开始，我国逐步将发展战略性新兴产业列为重点规划项目，通过出台一系列政策制度对其进行优先发展及重点扶持。随着国家战略性新兴产业发展规划的出台，福建立足本省经济发展及产业竞争力现状，分别于 2011 年与 2016 年针对"十二五"及"十三五"期间本省战略性新兴产业的发展现状，发布了福建战略性新兴产业发展专项规划，明确了新一代信息技术、高端装备制造、新能源汽车、生物与新医药、节能环保、新能源、新材料以及海洋高新产业八大产业的发展方向和重点任务，并提出相应的保障措施，为福建战略性新兴产业的发展指明方向。近十年来，福建战略性新兴产业虽然对全省经济的发展起到明显的拉动作用，但还存在自主创新能力不足、创新效率有待提升等问题。

鉴于战略性新兴产业对我国经济发展的关键作用，以及该产业协同创新系统对于产业技术创新、企业创新发展的推动，从系统化角度，通过理论分析弄清战略性新兴产业协同创新系统中各构成要素的特点、功能、相互作用以及系统演化动力等规律，并以福建战略性新兴产业协同创新系统的演化机理进行具体分析，不仅可以为战略性新兴产业的研究提供新的理论视角，还可以为福建经济社会的进一步发展提供新的发展思路。从这两方面来看，本书研究内容具有重要的理论和现实意义。

分析战略性新兴产业协同创新系统的演化机理，研究系统构成要素的作用及系统演化轨迹，也为进一步制定战略性新兴产业发展对策提供依据。一方面，战略性新兴产业对整个社会经济的发展具有重要的影响作用，研究产业协同创新系统的演化机理不能不研究其构成要素，即与产业相关的企业、大学、科研机构、政府、中介机构及用户需求的现状，对产业技术创新的影响，以及在产业创新系统发展中的地位和作用。这在一定程度上为相关企业和机构的合作与发展提供了理论依据，为政府发展政策的制定提供依据。另一方面，研究战略性新兴产业协同创新系统的演化机理，就是要明确系统的演化动力、演化轨迹等问题，这为增强福建技术创新驱动力、提升本省战略性新兴产业技术创新能力找到了有效途径。

第二节 国内外相关研究现状与评述

一 战略性新兴产业相关研究文献综述

"战略性新兴产业"是一个具有中国特色的概念，在国外学术研究中没有这一表述。美国经济学家赫希曼最早提出"战略性产业"这个名词，即它是国民经济中重要的产业构成，会影响到国家产业长远的发展。保罗·克鲁格曼在细致分析战略性产业的基础上，提出了两项识别标准：第一，必须存在较高的劳动或资本回报率；第二，要有极强的外部经济效应。另一个与"战略性新兴产业"较为接近的概念是"新兴产业"。按照 Porter 的观点，新兴产业是刚刚发展起来或在已有产业的基础上重新发展的产业。这类产业主要涉及技术革新、相对成本关系变化等问题。新兴产业的出现，是因为市场需求出现了新变化，或经济社会影响因素的改变使新产品或新服务实现了市场化。随后，又提出"区域集群一般来说混合了成熟产业和新兴产业"[1]的观点。

Low 等指出，新兴产业是刚刚发展起来的产业，此时处于初级阶段，包括萌芽期和成长期。[2] Claude 认为，新兴产业应具备突破性创新、市场化的发展潜力、发展的高度不确定性以及处于产业生命周期的初期阶段四个特征。[3] Mcgahan 等指出，新兴产业是在产业发展中的暂时阶段。[4] Agarwal 等提出，新兴产业的创立是由于极个别公司的开创性活动，这些公司往往面临很大的风险和不确定性，但又可以迅速得到资

---

[1] Porter, M. E., "Competitive Advantage, Agglomeration Economics, and Regional Policy", *International Regional Science Review*, Vol. 19, No. 1-2, 1996, pp. 85-90.

[2] Low, M. B., E. Abrahamson, "Movements, Bandwagons, and Clones: Industry Evolution and the Entrepreneurial Process", *Journal of Business Venturing*, Vol. 12, No. 6, 1997, pp. 435-457.

[3] Claude G., *Dynamic Competition and Development of New Competencies*, Clarlotte: Information Age Publishing, 2003.

[4] McGahan, A. M., et al., "Context, Technology and Strategy: Forging New Perspectives on the Industry Life Cycle", *Advances in Strategic Management*, No. 21, 2004, pp. 1-21.

源，他们能够从优势中获得利益。① 因此，新兴产业是还未达到成熟阶段的、新创立或刚刚出现的处于成长期的产业。

在新兴产业发展方面，Iizuka、Michiko 考虑到新兴产业活动中的不确定性，以发展中国家的新兴出口产业为考察对象，运用创新系统框架的功能来理解制度建设的过程，以帮助政府部门制定有效的政策措施。② Leonie 从产业共生体的角度解释了现有产业共生体和新兴产业共生体之间的联系与依赖关系，通过建立产业共生再生产模型，分析产业共生的产生和网络发展过程，进而揭示新兴产业产生的必然性及新兴产业共生体的延伸发展阶段。③

在西方国家对战略性产业和新兴产业已有研究的基础上，我国在经济结构转型和经济发展动力转变的背景下，独创性地提出融合两者特征和优势的"战略性新兴产业"这个名词。它首次出现在 2009 年 2 月国务院常务会议通过的《国务院关于发挥科技支撑作用促进经济平稳较快发展的意见》中。随后，众多研究者对它进行了多角度的分析研究。

（一）战略性新兴产业的基本内涵

战略性新兴产业的概念首先由我国政府进行界定。原总理温家宝提出，"战略性新兴产业是新兴科技和新兴产业的深度融合"④。万钢指出，战略性新兴产业与传统产业存在较大差异。第一，它在国民经济各产业中具有战略地位，对经济社会的发展以及国家安全有着非常重大和特别深远的影响。第二，这些产业是面向未来的，它们必须有成为未来经济

---

① Agarwal, R., B. L. Bayus, "Creating and Surviving in New Industries", *Advances in Strategic Management*, No. 21, 2004, pp. 107–130.

② Iizuka, Michiko, "Using Functions of Innovation Systems to Understand the Successful Emergence of Non-traditional Agricultural Export Industries in Developing Countries: Cases from Ethiopia and Chile", *European Journal of Development Research*, Vol. 29, No. 2, 2017, pp. 384–403.

③ Schlüter, Leonie, "Industrial Symbiosis Emergence and Network Development Through Reproduction", *Journal of Cleaner Production*, Vol. 252, No. 12, 2020, p. 40.

④ 温家宝：《省部级主要领导干部深入贯彻落实科学发展观加快经济发展方式转变专题研讨班上的重要讲话》，https://www.ndrc.gov.cn/fggz/fgjh/xcjy/201002/t20100226_1094496.html＞。

发展支柱产业的可能。① 可以看出，战略性新兴产业在我国政府部门中的内涵界定体现了其战略性、新兴性、支柱性等特征。随着战略性新兴产业概念从中央政府到地方政府的扩散，学术界也对这一概念的内涵进行了深入的研究和探讨，但更多的是强调"战略性"特征，对内涵的具体界定在理论界和实践环节还存在很多分歧。

刘洪昌对战略性新兴产业的界定是：在社会经济中具有非常重要地位的，涉及国家、地区经济命脉和产业安全的，科学技术含量高、各产业相关度强、市场前景好的，低排放、高节能、有潜力的朝阳产业。② 刘玉忠指出，战略性新兴产业将关系到一国的根本竞争能力、安全、战略目标的实现，且会影响到一国的政治地位。③ 林学军认为，战略性新兴产业指的是对国家、地区特别重要且影响深远，能够带动国家、地区经济发展的新兴产业。④ 贺俊、吕铁指出，从经济学性质的角度考虑，所谓的"战略性"，一方面应体现特定产业主体技术的长远性和创新性；另一方面，应体现该产业未来市场需求的巨大潜力。⑤ 剧锦文认为，战略性新兴产业是指特定地区在新兴科学技术与产业深度融合的过程中衍生出的一批产业，这些产业的形成和发展直接影响到国家经济的发展方向和相关产业的转型升级。⑥ 其他学者如朱迎春[7]、王新新[8]等也

---

① 陈磊：《抓住机遇培育和发展战略性新兴产业——访科技部部长万钢》，《科技报》2009年11月27日。

② 刘洪昌：《中国战略性新兴产业的选择原则及培育政策取向研究》，《科学学与科学技术管理》2011年第3期，第87—92页。

③ 刘玉忠：《后危机时代中国战略性新兴产业发展战略的选择》，《中国科技论坛》2011年第2期，第45—49页。

④ 林学军：《战略性新兴产业的发展与形成模式研究》，《中国软科学》2012年第2期，第26—32页。

⑤ 贺俊、吕铁：《战略性新兴产业：从政策概念到理论问题》，《财贸经济》2012年第5期，第106—113页。

⑥ 剧锦文：《战略性新兴产业的发展"变量"：政府与市场分工》，《改革》2012年第3期，第31—37页。

⑦ 朱迎春：《政府在发展战略性新兴产业中的作用》，《中国科技论坛》2011年第1期，第20—24页。

⑧ 王新新：《战略性新兴产业发展规律及发展对策分析研究》，《科学管理研究》2011年第4期，第1—5页。

分别从国家战略意义、产业结构转型、新兴科学技术和产业间的融合度等方面对战略性新兴产业的内涵进行分析。杨枝茂认为，战略性新兴产业作为朝阳产业，重点在于"新兴"，而"新兴"的基础是技术的创新优势。[①]

(二) 战略性新兴产业的特征

战略性新兴产业既具有战略性产业特有的重大性、长远性和未来性等特征，又具有新兴产业特有的技术先进性、作用新颖性等特征。

吴传清和周勇认为，中国战略性新兴产业具有全局性、联动性和潜导性等特征。[②] 全局性主要体现在战略性新兴产业的发展不仅可以带动经济社会的全面进步，还可以推进综合国力的大幅提升；联动性体现在战略性新兴产业可以通过产业链的关联作用，利用自身的发展拉动相关产业的共同进步，进而提高全社会的就业水平；潜导性既表示中国战略性新兴产业的发展受政府政策导向和经济政策的影响，又说明该产业在产品、技术、市场等方面具有很大的发展潜力，且对经济社会发展的正向影响作用具有连续性和长远性。张少春认为，中国战略性新兴产业不仅具有代表未来科技发展方向的先导性特征，还具有市场潜力大、产业带动性强的属性。[③]

张志宏在分析中国战略性新兴产业对经济社会发展重要性的基础上，将该产业的特征归纳为全局性、新兴性、创新性等方面。[④] 龚惠群等认为：一方面，中国战略性新兴产业的发展应与不同的经济发展阶段相适应，即所谓的"相对性"；另一方面，该产业应在经济社会发展过程中起主导作用，即具有"主导性"特征。此外，由于先进科学技术具有不确定性和市场风险性，中国战略性新兴产业这一代表先进科技发

---

① 杨枝茂：《发展战略新兴产业对促进我国产业结构升级的影响研究》，《商业经济研究》2018年第15期，第176—178页。

② 吴传清、周勇：《培育和发展战略性新兴产业的路径和制度安排》，《学习月刊》2010年第19期。

③ 张少春：《中国战略性新兴产业发展与财政政策》，经济科学出版社2010年版。

④ 张志宏：《关于培育和发展战略性新兴产业的思考》，《中国高新区》2010年第11期。

展方向的产业也具有不确定性的特征。① 林学军指出，中国战略性新兴产业具有高技术性、受地区资源条件限制的地域性、高风险性以及促进其他产业发展的外部性等特征。② 郭江江认为，我国战略性新兴产业已经进入规模化发展的重要时期，呈现出产业发展需求空间广阔、产业融合趋势明显、产业集群集聚效应增强等特点。③

（三）战略性新兴产业的发展模式

对战略性新兴产业以何种模式发展，我国学者的观点主要集中在以下方面。

1. 集群发展模式

此模式主要倡导中国战略性新兴产业应以产业集聚的形式发展。

喻登科等人指出，各地区应根据自身资源环境优势，有选择性地发展战略性新兴产业，产业发展的模式宜采用集群协同创新的方式，通过形成单核、多核或星形的战略性新兴产业发展。④ 涂文明从国家、区域以及产业三个层面详细分析了我国战略性新兴产业的发展模式，认为战略性新兴产业应立足这三个层面，分别采取技术创新驱动、产业创新联动以及技术园区升级三种实践模式发展。⑤

2. 产业融合发展模式

此模式主要倡导我国战略性新兴产业应与传统产业紧密联动、深度融合发展。熊勇清、李世才在对我国传统产业和战略性新兴产业二者关系进行理论分析的基础上，提出若要完成目前我国经济发展过程中传统产业重组升级和战略性新兴产业培育发展的两大艰巨任务，必须走两类

---

① 龚惠群、黄超、王永顺：《战略性新兴产业的成长规律、培育经验及启示》，《科技进步与对策》2011年第23期，第78—81页。

② 林学军：《战略性新兴产业的发展与形成模式研究》，《中国软科学》2012年第2期，第26—34页。

③ 郭江江：《战略性新兴产业发展新趋势新特点》，《浙江经济》2020年第12期，第40页。

④ 喻登科、涂国平、陈华：《战略性新兴产业集群协同发展的路径与模式研究》，《科学学与科学技术管理》2012年第4期，第114—120页。

⑤ 涂文明：《我国战略性新兴产业区域集聚的发展路径与实践模式》，《现代经济探讨》2012年第9期，第54—59页。

产业耦合发展的道路。① 乔玉婷、曾立从经济发展和国防建设的双重视角分析了我国战略性新兴产业的发展模式,指出应该通过民用和军用两个市场,依托两种资源发展战略性新兴产业,实现军民相融合的产业发展模式。② 林学军认为,我国战略性新兴产业可以采取三种发展模式:第一种是战略性新兴产业在高新技术的引导下进入全新的发展领域独立发展;第二种是将高新技术应用与已有的传统产业实现产品在设计、制造工艺、生产原材料等某个方面的新分工,在传统产业中"裂变"出战略性新兴产业;第三种是通过先进科学技术与传统产业的全面融合,实现提升本地区优势产业实力的发展模式。③ 陈立枢认为,科技服务业与战略性新兴产业融合发展,有利于提高战略性新兴产业的技术创新能力,优化科技资源配置,促进科技成果转化,加快经济发展方式转变和现代服务业发展。④ 李丫丫、赵玉林依据全球生物芯片产业的 7894 项专利与 609 家企业信息及 183 项并购数据,运用实证分析与案例分析相结合的方法,揭示了产业融合是战略性新兴产业发展的重要路径,并指出战略性新兴产业融合发展模式包括技术融合模式、产品融合模式以及市场融合模式。⑤ 王智新等利用灰色关联分析方法,测算了科技服务业与战略性新兴产业融合发展对产业升级的影响,并在时间层面、产业层面和结构层面深入分析,指出产业融合通过技术创新、组织优化、市场竞争、消费引致等机制影响产业结构升级。⑥ 刘嘉琳、汤吉军以东北地区战略性新兴产业与传统产业融合发展为现实基础,构建出传统产业与战略性新兴产业的动态演化

---

① 熊勇清、李世才:《战略性新兴产业与传统产业耦合发展的过程及作用机制探讨》,《科学学与科学技术管理》2010 年第 11 期,第 84—86 页。

② 乔玉婷、曾立:《战略性新兴产业的军民融合式发展模式分析》,《预测》2011 年第 5 期,第 1—5 页。

③ 林学军:《战略性新兴产业的发展与形成模式研究》,《中国软科学》2012 年第 2 期,第 26—34 页。

④ 陈立枢:《科技服务业与战略性新兴产业融合发展研究》,《改革与战略》2014 年第 10 期,第 95—98 页。

⑤ 李丫丫、赵玉林:《战略性新兴产业融合发展机理——基于全球生物芯片产业的分析》,《宏观经济研究》2015 年第 11 期,第 30—38 页。

⑥ 王智新、梁翠:《科技服务业与战略性新兴产业融合发展对产业升级的影响研究》,《科学管理研究》2017 年第 2 期,第 58—61 页。

博弈模型,探讨了在政府参与下区域经济中战略性新兴产业与传统产业创新链接的内在机理,并提出促进产业链创新的政策建议。①

3. 创新驱动发展模式

此模式主张通过技术创新、产品创新来推动产业创新发展。王利政结合技术生命周期理论分别就技术发展所处生命周期中的不同阶段,提出适宜我国战略性新兴产业发展的不同模式,并根据我国战略性新兴产业核心技术的国际竞争力提出技术领先和技术追随两种产业发展模式。②刘志彪指出,我国战略性新兴产业应走产业高端化的发展模式,避免重蹈低端"加工制造业"的覆辙。若想实现产业的高端化发展,就要立足全球价值链的各个层级,寻求创新推动产业高端化发展的政策措施。③申俊喜认为,科技研发和技术创新是战略性新兴产业持续健康发展的关键因素。只有依靠强大的科技研发能力,才能实现战略性新兴产业核心技术不断累积、产业竞争优势的提升。此外,应充分利用产学研合作的创新组织模式来增强产业主体技术创新的积极性。④胡毅等认为,战略性新兴产业创新驱动发展过程中的四个关键要素是市场需求、创新投入、创新效率和创新质量。其中,市场需求是导向,创新投入是条件,创新效率是关键,创新质量是验证,并针对四个关键要素提出我国战略性新兴产业创新驱动发展的三点建议。⑤赵玉林、王春珠通过构建创新与需求协同驱动哈肯模型,测评战略性新兴产业各细分产业所处发展阶段,分析战略性新兴产业发展过程中的科技创新与市场需求协同作用机制,并提

---

① 刘嘉琳、汤吉军:《东北地区战略性新兴产业与传统产业融合发展研究——基于动态演化博弈模型分析》,《经济问题探索》2020年第11期,第95—104页。

② 王利政:《我国战略性新兴产业发展模式分析》,《中国科技论坛》2011年第1期,第12—15页。

③ 刘志彪:《战略性新兴产业的高端化:基于"链"的经济分析》,《产业经济研究》2012年第3期,第9—17页。

④ 申俊喜:《创新产学研合作视角下我国战略性新兴产业发展对策研究》,《科学学与科学技理》2012年第2期,第37—43页。

⑤ 胡毅、刘晖、乔晗等:《战略性新兴产业创新驱动发展的关键要素研究》,《科技促进发展》2014年第6期,第31—42页。

出战略性新兴产业培育和发展的差异化政策建议。[①] 郭天娇、邹国庆认为，开放式创新能满足战略性新兴产业创新发展的需求，打破产业技术发展瓶颈，实现产业发展与自身战略定位相匹配，向高端化发展，并提出战略性新兴产业开放式创新可采取内向型开放式创新模式、外向型开放式创新模式和整合型开放式创新模式三种形式。[②]

综上所述，从我国学术界对战略性新兴产业的研究现状来看，有关战略性新兴产业的内涵、特征以及培育和发展思路等方面的研究成果较为丰富，但有关战略性新兴产业的区域布局、产业发展规范制定以及绩效评价等理论问题还有待进一步研究，理论体系尚待完善。

二 协同创新相关研究文献综述

目前，我国正处于进一步增强综合国力、提升国际地位、转变经济增长方式的关键时期，科技创新已成为推动国家经济发展的重要力量。就目前我国各地包括福建创新发展的总体而言，存在大学、科研机构科研成果闲置与企业核心技术不足等现实问题。这些问题严重制约了企业、产业乃至国民经济的发展。协同创新是一种各因素交替影响、开放式的创新模式，通过构建以企业、高校、科研机构为创新主体，以政府、中介机构、创新平台等为辅助要素的协同创新网络，可以更加高效地解决当前中国创新发展遇到的困难，促进知识创造主体与技术创造主体之间的协同合作，实现 1 + 1 > 2 的协同效应。以下分别从协同创新的内涵、动力机制、绩效评价三个方面对相关研究现状予以归纳。

（一）协同创新的内涵

先进国家创新产业的发展远早于中国，并已取得巨大的成果，经营模式实现从粗放式向集约化的转变。国外学术界对于创新及协同创新的理论研究成果十分丰富，已经建立起较为完备的协同创新理论体系。协

[①] 赵玉林、王春珠：《战略性新兴产业发展中创新与需求协同驱动异质性分析》，《中国科技论坛》，2017年第5期，第41—48页。
[②] 郭天娇、邹国庆：《战略性新兴产业开放式创新模式与对策研究》，《经济纵横》2020年第3期，第102—107页。

同创新为国外产业的集群化、现代化、协同化发展做出巨大贡献。

1965年,战略管理的鼻祖伊戈尔·安索夫(Igor Ansoff)在代表作《公司战略》中首次提到协同的思想。他指出,协同效应指的是一种系统的、相互联合的效应,作用是让企业按照各业务单元间的相互合作,实现企业的总收益大于各个业务单元个体营运收益之和的目标。[①] 1971年,德国著名科学家赫尔曼·哈肯(Herman Haken)在系统论中指出了完整的系统协同学的观点。他指出,协同(synergy)即构造成系统各个子系统之间互相协调、合作,最终达到统一整体的完整过程。在这一过程中,系统实现各子系统单独无法实现的目标,也就是通常所说的"1+1>2"的协同效应。最早对协同创新(collaboration innovation)这一概念进行界定的是美国学者彼得·葛洛(Peter Gloor),他认为协同创新是"按照互相激励人员构建成的网络小组的集体愿景,通过网络进行思想、信息、技术等交流活动与合作,从而达成共同的目标。"[②] 此后,国外有关协同创新的研究大量涌现,从不同角度对这一概念进行理解。

1987年,英国著名经济学家克里斯托弗·弗里曼首先提出了产学研结合的思路,其理论在科学技术创新管理运用中获得推行和推广。2003年,美国学者切斯布鲁夫提出了开放式创新模式,指出在当今世界的开放式经济背景下,企业必须大量运用各地区的资源来创新,这样才能达到企业内外部资源互相协调、互补的目标。亨利·埃茨科维兹在著作《三螺旋》中指出,高校、产业、政府都是协同创新过程中的创新主体,不论以谁为主要参与方,最后都会形成动态三螺旋,不断促进创新活动的螺旋上升,从而促使创新活动不断开展。[③] 美国学者Miles指出,从哲学意义上说,"协同"跟"合作"是不同的概念,协同相对

---

① [美]安索夫:《新公司战略》,曹德骏等译,西南财经大学出版社2009年版,第6页。

② "Collaboration Innovation Network", http://en.wikipedia.org/wiki/Collaborativeinnovation-network.

③ 何郁冰:《产学研协同创新的理论模式》,《科学学研究》2012年第2期,第165—174页。

更能够对结果进行预测,并且可以事先协商未来预期的回报,同时协作各组织方在自身利益的基础上活动。[1] 1998年,Von Krogh认为协同创新尤为突出以风险共担、利益共享为基础,为达成同样的目标而通力协作,包括公开、诚信的合作机会。Ketchen等把协同创新的含义解释为:"以思想、知识、专门技术和机会的分享开创避开组织边界的创新,这种创新能够使各个个体组织(企业)进行不断的创新,它也是加强创新力量的一种方式,可以弥补企业所拥有的创新等级和需要达到的创新等级之间的距离。"[2]

中国的协同创新理论发展晚于国外,产学研合作始于1980年之后的"科学技术攻关"。1990年之后,中国研究院逐渐将焦点转移到产学研的研究和实践。1992年,国家经贸委、教育部和中科院合作组织并实施了"产学研联合开发工程",特别指出如果要提高国家的自主创新能力必须依靠高校、科学研究所、企业和政府等各创新主体之间互补与高度融合自身的优势资源。[3] 进入21世纪,世界科学技术、经济一体化趋势更为明显,知识创新主体(如大学、科研机构)与技术创新主体(如企业)之间建立网络联结的观点得到普遍认同。在此背景下,我国启动了"2011计划",试图通过协同创新机制的推动作用来促进知识、技术以及产品创新三方面的联合贯通。近年来,国内将协同创新提升至国家战略,众多学者从不同角度就协同创新的内涵进行界定,使其得到丰富和拓展。

1. 从协同创新微观构成主体角度进行界定

张力将产学研协同创新界定为企业与高校等知识生产机构相配合,在发挥自身优势的基础上借助政府、金融中介机构等组织的辅助力量,

---

[1] Miles, R. E., Snow, C. C., Miles, G., *Collaborative Entrepreneurship: How Communities of Networked Firms Use Continuous Innovation to Create Economic Wealth*, Stanford University Press, 2005.

[2] Ketchen. D., Ireland, R., Snow, C., "Strategic Entrepreneurship, Collaborative Innovation, and Wealth Creation", *Strategic Entrepreneurship Journal*, No. 1, 2007, pp. 371–385.

[3] 颜军梅:《高校产学研协同创新模式分类及实现路径研究》,《科技进步与对策》2014年第18期,第27—31页。

实现技术创新的互动过程。[1] 饶燕婷认为，协同创新是在共同目标的作用下，企业、高校以及科研机构作为创新主体，借助自身具有的优势，通过资源共享机制实现"1+1>2"的外部性效应，以此降低企业的创新成本，提升技术创新主体的创新效果。[2] 陈劲、阳银娟这样解释：是企业、政府、大学、科学研究机构、中介机构和各个不同用户为实现重要的科学技术创新开展的大幅度资源重组的创新组织活动。[3] 姚艳虹等认为，协同创新是在特定的区域内，企业、大学、科研机构、政府、金融机构及中介机构等作为创新主体，在资源共享、风险共担、互惠互利的原则下，通过知识、技术、设备等创新资源的共享互动机制来促进协同创新效应的实现。[4] 曹青林认为，协同创新是由核心要素和辅助要素共同构成一种协同互动的创新模式。其中，核心要素主要指企业、高校和科研机构，辅助要素主要指政府、金融机构、中介机构等组织。这些构成要素按照知识创造主体和技术创新主体之间的深度交流和资源规整，达到产生更大综合经济效益的目标。[5]

2. 从创新要素的配合角度进行界定

顾菁、薛伟贤认为，协同创新是对各创新主体的诸多创新要素进行有机搭配，按照复杂的非线性相互作用形成的整体效应最优的协同流程。[6] 曹祎遐、陈朝棕指出，协同创新是各创新主体之间（或之内）按照创新各要素的相互作用和有机配合，打破原本的体制瓶颈，达到了高度融合，完全释放人才、信息、资本、技术等各个要素潜能，提高资源

---

[1] 张力：《产学研协同创新的战略意义和政策走向》，《教育研究》2011年第7期，第18页。

[2] 饶燕婷：《"产学研"协同创新的内涵、要求与政策构想》，《高教探索》2012年第4期，第29—32页。

[3] 陈劲、阳银娟：《协同创新的理论基础与内涵》，《科学学研究》2012年第2期，第161—164页。

[4] 姚艳虹、夏敦：《协同创新动因——协同剩余：形成机理与促进策略》，《科技进步与对策》2013年第20期，第1—5页。

[5] 曹青林：《协同创新与高水平大学建设》，《华中师范大学学报》（人文社会科学版）2014年第1期，第169—176页。

[6] 顾菁、薛伟贤：《高技术产业协同创新研究》，《科技进步与对策》2012年第22期。

利用率，从而实现资源共享，取得"1＋1＞2"效果的创新过程。①

3. 从产业集群及供应链角度进行界定

胡恩华、吕静等学者认为，"协同创新即集群创新各企业与群外环境之间形成的既互相竞争、限制，又互相协同、获得收益，根据复杂的非线性相互作用产生各自企业无法达到的整体协同效应的流程"。张旭梅等经过协同分析供应链所有成员企业（包括客户）在供应链运行中的流程，把供应链各个企业之间的协同创新定义为："以适应市场变化、快速响应客户需求为起点，以供应商、制造商、销售商、物流服务提供商和客户在产品设计、产品制造、产品运输、市场营销等方面全方位的协同创新为途径，设定提高成员企业的利益为目的，以此来提升整个供应链活力和竞争力的创新活动的流程。"②

唐文献等从产品开发的角度将协同创新定义为一种优化产品开发过程的、集成的、以人为中心的设计方法与创新技术相结合的产品开发模式。③ 邱栋、吴秋明采用调研的方式对福州大学以及福建农林大学等高校的产学研合作项目进行分析，结果显示，协同创新是在微观创新要素之间协同互动而产生的一种整体效应，它是微观主体间目标协同、资源协同以及运营关系协同的宏观体现。④

（二）协同创新的动力机制

协同创新的动力机制通常是指影响协同创新的动力因素以及各因素相互作用的过程。换言之，是指能够促进协同创新不断向前发展的各推动力、拉动力之间的运行流程。当今学术界对于协同创新动力问题研究的关注点主要在于创新主体协同合作的动力来源及其造成的影响、产生

---

① 曹祎遐、陈朝棕：《基于蛛网原理的协同创新过程研究》，《科技进步与对策》2014年第23期，第9—13页。

② 张旭梅、张巍、钟和平、但斌：《供应链企业间的协同创新及其实施策略研究》，《现代管理科学》2008年第5期，第9—11页。

③ 唐文献、李莉敏等：《知识驱动协同创新的产品开发模型》，《计算机集成制造系统》2005年第6期，第57—61页。

④ 邱栋、吴秋明：《产学研协同创新机理分析及其启示——基于福建部分高校产学研协同创新调查》，《福建论坛》2013年第4期。

的作用。

从国外学者的研究成果来看，大多从不同角度如管理学、组织学、新制度经济学来研究到底是什么原因可以加强企业、高校、科学研究机构参与产学研协同创新的积极性。Veugelers 等通过分析比利时的创新调查数据，研究企业及行业的哪些特征有利于促进它们与大学的合作。结果表明：协同创新的动力主要来源于各创新主体拥有的资源、技术、能力等的异质性以及出于节省交易费用的目的等。[①] Etzkowitz 提出了官、产、学的三螺旋理论，知识经济社会内部创新制度环境的三大组成部分包括政府、企业和高校，它们按照市场需求相互联系起来，组成三种相互影响的三螺旋结构，这个理论创造性地提出了创新研究的新领域。[②] Gertner 等指出，协同创新的根本力量来自外部动力和内部动力。外部动力既涵盖了市场的供求，又包括了政府政策；内部动力协同创新各方对未来利润的追求。[③]

在中国，众多学者对协同创新动力机制的关注点主要集中在微观层面。丁堃分析了我国特定经济体制和科技体制下影响企业、大学和科研院所合作的内外部动力因素，这些因素主要包括市场需求、政府政策、企业的科技意识等，并在此基础上提出以企业、大学、科研院所参与的 ERP1 – P2CS 协同创新动力机制模型。[④] 吕海萍等通过对浙江 11 个城市发放问卷的方式，分别就企业、大学、科研机构的内在动力因素进行分析，发现发展需要、科技单位成果转化、人才培养以及已有合作关系是

[①] Veugelers R., Cassiman B., "R & D Cooperation Between Firms and Universities. Some Empirical Evidence from Belgian Manufacturing", *International Journal of Industrial Organization*, Vol. 23, No. 5 – 6, 2005, pp. 355 – 379.

[②] Tooran Etzkowitz, "The Role of Local Communities: A Modification for the Knowledge-Based Regional Development Theory", *Academia*, No. 1, 2010, pp. 249 – 257.

[③] Gertner D., Roberts J., Charles D., "University-industry Collaboration: A CoPs Approach to KTPs", *Journal of Knowledge Management*, Vol. 15, No. 4, 2011, pp. 625 – 647.

[④] 丁堃：《产学研合作的动力机制分析》，《科学管理研究》2000 年第 6 期，第 42—43 页。

产学研协同创新的主要动力因素。① 陈培樗等认为，产学研技术联盟合作创新的动力机制有内部和外部两个方面，内部动力指的是技术联盟各方面发展的需要、前景预测等，外部动力指的是市场驱动、技术推进和政策制定等因素。② 周正等通过分析产学研协同创新的原因构成和涉及产学研协同创新的动力因素及各因素间的关联，分析了中国产学研协同创新的动力来源，同时研究了如何解决目前中国产学研协同创新动力不足的瓶颈，探索出提高中国产学研协同创新动力机制的意见、建议。③ 王进富、张颖颖等由自组织理论出发，运用协同学的理论，分析了产学研协同创新的动力问题，提出协同创新动力系统由于内、外部动力系统的相互作用，实现没有秩序的相对混乱状况向相对有秩序的方向发展，达到紧密、稳定、持续的状态。④ 学者徐静、冯锋等将"技术势差"这一动力因素引入研究，在全面考虑动力机制和阻力机制的基础上，构建了一个涵盖协同创新动力因素和阻力因素的帆船形模型进行研究。⑤ 邵景峰等借助 Agent 理论方法，构建了一个主体间协同创新的动力结构模型，并利用粒子群算法（PSO）对产学研各主体间的协同创新动力机制进行优化。研究显示，各创新主体间的协同关系是以各方潜在利益为基本动力、以实现收益最大化为目标，在外生变量和市场因素影响下，围绕产权让渡等进行的一系列合作博弈的作用过程和行为总和。⑥ 姚艳虹等认为，协同剩余作为协同创新的动力来源，受创新资源数量、创新协同度高低以及协同环境优劣等因素的影响较大。他们还以创新资源的边

---

① 吕海萍、龚建立等：《产学研相结合的动力——障碍机制实证分析》，《研究与发展管理》2004 年第 2 期，第 58—62 页。
② 陈培樗、屠梅曾：《产学研技术联盟合作创新机制研究》，《科技进步与对策》2007 年第 6 期，第 37—39 页。
③ 周正、尹玲娜、蔡兵：《我国产学研协同创新动力机制研究》，《软科学》2013 年第 7 期，第 52—56 页。
④ 王进富、张颖颖等：《产学研协同创新机制研究——一个理论分析框架》，《科技进步与对策》2013 年第 16 期，第 1—6 页。
⑤ 徐静、冯锋等：《我国产学研合作动力机制研究》，《中国科技论坛》2012 年第 7 期，第 74—80 页。
⑥ 邵景峰等：《基于数据的产学研协同创新关键动力优化》，《中国管理科学》2013 年第 11 期，第 731—737 页。

际效应、禀赋程度和创新协同度为量标,构建协同剩余的形成机理模型,并在研究的基础上提出相关的政策建议。①

通过上述分析不难发现,目前我国学者对于协同创新动力机制的划分观点较为一致,即协同创新动力机制分为内部动力机制(由内部动力因素构成)和外部动力机制(由外部动力因素构成)。构成要素经梳理如表1-1所示。

协同创新系统是一个开放、复杂、动态的系统,其动力机制是在市场经济条件下,在市场规律、政府调节、组织管理等的影响下,内、外部动力两个方面因素共同作用的结果。其中,推动协同创新继续朝前发展的直接动力是内部动力,是最核心、最基础的动力因素②,是激励协同创新行为的内在动力;外部动力是系统的间接动力,它控制协同创新系统的发展演化,通过作用于内部动力,支持协同创新系统获取竞争优势。只有内、外部动力因素相互协调,共同作用,才能使协同创新系统保持紧密、稳定、持续发展的系统状态。

表1-1 协同创新动力因素

内部动力因素	企业	利益追求;技术创新意识;科技资源获取意识
	大学、科研院所	利益追求;科研成果转化
	其他	企业、大学、科研院所三方技术势差
外部动力因素	市场	市场需求(供>求);市场竞争;科技发展
	政府	财政政策;信贷、税收优惠;知识产权保护制度;利益分配制度

(三)协同创新的绩效评价

绩效评价是运用一定的评价方法、量化指标以及评价标准,为实现其职能和绩效目标以及执行结果,对研究对象进行综合评价的方法。在

---

① 姚艳虹、夏敦:《协同创新动因——协同剩余:形成机理与促进策略》,《科技进步与对策》2013年第20期,第1—5页。
② 夏红云:《产学研协同创新动力机制研究》,《科学管理研究》2014年第6期,第21—24页。

协同创新的过程中，通过评价协同创新绩效，可以发现不同协同模式带来的绩效差异，这样能够尽可能地找到最合适的协同创新模式，从而提高企业、高校、科学研究机构的核心竞争力。

从国内外的研究看，对于协同创新的绩效评价主要体现在以下几个方面。

1. 通过建立绩效评价指标体系实现对协同创新绩效的测度与评价

George 和 Zahra 采用专利数、新产品的市场投入量、新产品研发数以及净利率四个指标对产学研合作绩效进行度量。[①] Mora Valentin 等对评价合作绩效时运用了合作满意度和关系持续性指标，同时研究出相应的测量量表。[②] Simon（2007）研究出了一个全面测量产学合作绩效的矩阵模型，并将合作绩效分成两个方面：知识的分享与创造、合作的附加价值，同时根据涉及领域划分为技术、合作项目管理和社会，从而形成六个模块，并对六个模块包括的具体内容进行详尽的论述。我国学者陈利华、张健从产学研联盟的现实环境出发，以杭州市校企战略合作框架下产学研联盟组织为切入点，探讨协同效应及协同创新绩效，将绩效考量指标分为基础研究绩效、产品研发绩效、产业融合绩效、市场推广绩效等，并提出优化协同创新绩效的基本路径。[③] 段晶晶借鉴耗散系统理论和协同创新理论，将协同创新绩效划分为知识创新绩效、人才培养绩效、成果转化绩效与产业融合绩效四个维度，从理论上构建了产学研协同创新绩效提升路径的理论模型，并从合作愿景、组织关系、知识和政策支持分析了产学研协同创新绩效的升级途径。[④] 刘志华等从绩效评价的角度构建了区域科技协同创新绩效评价指标体系，依据指标体系的

[①] 邓颖翔、朱桂龙：《产学研合作绩效的测量研究》，《科技管理研究》2009 年第 11 期，第 468—470 页。

[②] Mora-Valentin, Montoro-Sanchez and Guerras-Martin, "Determining factors in the success of R&D cooperative agreements between firms and research organizations", *Research Policy*, No. 1, Jan. 2004, pp. 17–40.

[③] 陈利华、张健：《产学研联盟中的协同化及创新绩效——以杭州市为例》，《中国高教研究》2013 年第 6 期，第 75—78 页。

[④] 段晶晶：《产学研协同创新绩效提升路径研究——一个理论分析框架》，《内蒙古社会科学》（汉文版）2014 年第 2 期，第 119—123 页。

特征提出基于云理论的区域科技协同创新绩效评价模型,并通过定量与定性分析相结合的方法,选取我国31个省级行政区进行区域协同创新绩效评价和比较,实证分析了我国区域科技协同创新绩效总体上水平仍旧不高的状况。[①] 高海燕基于创新生态系统视角,从创新群落和创新环境入手评价战略性新兴产业创新能力,确定研发应用种群、政府决策种群、创新环境和创新市场4个一级评价指标以及企业、高校及科研院所、创新平台、科技金融、产业政策、创新人才、创新经费、孵化环境、知识能力、技术产出和应用产出10个二级评价指标,通过构建战略性新兴产业创新能力评价指标体系来评价产业创新能力。[②]

2. 分析协同创新绩效与其影响因素之间的关系

由于协同创新系统是一个由众多构成要素组成的复杂的、开放性的系统,影响系统创新绩效的因素很多,我国学者也从不同角度对其进行了分析。万幼清、邓明然从知识共享视角,通过分析集群内影响协同创新的各个因素,构建了产业集群协同创新绩效评价模型。通过对协同创新绩效的研究发现,协同创新顺利进行的必要条件是产业集群内各企业拥有的知识需要具有互补性,这种互补性能够促使集群产生明显的协同创新绩效,也充分说明产业集群内部知识共享的重要作用。[③] 解学梅从协同创新网络的角度,在对188家中小型制造企业进行问卷调查的基础上,根据结构方程模型讨论不同的协同创新网络和企业创新绩效之间的联系。从结果来看,不同的协同创新网络对企业创新绩效的影响程度有着明显的差异,特别是企业之间建立的协同创新网络对提高企业创新绩效的效应最为明显,垂直创新网络比水平创新网络对企业创新绩效的推

[①] 刘志华、李林、姜郁文:《我国区域科技协同创新绩效评价模型及实证研究》,《管理学报》2014年第6期,第861—868页。

[②] 高海燕:《创新生态系统战略性新兴产业创新能力评价指标构建》,《科技和产业》2020年第9期,第41—44页。

[③] 万幼清、邓明然:《基于知识视角的产业集群协同创新绩效分析》,《科学学与科学技术管理》2007年第4期,第88—91页。

动作用更明显。① 陈光华等利用677个广东省部产学研合作项目的数据探讨了企业吸收能力、政府研发资助与外部知识获取对协同创新绩效的影响。结果表明，企业吸收能力对产品创新和过程创新具有显著的正向影响，政府研发资助及外部知识获取对产品创新有倒U形影响。② 林润辉、谢宗晓等以国家工程技术研究中心为目标，研究协同创新网络规模、网络的复杂程度对协同创新绩效的影响。结果表明：网络规模、网络多样性与协同创新绩效之间呈倒"U"形关系，法人资格在网络规模与创新绩效的关系中起调节作用。③

3. 对参与协同创新的企业进行绩效评价

国外学者Santoro认为，技术创新联盟可以促进企业知识及技术创新，运用合作中产出的因素如论文数量、专利数量以及新产品和新工艺的数量来界定合作绩效。④ Jefferson基于中国大中型生产企业群体的面板数据，使用递归方程组来研究企业研发强度、知识生产过程、企业创新绩效的影响因素。⑤ 我国学者俞立平、孙建红首先将企业创新归结为自主研发与协同创新两种路径，并在考虑知识和技术空间溢出效应的基础上，采用面板数据模型和空间面板模型对自主研发与协同创新的综合绩效进行研究。结果显示，在考虑知识和技术空间溢出效应的前提下，企业与大学、科研院所的协同创新绩效不高，自主研发与协同创新的协调性不好。⑥ 刘志迎、单洁含根据创新理论，同时借鉴战略管理中的关

---

① 解学梅：《中小企业协同创新网络与创新绩效的实证研究》，《科学管理研究》2010年第8期，第51—64页。

② 陈光华、梁嘉明、杨国梁：《企业吸收能力、政府研发资助与外部知识获取对产学研创新绩效的影响研究》，《中国科技论坛》2014年第7期，第68—74页。

③ 林润辉、谢宗晓等：《协同创新网络、法人资格与创新绩效：基于国家工程技术研究中心的实证研究》，《中国软科学》2014年第10期，第83—95页。

④ Santoro, M. D., "Success Breeds Success: The Linkage Between Relationship Intensity and Tangible Outcomes in Industry University Collaborative Ventures", *The Journal of High Technology Management Research*, Vol. 11, No. 2, 2000, pp. 255–273.

⑤ Jefferson, Gary H., "R&D Performance in Chinese industry", *Economics of Innovation and New Technology*, Vol. 19, No. 5, 2010, pp. 345–366.

⑥ 俞立平、孙建红：《知识溢出下自主研发与协同创新综合绩效研究》，《科学学与科学技术管理》2014年第6期，第76—83页。

系资源的观点,建立了"组织间沟通的前因变量、组织间沟通、创新绩效组成的理论模型",借助实证研究来检验开放式多主体协同创新中组织间交流的频繁程度与创新绩效之间的关系。研究显示,组织间频繁地交流会明显促进渐进性创新绩效和突破性创新绩效的提升,因此,企业应重视协同创新组织间伙伴关系的建立,提高协同创新组织间的合作意愿。① 尹润锋基于战略导向的调节作用,通过对126家企业的调查,采用结构方程模型检验了领导风格对组织协同创新绩效的影响。②

可见,协同创新相关理论具有很高的研究价值和实际意义。该领域已经受到国内外众多学者的关注,研究成果较为丰富,为今后的深入研究奠定了基础,起到重要的推进作用。但是,需要指出的是,已有的有关协同创新内涵、动力机制、绩效评价等的研究成果还有需要进一步完善之处,如协同创新内涵界定不统一、动力机制研究方面缺乏系统的定量分析、没有完整的协同创新绩效评价指标体系等。这也是该领域未来不断发展、完善的主要方向。

三 战略性新兴产业协同创新系统演化机理相关研究文献综述

战略性新兴产业是基于我国经济社会发展基本国情提出的,是推进我国产业结构升级、为经济社会可持续发展提供有力支撑的产业体系。这一提法具有中国特色,国外学术界虽对该产业体系的细分产业有相关研究,但对这一概念罕有涉及,对其理论层面的分析讨论主要集中于国内学术界。

(一)战略性新兴产业协同创新相关研究

战略性新兴产业协同创新,一般是指战略性新兴产业内各创新主体为实现整体利益最大化而进行的有效合作,学者们普遍认为协同创新创造的

---

① 刘志迎、单洁含:《协同创新背景下组织间沟通与创新绩效关系研究》,《当代财经》2013年第7期,第77—86页。
② 尹润锋:《战略导向、领导风格对协同创新绩效作用机理研究》,《科技进步与对策》2013年第10期,第7—10页。

效益高于各个主体单独创新收益的总和。① 陈劲、阳银娟指出，战略性新兴产业协同创新是创新主体内部因素和外部环境相互作用的过程，尤其重视知识与技术创新的融合，有利于推动重大技术等的创新，实现各创新主体的价值提升。② 因此，战略性新兴产业协同创新是在一定环境下，创新主体（政、产、学、研、金、介等）通过对各创新要素的共享、整合、转化、运用等，完成管理、产品、技术、金融等的全面创新，其中技术是各创新主体间相互作用的纽带，能促进各创新要素的有效整合。在战略性新兴产业协同创新的创新主体中，企业居于核心地位，是重要的创新主体，高校和科研院所是创造知识的起点，政府则处于重要的引导地位，但金融机构、中介机构等创新主体的作用也不可忽视。③ 罗敏静认为，战略性新兴产业协同创新作为一种新的范式，把企业、学校、科研机构、政府、中介机构等多元主体组织起来，通过搭建平台实现协同合作和资源共享，是加快创新型国家建设的重要途径。④

战略性新兴产业具有新兴性、动态性、技术突破性、高度不确定性等特征，这也决定了战略性新兴产业协同创新具有高风险性，呈现出整体性、动态性和开放性等特征。万熊婷指出，战略性新兴产业具有的技术前沿性、市场广阔性等特征决定了它在协同创新上具有不确定性、高端性和融合性特征。同时，战略性新兴产业协同创新也能促进产业内各创新主体的发展，并使其表现出对相关产业及区域经济的联动性和溢出性。⑤ 总的来说，战略性新兴产业协同创新具有开放性、共享性和合作互补性等特征，各创新主体通过有效沟通、合作等，促进各方资源的合理配置及知识

---

① 陈芳、眭纪刚：《新兴产业协同创新与演化研究：新能源汽车为例》，《科研管理》2015年第1期，第26—33页。

② 陈劲、阳银娟：《协同创新的理论基础与内涵》，《科学学研究》2012年第2期，第47—48页。

③ 闫俊周、齐念念：《国内战略性新兴产业协同创新研究综述与展望》，《技术与创新管理》2019年第6期，第647—653页。

④ 罗敏静：《战略性新兴产业协同创新的政策支撑体系研究》，硕士学位论文，广西大学，2017年。

⑤ 万熊婷：《战略性新兴产业协同创新能力评价研究——以江西省绿色光源产业为例》，硕士学位论文，南昌大学，2015年。

的高效整合，进而实现重大技术创新的协同行为。其中，技术作为推动各创新主体协同创新的重要媒介，对促进战略性新兴产业协同创新发展意义重大。但由于战略性新兴产业协同创新的不确定性、高端性和新兴性等特征，决定了战略性新兴产业协同创新具有较高的风险性。

战略性新兴产业协同创新的特点决定了其发展受多种因素的影响。提升战略性新兴产业协同创新的效果，必然要对其影响因素和影响程度有清楚的认识和理解。因此，学者们从不同角度对其影响因素展开研究，主要集中在以下两个方面。

一是有关战略性新兴产业协同创新影响因素的研究。在战略性新兴产业协同创新过程中，协同创新是实现各创新主体资源及能力互补、提升创新水平的有效途径，因而产业协同创新网络的资源整合、市场及技术创新、产业竞争力及其与组织和制度等因素的综合作用等都会影响战略性新兴产业协同创新。法律、政策、人员、竞争对手等内外部环境也会对战略性新兴产业协同创新发展产生影响。[1] 张巍、华贤对产学研协同创新主体间的利益协调问题进行研究，指出科学合理的利益分配是产学研协同创新顺利实施的关键。[2] 李煜华等基于对集群内企业和科研机构之间创新演化博弈模型的构建和分析，指出预期收益、风险和知识位势对战略性新兴产业集群协同创新影响较大。但是该模型仅引入了企业和科研机构两个创新主体，缺乏对其他创新主体的关注，结论具有一定的局限性。[3] 总之，各创新主体自身、协同创新内外部环境、资源等都会不同程度地对战略性新兴产业协同创新产生影响。它们与创新主体的沟通合作、风险和利益分配机制密不可分。因此，创新主体应认真识别各种因素可能附带的风险，并结合自身情况选择合适的协同创新项目，实现各协同创新主体的高效协同。

---

[1] 杜勇、黄庆华、张卫国：《战略性新兴产业微观主体协同创新风险控制机制研究》，《科技进步与对策》2014年第12期，第54—59页。
[2] 张巍、华贤：《产学研协同创新主体间利益协调问题研究》，《技术与创新管理》2017年第5期，第455—460页。
[3] 李煜华、武晓锋、胡瑶瑛：《基于演化博弈的战略性新兴产业集群协同创新策略研究》，《科技进步与对策》2013年第2期，第70—73页。

二是有关战略性新兴产业协同创新绩效影响因素的研究。张敬文等通过构建战略性新兴产业协同创新绩效分析模型,运用 PLS – SEM 模型算法,得出组织间知识共享对战略性新兴产业协同创新绩效有直接影响,具有中介作用的企业知识吸收及整合能力对其创新绩效影响显著。[1] 欧阳峰、曾靖构建了战略性新兴产业协同创新绩效影响因素模型,并以战略性新兴产业上市公司为例,运用主成分分析方法和粗糙集理论,得出研发投入强度、投入资本回报率和市场结构是关键影响因素,其绩效提升需要技术、管理和外部三者创新的平衡与协同,即组织间知识共享、研发投入等会对战略性新兴产业协同创新绩效产生影响。[2]

总的来说,战略性新兴产业协同创新过程和绩效受多种因素的影响与制约。因此,战略性新兴产业各协同创新主体应认真识别各种因素可能附带的风险,并结合自身情况选择合适的协同创新项目,以期实现高效协同,提升协同创新绩效。

(二) 战略性新兴产业协同创新系统演化机理相关研究

目前国内学术界对于战略性新兴产业协同创新系统演化机理的研究鲜见于文献,已有研究主要侧重产业内技术创新与其他相关创新要素间的协同演化机理分析。汪秀婷基于系统视角构建了战略性新兴产业协同创新网络模型,对协同创新网络模型中的战略、资源、组织和制度四个基本构面以及协同创新路径进行研究,并详细分析了战略性新兴产业协同创新网络基于生命周期阶段的动态演化方向与策略。[3] 曲永军、毕新华在分析战略性新兴产业对后发地区发展重要性的基础上,结合产业生命周期理论,通过对后发地区战略性新兴产业成长动力源、动力结构以及动力演化机理的分析,得出只有通过政府、企业、市场和资源等因素

---

[1] 张敬文、谢翔、陈建:《战略性新兴产业协同创新绩效实证分析及提升路径研究》,《宏观经济研究》2015 年第 7 期。
[2] 欧阳峰、曾靖:《基于主成分—粗糙集方法的战略性新兴产业创新驱动绩效评价——以战略性新兴产业上市公司为样本》,《工业技术经济》2015 年第 12 期,第 30—39 页。
[3] 汪秀婷:《战略性新兴产业协同创新网络模型及能力动态演化研究》,《中国科技论坛》2012 年第 11 期,第 51—57 页。

的作用,才能保证产业成长动力的持续性。① 特日昆、宋波等从技术与制度协同创新的视角,通过构建技术创新要素(包含产业技术、资本、人力等)与制度创新主体(包含企业、金融和公共部门)的协同创新框架,结合产业生命周期理论,剖析了技术与制度协同创新下的我国战略性新兴产业演化机理,认为在战略性新兴产业生命周期发展的不同阶段,产业技术发展水平各不相同,技术创新的演化发展会促进制度创新,制度创新又会进一步影响技术创新的演进路径,二者的持续性协同创新演化态势为战略性新兴产业的发展提供持续动力。② 戴志颖以战略性新兴产业的管理模式创新和技术创新协同演化为研究对象,通过构建协同演化概念模型来揭示战略性新兴产业内部创新主体、组织结构与外部环境层次影响要素对管理模式创新和技术创新协同演化的调节作用,并在定性分析的基础上构建协同演化的动力模型,剖析管理模式创新和技术创新协同演化的动力作用机理,进而对战略性新兴产业的发展提出政策建议。③ 陈芳、眭纪刚运用协同学理论构建协同创新分析框架来讨论新兴产业协同创新的特征与演化机理,认为新兴产业协同创新是由产业内创新主体的内在演化动力与外部环境共同作用的复杂过程,随着新兴产业经历其发展的孕育期、萌芽期及成长期,协同创新在各阶段也不断发展演化。④ 林章岁等基于战略性新兴产业与传统产业耦合发展的视角,通过构建战略性新兴产业和传统产业耦合模型,利用微观企业调查数据,实证分析战略性新兴产业和传统产业之间的作用机理,揭示出战略性新兴产业与传统产业正朝着由不协调向协调性发展的阶段过渡,并

---

① 曲永军、毕新华:《后发地区战略性新兴产业成长动力研究》,《社会科学战线》2014年第5期,第245—247页。
② 特日昆、宋波、徐飞:《技术与制度协同创新的战略性新兴产业演化机理研究》,《科学管理研究》2015年第4期,第50—53页。
③ 戴志颖:《战略性新兴产业协同演化动力机制研究》,《统计与决策》2015年第6期,第51—54页。
④ 陈芳、眭纪刚:《新兴产业协同创新与演化研究:新能源汽车为例》,《科研管理》2015年第1期,第26—33页。

提出产业耦合发展的政策性建议。①

　　学者们还就战略性新兴产业中的某个或某几个细分产业的协同创新系统演化机理等进行分析和讨论。王飞从合作动机、合作类型以及合作效应等方面详细分析了促进生物医药产业创新网络形成和演变的内在机理，并以上海张江为例进行实证分析。研究结果显示：创新合作是生物医药创新网络演化的核心驱动力，生物医药产业创新网络将经历由较为低级的封闭式、开放式向高级的集群化、全球化方向发展。②王灏通过分析光电子产业特征指出：产业创新的网络化是光电子产业创新发展的主要趋势，并借助复杂网络理论的相关方法分析得出强大的原生性科研力量、中介组织以及丰富的历史积淀在网络构建中的作用，最终得出"系统演化的动力是创新主体间的主动合作"的结论。③吴雷基于协同学理论和复杂适应系统理论的框架，从宏观层次对装备制造业突破性创新机制的系统演化过程进行剖析，深入探讨了系统演化过程中的分岔、突变和涌现过程，得出系统演化轨迹的特征，并揭示其演化机理。④

　　由于战略性新兴产业这一概念提出的时间相对较短，研究大多集中在对该产业体系概念、特征、发展对策等的定性分析上，与协同创新相结合对战略性新兴产业进行讨论的文献仅有上述列举的几篇。除此之外，学术界有相当数量与该论题相关的研究文献，研究重点主要集中在协同创新系统演化机理、创新系统演化机理、创新网络的形成及演化机理等方面。

　　在协同创新系统演化机理的分析方面，蔡乌赶从协同演化的视角分析了技术创新、制度创新与产业系统演化三者间的协同演进机理，通过

---

① 林章岁等：《战略性新兴产业与传统产业耦合发展的实证研究》，《经济研究导刊》2017年第17期，第49—50页。
② 王飞：《生物医药创新网络的合作驱动机制研究》，《南京社会科学》2012年第2期，第40—47页。
③ 王灏：《光电子产业区域创新网络构建与演化机理研究》，《科研管理》2013年第1期，第37—45页。
④ 吴雷：《装备制造业突破性创新机制的系统演化过程研究》，《科学学与科学技术管理》2014年第4期，第121—128页。

理论分析与实证研究得出三者的螺旋演化关系。[①] 邱栋、吴秋明通过详细分析协同创新内涵、演化规律及影响因素，得出协同创新包含三个层面的协同，各层面协同涉及诸多影响因素，且协同创新的形成与发展要经历五个发展阶段。在各发展阶段中，组织协调能力、技术知识兼容性等因素对协同创新有重要影响。[②] 林涛运用协同学序参量、控制参量和自组织演化等理论分析了高校协同创新系统的内在机理，指出高校协同创新系统内不同的创新子系统间以及系统内各要素的耦合关联和非线性作用，促进了高校协同创新系统趋于自组织的有序演化，最终实现协同增效。[③] 陈劲等将协同创新引入产学研合作演化博弈考察合作行为演化的机理、合作的持续性以及均衡的稳定性等，并根据研究结果提出相应的对策建议。[④] 胡慧玲在运用协同学、系统动力学构建产学研协同创新耦合模型的基础上，对产学研协同创新系统与创新过程进行具体分析，得出产学研协同创新系统是一个开放的非线性耦合系统，非线性作用是系统复杂性的根源，并推动系统不断演化发展。[⑤] Wang Kun 等运用复杂网络理论，以一个全新的视角来研究区域协同创新系统的演化过程，在构建区域协同创新系统整体架构和能力模型的基础上，运用已有相关数据并结合进化算法研究探索网络拓扑和验证已构建分析模型的有效性，提出相关政策建议，为区域协同创新系统的构建和发展做出一定的理论贡献。[⑥]

在创新系统演化机理的分析方面，解学梅、曾赛星通过分析科技产

---

① 蔡乌赶：《技术创新、制度创新和产业系统的协同演化机理及实证研究》，《天津大学学报》（社会科学版）2012 年第 5 期，第 401—406 页。
② 邱栋、吴秋明：《产学研协同创新机理分析及其启示——基于福建部分高校产学研协同创新调查》，《福建论坛》2013 年第 4 期，第 152—156 页。
③ 林涛：《基于协同学理论的高校协同创新机理研究》，《研究生教育研究》2013 年第 2 期，第 9—12 页。
④ 陈劲、殷辉、谢芳：《协同创新情景下产学研合作行为的演化博弈仿真分析》，《科技进步与对策》2014 年第 5 期，第 1—6 页。
⑤ 胡慧玲：《产学研协同创新系统耦合机理分析》，《科技管理研究》2015 年第 6 期，第 26—29 页。
⑥ Wang Kun, "An Evolutionary Algorithm of the Regional Collaborative Innovation Based on Complex Network", *Discrete Dynamics in Nature and Society*, No. 1, 2016, pp. 1 – 10.

业集群持续创新系统集成要素，构建了科技产业集群持续创新系统运作模型，并基于系统论和协同论分析了系统内部的要素耦合、运作模式和协同机理。[①] 李锐等基于系统自组织理论和协同学动力方程，结合 Logistic 技术创新过程基本原理构建了技术创新系统自组织的竞争和协同演化模型，并对模型的稳定性和演化趋势进行分析，以全新的视角分析和理解了技术创新演化过程。[②] 陈飞运用协同学及灰色系统建模方法构建了电信产业系统的多变量非线性协同演化动力模型，并通过数值模拟得到系统发展的序参量，即增值业务创新，得出增值业务创新作为序参量支配着电信产业系统的演化发展的研究结论。[③] Jungwon Yoon 通过考察三螺旋行为者之间合作活动的趋势和模式来探索韩国创新系统的演化过程，发现大学与产业的协同合作是近年来其最有效的创新形式，其次是政府与产业的协同合作，三方协同合作形式已经建立，但这一创新网络还相当薄弱和低效，尚未建立稳定而强大的三螺旋体系。[④] 王宏起等认为，大学科技园是国家和区域创新体系的重要组成部分，在详细分析和研究其创新能力内涵、特征及构成的基础上，构建了大学科技园集成创新能力形成的钻石模型，进一步揭示其集成创新能力形成和演化的系统结构类型与周期性演化规律，以达到为大学科技园集成创新能力培育路径和发展机制设计提供依据的研究目的。[⑤] 康健、胡祖光将生产性服务业区分为创造型和保障型两种，并基于演化博弈理论，分别对战略性新兴产业与两种类型生产性服务业的创新博弈进行推演，通过构建产业创新系统协同度模型，对战略性新兴产业（以传统制造业为对比）与

[①] 解学梅、曾赛星：《科技产业集群持续创新系统运作机理：一个协同创新观》，《科学学研究》2008 年第 4 期，第 838—845 页。

[②] 李锐、鞠晓峰、刘茂长：《基于自组织理论的技术创新系统演化机理及模型分析》，《运筹与管理》2010 年第 2 期，第 145—151 页。

[③] 陈飞：《我国电信产业经济系统协同演化研究》，《宏观经济研究》2012 年第 3 期，第 18—25 页。

[④] Jungwon Yoon, "The Evolution of South Korea's Innovation System: Moving Towards the Triple Helix Model?", *Scientometrics*, Vol. 104, No. 1, 2015, pp. 265 - 293.

[⑤] 王宏起、于澎田、李玥：《大学科技园集成创新能力形成与演化机理研究》，《科技进步与对策》2015 年第 24 期，第 29—33 页。

生产性服务业的协同创新状况进行测度及分析,得出"提高参与协同创新的企业比例是提升战略性新兴产业与生产性服务业协同创新水平的重要途径"的结论。① Reichardta 引入政策组合的概念以研究技术创新系统,通过分析政策组合与技术创新系统功能及性能的影响作用以及二者在演化发展中的相互依存关系,实现深入了解技术创新系统动态演化过程的目的。②

在创新网络形成及演化机理的分析方面,大多学者将系统工程理论的方法与模型应用到该领域的研究中。黄晓卫通过构建高科技产业园区知识创新循环模型,利用系统动力学相关理论分析了高科技园区企业知识势差促进技术能力增长的机理,并从成本—收益角度分析了企业知识创新的经济学动因和机制。③ Hermans 引入战略管理理论考察了协同创新网络各个阶段的演化特征,通过构建纵向双模式从属关系网络,表明创新网络的演化具有节点不断增长的连续生长特性。④ Tanimoto 构建了具有学习机制的合作—演化模型,分析了校企合作创新网络的演化机理,提出了学习在网络演化过程中的重要作用,通过多主体仿真建模发现具有学习机制的产学研合作创新网络最终演化成具有无标度特征的网络。⑤ 石乘齐、党兴华将知识权力的概念引入创新网络,分析了其在网络中的理论基础及形成路径,并以知识权利为视角,以知识权利的形成

---

① 康健、胡祖光:《战略性新兴产业与生产性服务业协同创新研究:演化博弈推演及协同度测度》,《科技管理研究》2015 年第 4 期,第 154—161 页。

② Reichardtab K., "Analyzing Interdependencies between Policy Mixes and Technological Innovation Systems: The Case of Offshore Wind in Germany", *Technological Forecasting and Social Change*, Vol. 106, 2016, pp. 11 – 21.

③ 黄晓卫:《高科技产业园区知识创新的动力机制分析》,《统计与决策》2012 年第 7 期,第 59—61 页。

④ Hermans F., Apeldoorn D., Stuiver M., et al., "Niches and Networks: Explaining Network Evolution Through Niche Formation Processes", *Research Policy*, Vol. 42, No. 3, 2013, pp. 613 – 623.

⑤ Tanimoto J. Coevulutionary, "Coexiting Learning and Teaching Agents Model for Prisoner's Dilemma Games Enhancing Cooperation with Assortative Heterogeneous Networks", *Physica A: Statistical Mechanics and Its Applications*, Vol. 392, No. 12, 2013, pp. 2955 – 2964.

路径为线索,从不同网络层次分析了创新网络的演化动力。① 陈金丹、吉敏在阐述产业创新网络演化机理的基础上,基于多 Agent 建模理论设定创新 Agent 的属性与行为,开发产业创新网络演化模型,并从网络结构、空间分布和创新收益三个方面考察其演化过程。② Ostendorf 剖析了利率杠杆作用下企业创新网络的演化规律,表明创新网络中的零售商与制造商共同利用利率杠杆资源进行创新,证明只有认真地评估利率杠杆在创新演化中的作用,才能实现创新网络的长期发展。③ 刘锦英在界定自主创新演化阶段以及构建自主创新网络演化模型的基础上,运用行动者网络理论,以案例研究的方式分析了企业不同自主创新阶段的行动者构成,揭示了核心企业自主创新网络的演化机理。④ Blankenberga 认为,创新网络在推进产品和服务开发中起着至关重要的作用,通过跟踪调查三种创新网络在运用信息系统方面获得的成功,分析了建立创新网络必须具备的构建要素及制度,以揭示实现网络创新的途径及方式。⑤ 蔡绍洪等从复杂系统自组织理论的视角,运用耗散结构和协同学理论方法,研究分析区域集群创新网络形成及发展过程中的自组织机理及特征条件,得出"产业集聚核对区域产业的集聚起关键作用;非线性作用支配区域产业集群的演化;各子系统间的相互作用以及激烈的竞合关系是区域创新网络形成的根本原因"等结论。⑥ 周松涛结合混沌理论来阐述有色金属产业集群创新网络的混沌特征,并提出在集群创新网络发展过程

---

① 石乘齐、党兴华:《创新网络演化动力研究》,《中国科技论坛》2013 年第 1 期,第 5—10 页。

② 陈金丹、吉敏:《基于多 Agent 的产业创新网络演化模型研究》,《统计与决策》2013 年第 20 期,第 45—48 页。

③ Ostendorf J., Mouzas S., Chakrabarti R., "Innovation in Business Networks: The Role of Leveraging Resources", *Industrial Marketing Management*, No. 15, 2014, pp. 235 – 247.

④ 刘锦英:《核心企业自主创新网络演化机理研究:以鸽瑞公司"冷轧钢带"自主创新为例》,《技术与创新管理》2014 年第 2 期,第 157—164 页。

⑤ Blankenberga A., Lakshmi G., Iris J., "Information Management for Innovation Networks: An Empirical Study on the 'Who, What and How' in Networked Innovation", *International Journal of Information Management*, Vol. 36, No. 3, 2016, pp. 348 – 359.

⑥ 蔡绍洪等:《区域集群创新网络形成发展的演进机理及特征》,《贵州社会科学》2007 年第 5 期,第 4—9 页。

中要通过聚集能力强弱调节整个集群创新网络的进化速度的观点。[①]

综上所述，由于战略性新兴产业是具有中国特色的产业名称，其协同创新系统演化机理研究主要集中在国内学术界。鉴于战略性新兴产业提出及发展的时间相对较短，对该产业体系协同创新系统演化机理的研究文献数量偏少，主要集中在产业内技术创新与相关要素间的协同创新研究以及战略性新兴产业中特定产业的协同创新系统演化机理分析。学术界存在大量与该研究相近的文献，主要集中在协同创新系统演化机理的分析、创新系统演化机理的分析以及创新网络的形成及演化机理分析方面。相关系统演化机理方面的文献为进一步发展和完善战略性新兴产业协同创新系统演化机理领域的理论研究奠定了基础。

四　福建战略性新兴产业相关研究文献综述

2009年开始，我国逐步将发展战略性新兴产业列为重点规划项目，通过出台一系列政策制度对其进行优先发展及重点扶持。随着国家战略性新兴产业发展规划的出台，福建立足本省经济发展及产业竞争力现状，发布一系列关于发展福建战略性新兴产业的专项规划，使本省战略性新兴产业有较快发展。同时，针对福建战略性新兴产业的相关学术研究成果也在不断增加，主要集中在福建战略性新兴产业发展问题及对策建议、特定战略性新兴产业发展研究两个方面。

（一）福建战略性新兴产业发展问题及对策建议

王建华、林子华从区域创新系统的视角，运用三重螺旋理论，深入分析区域创新系统中官、产、学的地位作用及相互关系，并结合福建培育战略性新兴产业的实践，探讨如何在官、产、学之间形成"三重螺旋"的合力，推动区域创新系统的建设和战略性新兴产业的发展。[②]

吴德进从现实背景出发，结合发展形势和需要突破的瓶颈制约，分

[①] 周松涛：《混沌理论的有色金属集群企业网络创新演化机理》，《求索》2009年第6期，第82—83页。

[②] 王建华、林子华：《区域创新系统中官产学合作问题研究——以福建省培育战略性新兴产业为例》，《综合竞争力》2011年第5期，第42—47页。

析了福建战略性新兴产业的发展现状,指出存在结构性矛盾突出、区域发展不平衡、产业技术水平有待提升等问题,并给出福建战略性新兴产业培育与发展的路径选择。[1]

单玉丽在分析福建战略性新兴产业发展基础和潜力的过程中,指出福建战略性新兴产业发展存在"企业规模小,产业集中度低;骨干企业少,带动能力不强;缺乏专业技术人才尤其是领军人才;科技原创能力和成果转化率较低"等问题,提出应发挥比较优势,加强对台战略性新兴产业合作等政策措施。[2]

林民书、刘名远以海西经济区为例,深入分析了区域战略性新兴产业发展的困境,即区域城市综合竞争力不平衡、科研基础区域差距悬殊、区域产业关联度不高及配置能力不强、区域经济利益依存度低,并提出明确战略性新兴产业区域定位、发挥区域中心城市领头雁的引领功能、深化区域产业合作等策略选择。[3]

李玲、忻海然在广泛调研的基础上对福建战略性新兴产业人才队伍建设进行了 SWOT 分析,从政府、企业、高校、社会四个层面提出加强人才队伍建设的对策建议。[4]

林楒荷在分析"十二五"时期福建战略性新兴产业发展主要成效的基础上,指出福建发展战略性新兴产业将面临相关体制变革、产业层次升级、技术研发引进和闽台产业合作等重大挑战,并提出"十三五"期间福建战略性新兴产业发展的思路和趋势。[5]

吴赐联等基于技术进步视角,在估算福建 27 个备选的符合战略性

---

[1] 吴德进:《加快福建战略性新兴产业培育与发展探究》,《福建论坛》(人文社会科学版)2011 年第 3 期,第 128—133 页。

[2] 单玉丽:《福建战略性新兴产业发展与闽台合作五大策略》,《福建论坛》(人文社会科学版)2011 年第 10 期,第 163—168 页。

[3] 林民书、刘名远:《区域战略性新兴产业发展困境与策略选择——以海西经济区为例》,《福建论坛》(人文社会科学版)2013 年第 1 期,第 131—136 页。

[4] 李玲、忻海然:《福建省战略性新兴产业人才队伍建设 SWOT 分析及对策研究》,《电子科技大学学报》(社会科学版)2013 年第 5 期,第 89—94 页。

[5] 林楒荷:《"十三五"时期福建战略性新兴产业发展问题的思考》,《产业与科技论坛》2016 年第 17 期,第 27—30 页。

新兴产业特征的工业部门全要素生产率、技术进步速度和贡献率的基础上，借助战略性新兴产业选择评价体系，利用主成分分析法进行因子提取并计算综合得分，表明在福建确定的战略性新兴产业中，新材料、新能源、新一代信息技术及高端装备制造等发展潜质较好。[1]

闫俊周基于省际比较视角，选取我国东、中、西六个省份（自治区）培育和发展战略性新兴产业的实践作为案例进行分析，发现处于不同区域、阶段且发展环境和资源要素存在较大差异的各省份，其战略性新兴产业发展目标、重点产业选择、培育和发展政策、保障条件及整体特征存在较高的趋同性。要克服趋同性，各级政府应做好顶层制度设计，注重内涵式培育和发展，突出特色和优势，以切实提升竞争力。[2]

林宏杰通过引入专家意见和经验，将专家主观判断与量化分析相结合，利用残缺区间直觉模糊集和区间直觉模糊混合加权集结算子对评价信息进行处理，构建战略性新兴产业优先序评价方法，对福建新一代信息技术产业、新能源汽车产业、海洋高新产业、新材料产业进行实例分析和优先序评价。[3]

方正良通过实地调研的方式对广东省及福建战略性新兴产业进行研究，发现存在自主创新能力不强、配套服务体系尚不健全、投融资作用不显著等问题，提出需要通过进一步完善体制机制、加大对战略性新兴产业的要素资源投入、发挥金融的支撑作用等方式推进战略性新兴产业发展。[4]

李巍、郗永勤（2017）[5]从创新链视角对战略性新兴产业创新系统进行概念界定及结构分析，运用网络层次分析法和复合系统协同度模型

---

[1] 吴赐联、林晶、颜华玲：《福建省战略性新兴产业的选择及评价研究——基于技术进步视角》，《三峡大学学报》（人文社会科学版）2017年第2期，第49—55页。

[2] 闫俊周：《战略性新兴产业培育和发展的趋同性研究——基于我国东、中、西六个省份的多案例分析》，《技术经济与管理研究》2017年第5期，第104—107页。

[3] 林宏杰：《战略性新兴产业发展优先序评价方法及应用——基于残缺区间直觉模糊集的评价》，《厦门理工学院学报》2018年第6期，第33—37页。

[4] 方正良：《加快培育经济增长新动能着力推动战略性新兴产业高质量发展——对战略性新兴产业的调研与思考》，《开发性金融研究》2019年第4期，第66—75页。

[5] 李巍、郗永勤：《战略性新兴产业创新系统协同度的测度》，《统计与决策》2017年第2期，第60—63页。

构建了战略性新兴产业创新系统协调度测度模型。同时，收集2009—2013年相关数据，对福建信息产业创新系统的协同度进行实证分析，揭示出技术转让和计算机新产品出口是制约福建信息产业创新系统协同度提升的关键因素。

杨宁、黄蕾通过分析国内外的基本经济形势，提出通过鼓励并扶持战略科技企业来建构我国企业核心竞争力这一观点，在此基础上，结合福建战略性新兴产业的基本情况和发展趋势，构建科技企业核心竞争力提升的基础模型，并结合该模型指出可以通过持续技术创新、人才引进及培养、企业创新文化建设等方式提升福建战略性科技企业的核心竞争力。[1]

（二）特定战略性新兴产业发展研究

1. 新能源汽车产业研究

詹锦华以"钻石模型"为基础，对福建新能源汽车产业进行分析，指出其虽然在全国具有较强的产业竞争力且技术创新能力发展契机较好，但在产业发展中仍存在"汽车技术集成水平较低、续行里程短、电池成本高；配套基础设施滞后；技术的吸收与创新能力不足"等问题，要大力提升汽车产业竞争力，以实现福建汽车产业的可持续发展。[2] 胡梅玲等在对福建新能源汽车产业发展现状及相关财政补贴政策分析的基础上，探讨了财政补贴政策对新能源汽车产业发展的影响，指出现阶段福建新能源汽车产业发展中存在财政补贴目标不平衡、技术水平落后、产业规模扩张缓慢以及政策执行不力等问题，并提出完善补贴政策、加强研发及市场监管力度等一系列政策建议。[3]

2. 新一代信息技术产业研究

张明火利用既有的福建高新技术产业调查数据，运用系统动力学软

---

[1] 杨宁、黄蕾：《福建省战略科技企业核心竞争力提升路径研究》，《福建教育学院学报》2020年第4期，第48—51页。
[2] 詹锦华：《基于钻石模型的福建省新能源汽车产业竞争力分析》，《中国集体经济》2017年第7期，第48—50页。
[3] 胡梅玲等：《新能源汽车财政补贴政策分析——以福建省为例》，《科技经济市场》2020年第3期，第69—71页。

件（Vensim PLE）对福建新一代信息技术产业发展进行系统仿真，指出福建应重视科技创新战略部署、商业模式创新、财政科技投入、产业规划等对该产业发展的推动作用。[1] 李莉从人力资源的角度分析了福建新一代信息技术产业人力需求供给现状，构建了以学校、企业、政府、社会为主体的"四维一体"人力资源培养机制，实现推动战略性新兴产业持续快速发展的目标。[2]

3. 高端装备制造产业研究

戴志聪等根据福建高端装备制造业的发展现状，结合全国装备制造业发展形势，针对福建高端装备制造业存在的问题及发展短板，提出提升自主创新能力、夯实机械基础产业、培育壮大新兴机械装备等对策建议。[3] 林迎星、廖菊珠认为，福建高端装备制造业存在产业规模小、中小企业居多、龙头企业缺乏且创新驱动力不足等问题。要使该产业发展和壮大，须在创新投入、创新产出和创新环境等方面采取相应的促进对策。[4]

4. 新能源产业研究

丁刚、黄杰以产品链为核心，在绘制福建光伏产业链产品生态图谱和空间生态图谱的过程中，有效识别福建光伏产业发展中的技术壁垒和发展障碍，以尽量规避产业发展中存在的潜在风险。[5] 林孟涛认为，福建已经具备发展新能源产业的资源条件、区位优势和产业基础，但在实践中存在产业布局不清晰、核心技术不成熟等问题，应从优化区域产业布局、提高产业科技创新能力等方面采取切实措施，推

---

[1] 张明火：《福建省新一代信息技术产业发展仿真研究》，《科技管理研究》2013年第2期，第162—165页。

[2] 李莉：《新时期战略性新兴产业人力资源培养机制——以福建新一代信息技术产业为例》，《辽宁工程技术大学学报》（社会科学版）2014年第3期，第246—248页。

[3] 戴志聪、杨敏丽、吴尚璟：《福建省高端装备制造业发展情况探讨》，《木工机床》2019年第3期，第24—27页。

[4] 林迎星、廖菊珠：《基于创新驱动的福建省高端装备制造业发展研究》，《福建论坛》（人文社会科学版）2019年第7期，第177—184页。

[5] 丁刚、黄杰：《区域战略性新兴产业的产业链图谱表达方式研究——以福建省光伏产业为例》，《中国石油大学学报》（社会科学版）2012年第3期，第24—27页。

进福建新能源产业的发展。① 沈奎琴等认为，福建在新能源产业发展方面虽对技术创新投入力度有所加大，但产业支撑力量仍远远不够，须通过构建产业技术创新体系，厘清产业发展总体思路，明确发展趋势与目标，并优化技术创新的运作模式，来促进福建新能源产业的不断发展。② 林松辉认为，福建依托独特的地理条件及森林资源优势，新能源产业呈现较好的发展势头，但仍面临技术障碍、产业壁垒等困难，应充分发挥政策性金融的补充功能，深入挖掘具有地方特色的潜在新能源企业。③

5. 海洋战略性新兴产业研究

李黄庭、易瑞灶在回顾福建海洋生物医药产业发展成就的基础上，指出目前存在产业规模较小、科技优势未得到充分发挥、人才结构不合理和资金投入不足等问题，提出须通过"夯实基础，加快平台建设；补短板，加强人才队伍建设；创新机制，充分调动人才积极性；加大投入，完善投融资机制"等方式做大做强产业。④ 刘名远、卓子凯提出，当前福建海洋产业发展面临结构优化程度不高、传统海洋产业比重过高、海洋战略性新兴产业规模偏小、海洋科技创新能力不足、海洋高端人才紧缺等问题，可以通过"大力推动科技创新，注重高层次人才培养；加快海洋产业结构优化，提高产业聚集效应；大力发展邮轮游艇业与滨海旅游业；加大海洋战略性新兴产业政策支持力度"等方式，以推动福建海洋战略性新兴产业加快发展。⑤

高明、赵丹华通过分析战略性新兴产业的特征，在总结国内外产业

---

① 林孟涛：《加快发展福建省新能源产业的对策研究》，《东南学术》2012年第3期，第113—119页。
② 沈奎琴、李双荣、郗永勤：《福建省新能源产业技术创新体系构建研究》，《能源与环境》2015年第4期，第5—7页。
③ 林松辉：《政策性金融支持福建省新能源产业发展》，《海外投资与出口信贷》2016年第4期，第46—48页。
④ 李黄庭、易瑞灶：《福建省海洋生物医药产业发展研究》，《海洋开发与管理》2017年第10期，第55—59页。
⑤ 刘名远、卓子凯：《福建省海洋战略性新兴产业发展路径研究》，《发展研究》2018年第11期，第54—60页。

技术路线图绘制经验的基础上,提出"市场需求—产业目标—技术研发"的绘制路径,并以福建 LED 照明产业为例,运用技术路线图的方法描绘了未来产业技术发展的基本框架,提出加强产业集聚、利用区位优势、促进产学研结合等建议。[1]

第三节 研究思路、研究内容及研究方法

一 研究思路

本书首先从分析我国战略性新兴产业发展背景和现状入手,包括对其提出背景、在推进我国经济转型升级中的作用以及其发展进程中存在问题的介绍,由此引申出我国战略性新兴产业目前存在的技术创新能力不足、缺乏国际竞争优势等亟须解决的问题,进而指出提高战略性新兴产业技术创新能力须通过产业内相关创新要素的共同协作以构建产业协同创新系统为有效途径,以此作为分析战略性新兴产业协同创新系统演化机理的理论前提。其次在此基础上,借助复杂系统理论构建战略性新兴产业协同创新系统的运行模型。一方面,结合系统动力学理论明确战略性新兴产业协同创新系统的内外部动力因素,完成对系统演化过程中系统状态量变与质变的定性描述;另一方面,借助协同学的理论方法,确定支配系统演化行为的关键变量,即要明确什么因素从根本上影响和决定了整个协同创新系统的演化进程。结合 Logistics 增长曲线对战略性新兴产业协同创新系统各阶段的演化轨迹进行定性与定量相结合的分析,明确系统的演化路径,并以此为基础对福建战略性新兴产业协同创新系统的演化机理进行分析和研究,为福建社会经济的高质量发展政策制定提供依据。最后,根据理论分析和实证研究,提出发展福建战略性新兴产业的政策措施,以找到提升战略性新兴产业技术创新能力和国际竞争力的途径,达到理论指导实践的目的。

---

[1] 高明、赵丹华:《基于技术路线图的战略性新兴产业发展研究——以福建省 LED 照明产业为例》,《发展研究》2013 年第 11 期,第 50—55 页。

这三大内容具有紧密的内在逻辑关系。第一部分有关中国战略性新兴产业发展背景及现状的研究以及提出构建战略性新兴产业协同创新系统的必要性，是指明"为什么要进行战略性新兴产业协同创新系统演化机理研究"；第二部分针对战略性新兴产业协同创新系统的动力、演化轨迹的分析，是要解决"如何进行福建战略性新兴产业协同创新系统演化机理分析"的问题；第三部分是在前两部分的基础上回答"如何发展福建战略性新兴产业"的问题，这也是本书的研究主旨，即找到发展福建战略性新兴产业的有效途径。三大内容层层递进，构成研究福建战略性新兴产业协同创新系统演化机理完整的理论框架（见图1-1）。

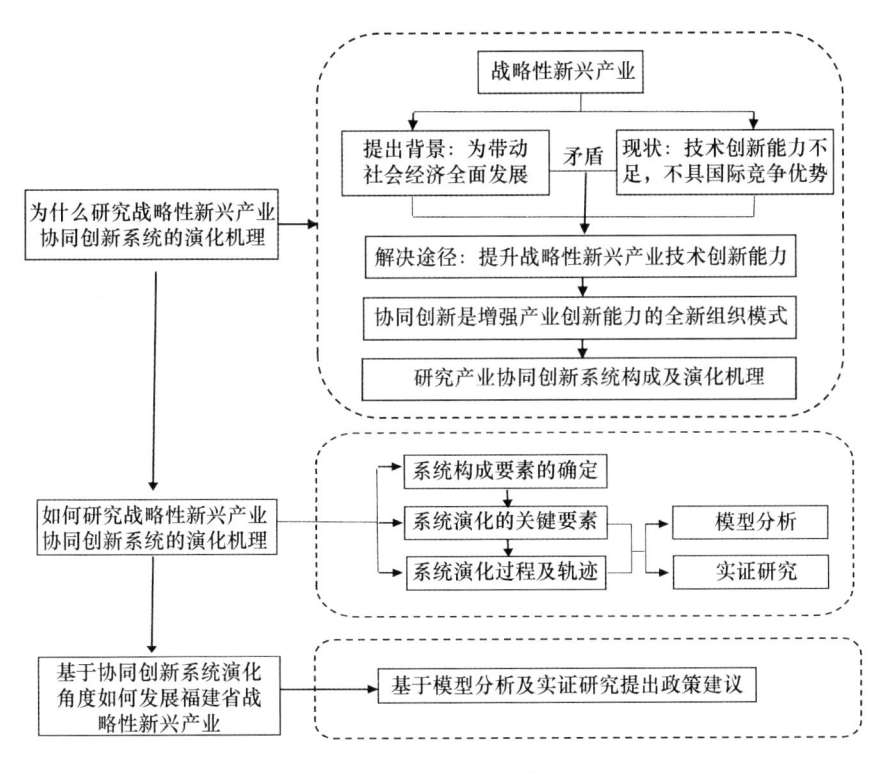

图1-1 研究思路

二 研究内容与结构安排

基于提出的问题以及目前国内外相关研究，笔者认为有必要首先系统地分析和探讨战略性新兴产业协同创新系统的内涵、结构、功能、特征等问题。明确了战略性新兴产业协同创新系统的构成要素及系统结构、功能等问题之后，须运用复杂适应系统理论及协同学相关分析方法找到决定战略性新兴产业协同创新系统演化过程的关键因素，即系统的序参量与控制参量。只有明确了这两类变量，才能全面了解系统的演化过程以及演化轨迹。在此基础上，确定体现序参量的关键指标，即技术研发能力、科研成果转化能力、技术营销能力以及创新成果管理能力。通过对这四个关键要素构成的技术创新能力系统的定性分析，得到福建战略性新兴产业协同创新系统中技术创新能力的演化规律，即整体呈现出 S 形曲线。进一步利用逻辑斯特（Logistic）方程结合产业技术创新能力这一关键指标对福建战略性新兴产业协同创新系统的演化过程及演化轨迹进行定性、定量分析，得到福建战略性新兴产业协同创新系统演化的四个阶段。此外，以福建新能源汽车产业为例，结合前文分析方法进行实证研究，验证本书研究方法以及结论的实用性。最后，结合本书演化模型中的相关要素，提出推进福建战略性新兴产业快速发展的政策建议。本书总体上是沿着福建战略性新兴产业协同创新系统构成—系统演化模型建立—系统演化过程及演化机理分析—产业发展政策的提出为主线进行分析的，共分七个部分，结构安排如图 1-2 所示。

第一部分首先叙述了相关研究的背景及意义，并结合国内外相关领域研究现状，提出本书的研究方法和研究内容。

第二部分对研究过程中涉及的创新系统理论、协同学理论、复杂适应系统理论、自组织理论以及产业协同创新系统的概念等相关知识和理论进行准备。

第三部分界定了战略性新兴产业协同创新系统的概念和内涵，分析了战略性新兴产业协同创新系统的复杂适应性，构建了福建战略性新兴产业协同创新系统的概念模型和运行模型。

结构安排	主要内容
第一章	研究背景　研究意义 国内外研究文献综述
第二章	相关理论基础 创新系统理论　协同学理论　复杂适应系统理论　自组织理论　产业协同创新系统理论
第三章	战略性新兴产业协同创新系统的构建 系统存在性分析　系统的结构分析　系统的特征分析　系统运行模型构建
第四章	战略性新兴产业协同创新系统演化机理及过程分析 演化机理分析：明确系统动力因素／系统演化分岔过程／系统演化突变过程 演化过程分析：确定序参量、控制参量／系统演化方程构建／系统演化轨迹分析
第五章	实证分析
第六章	基于产业协同创新视角的福建省战略性新兴产业发展对策研究
第七章	研究结论与展望

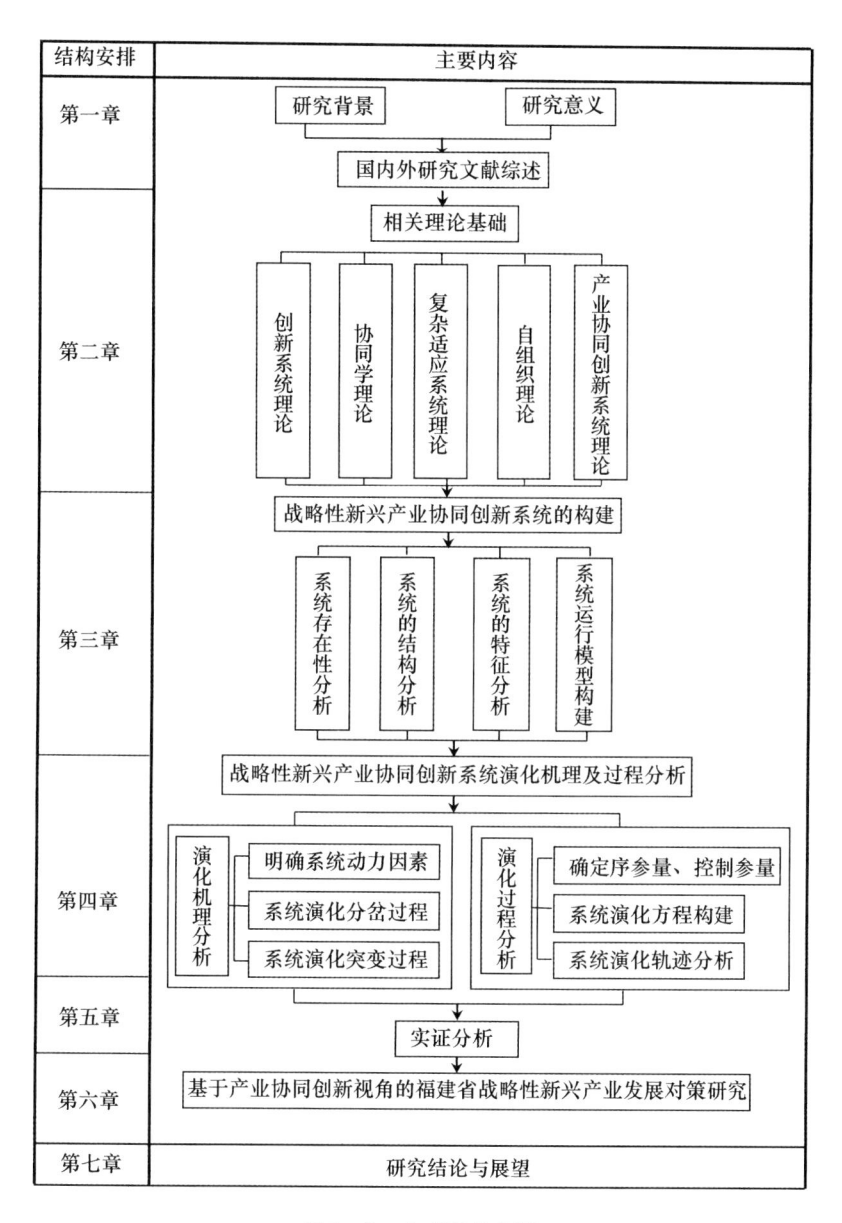

图1-2　本书结构框架

第四部分重点分析和研究了福建战略性新兴产业协同创新系统演化机理及演化过程，主要包括福建战略性新兴产业协同创新系统演化过程中的动力因素分析、系统演化过程中的分岔及突变现象的描述以及系统演化阶段的划分及各阶段的特征分析。

第五部分是在前文研究的基础上，结合福建新能源汽车产业发展现状，对该产业协同创新系统的演化机理进行实证研究。

第六部分是基于福建战略性新兴产业协同创新系统演化机理提出发展福建战略性新兴产业的政策措施。

第七部分是本书的研究结论与展望。

三　研究方法

研究方法是决定研究体系特征的主要因素，因而选取正确的研究方法对于研究的深入展开具有重要作用。研究方法服务于研究任务和研究目标。本书按照定性描述与定量分析相结合、微观分析与宏观研究相结合的总体研究思路进行，所需数据主要通过查阅中国统计年鉴、中国专利数据库等获取。

（一）多学科理论综合分析法

本书综合运用产业经济学理论、创新理论、系统理论、协同学理论、演化经济学理论以及复杂适应系统理论等多学科理论对中国战略性新兴产业协同创新系统的演化机理进行分析研究，运用产业经济学理论分析了中国战略性新兴产业的发展背景、发展必然性、对社会经济发展的推进作用以及产业内各细分产业及企业间的相互作用关系规律等，运用创新理论分析技术创新这一关键要素在产业及经济发展过程中的作用和创新形式的演变，运用系统理论及复杂适应系统理论构建战略性新兴产业协同创新系统及确定系统的内外部动力要素。此外，结合协同学、演化经济学以及逻辑斯特（Logistic）方程分析福建战略性新兴产业协同创新系统的演化方程、演化路径及轨迹。

（二）系统分析法

本书的研究对象是福建战略性新兴产业协同创新系统。战略性新兴产业协同创新的作用主要体现在促进产业内技术创新效率的提高以及产业链上、中、下游资源的整合及协同发展，对微观经济和宏观经济发展具有十分重要的促进作用。要对福建战略性新兴产业协同创新系统演化进行多视角的分析和综合，必须从微观和宏观两个角度研究。

福建战略性新兴产业协同创新系统是由产业内企业、大学、科研机构为核心要素，由政府、中介机构和用户需求为辅助要素共同构成的技术创新体系，要从宏观角度探讨整个战略性新兴产业协同创新系统的演化机理，首先从微观层面研究各构成要素的功能、特点及相互间的关系。因此，对福建战略性新兴产业协同创新系统内构成要素的研究是分析整个系统演化机理的基础。只有明确系统内构成要素的功能特征、要素间的关系以及推动系统演化发展的关键构成要素，才能从宏观层面研究整个系统的演化过程及演化轨迹。因此，从微观及宏观两个角度对福建战略性新兴产业协同创新系统的演化机理进行研究是一种非常有效的方法。

（三）分岔及突变模型法

本书在对福建战略性新兴产业协同创新系统演化机理进行分析的过程中，通过分岔的数学公式，结合战略性新兴产业协同创新系统内构成要素的特点，构建了系统的基本微分动力方程，明确了系统的序参量和内外部控制参量，通过方程确定序参量与内外部控制参量的相关关系，求得序参量的定态解，构建了战略性新兴产业协同创新系统演化的分岔模型。另外，通过建立系统状态变量的势函数，构建战略性新兴产业协同创新系统的突变模型；通过分岔模型及突变模型的分析，系统了解福建战略性新兴产业协同创新系统的演化机理。

（四）微分方程模型法

本书基于对福建战略性新兴产业协同创新系统的定性分析，揭示出该系统的内涵、特征、功能及其具备的复杂适应性，在此基础上，结合复杂适应系统理论与协同学理论的内容，在构建福建战略性新兴产业协同创新系统演化模型的同时，识别模型的序参量及控制参量，并对演化方程进行求解。此外，利用逻辑斯特（Logistic）微分方程及其描述的"S"形曲线，结合战略性新兴产业协同创新系统的演化方程收集相关数据，对逻辑斯特方程进行求解并通过对"S"形曲线的描述，完成对福建战略性新兴产业协同创新系统演化轨迹的刻画和对演化过程各阶段演化特征的分析。

（五）案例分析法

本书通过对福建战略性新兴产业协同创新系统运行模型的构建、演化方程的求解以及演化轨迹的描述，实现对福建战略性新兴产业协同创新系统演化机理的系统分析。为验证分析结果的实用性，以福建战略性新兴产业中的新能源汽车产业为例，收集和整理该产业与研究相关的资料及数据，结合已得出的演化方程对新能源汽车产业的演化机理进行实例验证，以论证本书提出的演化模型及演化轨迹的可行性，为政策制定提供决策依据。

第二章

相关理论基础概述

第一节 战略性新兴产业理论概述

一个国家或地区经济的发展与主导产业的选择有着密切关系。就我国而言,在经济转轨和全面建设小康社会的关键时期,确立一批具有战略意义的新兴产业,通过这些新兴产业的发展推进我国产业结构的优化升级和社会经济的可持续发展具有重大的战略意义。梳理战略性新兴产业的理论基础,深刻理解其内涵、特点、影响因素等问题,有助于认识战略性新兴产业在经济发展中的关键作用,以及后续研究工作的开展。

战略性新兴产业这一概念是由我国首次提出的,是根据我国社会经济所处阶段以及各阶段面临的机遇与挑战,选择的关系到我国综合实力、经济竞争力、科技实力和国家安全的相关产业。发展战略性新兴产业,旨在提高我国产业的整体国际竞争力,以满足国家对安全和发展的战略需求,维护和获得国家利益。

一 战略性新兴产业的内涵

战略性新兴产业,是以重大技术突破和重大发展需求为基础,对经济社会全局和长远发展具有重大引领带动作用,知识技术密集、物质资源消耗少、成长潜力大、综合效益好的产业。[①] 其内涵在于产业的战略性和新兴性。其中,重大技术突破是战略性新兴产业发展的基础,重大

[①] 《国务院关于加快培育和发展战略性新兴产业的决定》(国发〔32〕号),http://www.gov.cn/zwgk/2010-10/18/content_1t24848.htm。

发展需求是战略性新兴产业发展的动力和条件。

(一) 战略性

"战略"一词最早用于军事,指对战争全局的筹划和指导;后被用于经济领域,特指重大的、带全局性或决定全局的谋ма。综观我国战略性新兴产业提出的历程不难发现,这一产业体系的提出是为了提高我国在日益激烈的全球经济竞争中的国家竞争优势,它是从属国家层面、具有全球可比性和战略前瞻性的产业。战略性新兴产业的战略性主要体现在其在国民经济发展中的战略地位和重要作用,其发展关系到社会关键技术突破、产业安全和产业发展的制高点,甚至关系到国家安全,并且对国家战略目标的实现、国家竞争软硬实力的提高都具有全局性的影响。

(二) 新兴性

新兴性表明战略性新兴产业相关生产技术以新兴技术为基础,其发展阶段在全球范围内处于产业生命周期的萌芽期或成长期。由于该产业体系是新近出现、新兴起和新发展的,其不仅与成熟的、发展已久的传统产业有很大区别,其产品在技术工艺、用途、生产方式、用料及其他方面与原有产业的产品也有较大的不同。例如,战略性新兴产业中新一代信息技术产业的生产技术无论是在技术、产业还是市场应用层面,都颠覆了以往的技术;新材料具有传统材料所具备的特殊功能、优异性能等。这些都是战略性新兴产业新兴性的表现。

二 战略性新兴产业的特点

战略性新兴产业代表了世界先进科学技术发展的方向,具备广阔的发展前景,能有力拉动上、下游产业链的延伸,带动相关产业发展。其特点突出表现在知识技术密集、生态创新性强、成长潜力大、综合效益好等方面。

(一) 知识技术密集

与传统产业相比,战略性新兴产业属于知识、技术密集型产业。这主要是因为,一方面,战略性新兴产业的产品和技术性能复杂,科技人员在从业人员中的比重大，设备、生产工艺都建立在尖端技术的基础上；另一方面，战略性新兴产业中研究与开发经费占总销售额的比重和专业人员占从业人员的比重都较其他产业部门高，且产品具有科技含量高、更新换代快的特点，客观上也要求其通过技术创新不断提升产品性能，实现产品创新，以满足市场的新需求，或者以创新替代品开始促成新一轮的产品生命周期，通过持续创新保持其产品的市场竞争力。可以说，战略性新兴产业是凝聚大量新知识和高级技术劳动的知识、技术密集型产业。

（二）生态创新性强

战略性新兴产业的生态创新性，一方面是指产业技术创新的各项活动都符合绿色环保要求，即新技术不仅要提高生产力，更要减少原料消耗，改善生态环境。在生产过程中，由于新技术的应用，煤炭、石油等高碳量能源的使用量大幅减少，在减少温室气体排放的基础上，提高了原料的利用效率，将传统的依赖资源消耗促进经济增长的发展方式转变为依赖生态型资源循环增长的经济。另一方面，从产业发展趋势来看，战略性新兴产业的发展需要符合当前循环经济、低碳经济时代潮流的环保可持续性。这与党的十九大提出的"加快生态文明体制改革、推进绿色发展、建设美丽中国的战略部署"是一致的。

（三）成长潜力大

战略性新兴产业是由于技术创新的突破性进展催生出的一系列具有增强国家产业竞争优势的成长期产业。在战略性新兴产业成长过程中，相关技术创新活动将给战略性新兴产业的发展持续注入成长的动力，使其不断发展壮大，实现较高的增长率。随着生产技术的不断成熟以及市场容量的不断扩大，战略性新兴产业将发展为战略产业或常规产业。战略性新兴产业这一称谓只是特指其在产业生命周期的萌芽期或成长期，该产业体系的发展也遵循产业生命周期规律，即在每轮经济周期内都存在"战略性新兴产业—主导产业—支柱产业—基础产业"循环更替的演进规律。战略性新兴产业的成长潜力使其逐步发展成为主导产业或优势产业，成长为一个国家或地区的支柱产业，如此循环往复，形成国民经济发展的不竭动力。

（四）综合效益好

产业经济效益好，意味着产业的投入产出比例高，附加价值高。战略性新兴产业从规划开始就以技术经济效益为导向，在激烈的市场竞争和严峻的技术挑战背景下，不断突破产业技术资源瓶颈，寻求经济效益增长点，逐步成长为具有产业竞争力和持续经济效益的优势产业。

三 战略性新兴产业在国民经济中的战略作用

战略性新兴产业可以产生产业关联效应以及扩散效应，从而带动整个社会经济的长远发展，实现节能减排、加快产业转型升级的目标。可以说，发展战略性新兴产业具有重要的战略意义。

（一）引领和带动经济全面发展

战略性新兴产业在生产技术、管理方式等方面的创新，将通过前、后向关联作用对其他产业部门产生直接或间接的影响。战略性新兴产业的前向关联效应主要通过生产技术等方面的变化引起前向关联部门某些方面的变化，导致新产品的出现或新产业部门的创建；后向关联效应也会引起后向关联部门在生产、产值和技术方面的变化。可以说，战略性新兴产业的发展不是孤立的，需要相关产业的协作、相关资源的配合。战略性新兴产业的发展，能带动上下游产业链条的投资和发展。

战略性新兴产业的成长还会引起周围地区在经济和社会方面的一系列变化，这些变化趋向于在广泛的方面推进工业现代化进程。如发展新一代信息技术产业、高端装备制造业、新能源汽车产业等战略性新兴产业，使其成为国民经济的支柱产业和先导产业，并逐步形成具有极高技术创新能力的战略性新兴产业集聚区，会给集聚区所在城市或地区带来改变，更有助于推进建设资源节约型和环境友好型的社会。

（二）加快产业转型升级

从我国社会经济发展现状来看，传统产业已经难以支撑经济的快速发展，需要形成新的经济增长点实现对快速经济发展的支撑。目前，我国传统产业产能过剩，部分行业受到经济下行压力影响，靠传统支柱产业如钢铁、房地产带动经济高速增长是远远不够的,需要拓展新的发展领域。战略性新兴产业具有高效益、低能耗的特征,其发展可以提高经济运行质量。因此,积极培育和加快发展科技含量高、资源消耗少的战略性新兴产业,对于节能减排和产业转型升级具有重要作用。

(三)驱动经济内生增长

知识经济时代,国际间的竞争主要是技术的竞争。我国以往经济的发展主要依靠要素的大量投入,这种增长模式导致我国需求不足和产能过剩的结构性矛盾突出,逐渐积累的体制机制等深层次问题越来越多。这种传统的经济发展模式使我国经济增长遭遇到生态环境和物质资料的双重瓶颈。战略性新兴产业的发展主要依靠技术创新的带动作用。通过发展战略性新兴产业,依靠创新促进产业技术进步,以信息化带动工业化,走科技含量高、人力资源优势得以充分发挥的新兴工业化道路,提升产业技术含量,有助于促进经济内生增长。

第二节 技术创新理论概述

一 技术创新的概念界定

技术创新起源于1912年的《经济发展理论》一书,最早由奥地利经济学家熊彼特提出,并于1938年在《商业周期》中对他的创新理论进行了全面阐述。熊彼特的创新概念包含的范围非常广泛,既包括技术性创新,也包括非技术性创新。但由于他未对技术创新进行专门深入的研究,所以并未对技术创新进行严格的界定。随着学术界对技术创新相关研究的不断深入,对于此概念的定义也在不断扩充和完善。

20世纪60年代,美国经济学家华尔特·罗斯托提出的起飞六阶段理论,将创新的概念发展为技术创新,认为技术创新在所有创新活动中居于主导地位。美国国家基金学会(NSF)从1969年便开始探讨技术创新的概念,至20世纪70年代后期,将模仿和改进纳入技术创新的范畴,将其定义为:是将新的或改进的产品、过程或服务引入市场的活动。伊诺斯在《石油加工业中的发明与创新》中,从创新要素组合的角度对技术创新进行界定，认为技术创新是在发明的选择、资本投入的保证、组织建立、制订计划、招用工人和开辟市场等行为过程中综合的结果。20世纪七八十年代，有关创新的研究进一步深入，开始形成系统的理论。厄特巴克的创新研究独树一帜，在1974年发表的《产业创新与技术扩散》中指出：与发明或技术样品相区别，创新就是技术的实际采用或首次应用。缪尔赛在20世纪80年代中期对技术创新概念做了系统的整理分析，将技术创新定义为："是以其构思新颖性和成功实现为特征的有意义的非连续性事件。"弗里曼在《工业创新经济学》一书中，将技术创新的概念界定为：新产品、新过程、新系统核心服务的首次商业化转化。

"创新"对我国来说是一个外来词汇。1989年起，我国学术界开始对创新进行系统分析，大致有三类观点：第一类是将创新理解为创造；第二类是将创新当成一种追求卓越、不断进步、谋求发展的理念；第三类是将创新理解为一种经济行为，其本质在于创造经济效益。[①]柳卸林将技术创新理解为：与新产品的制造、新工艺过程或设备的首次商业应用有关的技术的、设计的、制造及商业的活动。[②]许庆瑞在《研究、发展与技术创新管理》一书中指出：技术创新泛指一种新的思想的形成，到得以利用并生产了满足市场用户需要的产品的整个过程。广义而论，它不仅包括技术创新成果本身，而且包括成果的推广、扩散和应用过程。祝尔娟在《技术创新》一书中认为，技术创新是一种技术经济活动。该活动包括新产品、新工艺和新装备的研究、开发、设计、制造及商业化应用。技术创新不仅包括产品的创新，还包括工艺和服务的创新。

总的来说，技术创新内涵的发展主要分为三个阶段：第一个阶段是由科学原理与生产实践相结合形成的新工艺、新方法和新技能；第二个阶段是将这些新工艺、新方法和新技能应用到生产中去；第三个阶段是

---

① 王博：《战后日本技术创新与经济增长研究》，博士学位论文，吉林大学，2020年。
② 柳卸林：《技术创新经济学》，中国经济出版社1993年版，第1页。

将生产系统中的人、财、物等根据生产规模及劳动分工情况进行有效组织与整合，从而形成新的知识经验与方法。可以说，技术创新不仅包括产品创新和工艺创新，还包括组织、管理、商业模式等的创新。

二 技术创新的类型

（一）按产出成果形态划分

技术创新可以分为产品创新和工艺创新。产品创新是指新产品的诞生占据和开拓了市场。工艺创新又称过程创新，是指企业通过改进生产流程和工艺，降低产品生产过程中的成本消耗，增加产品的质量和性能，使产品更有竞争力。如美国福特汽车公司在早期经过过程创新，建立了现代化集成制造系统，实现流水线作业和标准化生产。

（二）按技术变化量的大小划分

技术创新可以分为重大创新和渐进式创新。重大创新是指技术上产生重大突破，或者产生新技术革命，产品的用途和应用原理发生明显的变化。电话、灯泡、晶体管等的发明都是重大创新。渐进式创新不会使技术产生重大改变，而是改进技术或者扩大市场需求。尽管渐进式创新不会给人们带来颠覆式的改变，但是却能使产品更有吸引力，扩大其销量，提高市场占有率。苹果公司每年都会推出新产品，但是大部分新产品只是改变了部分功能，虽然只是渐进式创新，但是却能增加公司产品的市场占有率。渐进的过程创新往往可以提升产品质量，降低成本，提高劳动生产率，从而为企业带来客观的经济效益。

（三）按对经济系统的影响划分

技术创新可以分为渐进性创新、根本性创新、技术体系的变革和技术—经济范式四种。渐进性创新又叫增量创新，是一系列连续的小创新累加在一起形成的技术创新，而不是经过长时间深思熟虑后进行研发的技术创新。通常是顾客或企业内部员工提出的改进意见促成这种创新，尽管这些小的创新看似不起眼，但是却成为创新过程的基础。由小创新的微小量变连续不断地累积，便会从根本上发生质变，进而大幅提高产业效能加速经济增长。根本性创新是从观念上的根本性突破，它是由基础创新带来的全新科技原理产生的技术创新。这种创新经常是企业、大学、科研机构等创新主体多方共同合作的成果。通过产、学、研协同创新的方式，使科研成果迈出"象牙塔"，实现了创新成果与市场的紧密结合。根本性技术创新还会衍生出产品、组织的创新，能够从本质上颠覆产业结构。技术体系的变革实际上是由很多技术上相互关联的创新共同组成的创新群，这些技术上相互关联的创新被普遍认为是根本性、累进性创新相互影响和相互作用的效果。技术创新体会对整个经济体系产生重大的影响。技术—经济范式是非常重大的技术创新，能够深入经济体系的各个角落，对每个部门每个领域都会产生直接或间接的影响，从根本上改变公众的思维和生活方式。如技术革命的创新成果在极大程度上改变了人类的思维与生活方式。

（四）按技术成就划分

技术创新可以分为突破型创新、应用型创新和改进型创新。突破型技术创新通常是具有划时代意义的重大技术创新，它是指最新的科学成果通过转移和物化，成为技术成果的过程。突破型技术创新极有可能发展为新兴产业，每一项突破性技术创新的到来都会引发一系列与之相关的应用型技术创新或改进型技术创新。突破型技术创新的持续开发，可以帮助企业保持并提高市场占有率，从而开辟新的市场，取得新的竞争力，获取经济效益。突破型技术创新产生的主要方式是领先于其他公司向市场推出新型产品。由于突破型技术创新的创新度很高，因此，要想实现它，必须花费昂贵的成本，承担较大的风险。应用型技术创新是指将科技成果进行深度应用，以及横向转移或派生，风险小于突破型技术创新。然而，一些应用型技术创新仅仅是为旧技术或老产品实现新型商业化和市场化的途径。改进型技术创新是对已有技术成果进行改进和完善，并没有创造出全新的产品和工艺。这种创新的风险和成本非常小，但是收益却不一定低。改进型技术创新的重要意义在于，为突破型技术创新提供源源不断的市场前景。实现改进型技术创新的主要方式是改进现有的新产品，对其再创新，不断提高质量和性能，使之更能满足市场需求，并开发出新的用途，打开新的市场，最终促进新产品发展。

三 技术创新的过程

鉴于企业创新全过程涉及创新构思的产生、研究开发试验、技术管理与组织、产品设计与制造、用户参与及市场营销等一系列活动，因此，将技术创新发展过程大致分为以下六个阶段。

（一）技术推动的创新阶段

创新主体通过对现有技术的基础研究，结合市场调查及分析，采用技术创新和产品创新的方式不断推出新产品。在这一阶段，企业关注更多的是新产品的开发数量与频率，但对于企业内部各部门之间的协同配合及新产品在市场中的接受度和占有率关注相对较少。此阶段又被称为线性的技术推进型创新过程。

（二）需求拉动的创新阶段

此阶段聚焦市场需求，企业根据销售信息的反馈改进产品，体现了企业中市场部门、设计部门和生产部门的协同配合，也克服了技术推进阶段对顾客需求的忽略。在这个创新过程中，市场是指导研发创意的主要力量，市场需求为产品和工艺创新创造了机会，新产品有较高的市场占有率和顾客满意度。但这一阶段容易出现企业仅仅调整现有的产品，沿着成熟的绩效轨迹满足不断变化的顾客需求，从而忽略对长期研发项目的关注，容易被突破性的创新者赶超和替代。

（三）技术推动与市场拉动相结合的创新阶段

此阶段强调创新全过程中技术与市场两大创新要素的有机结合，认为技术创新是技术和市场交互作用共同引发的，技术推动和需求拉动在产品生命周期及创新过程的不同阶段发挥着不同的作用。

（四）创新构思、研发活动、产品设计、产品生产及市场销售交互并行式的创新过程

随着市场的国际化发展，企业间的竞争日趋激烈，产品的生命周期在不断缩短，技术开发的速度成为决定企业在市场竞争中胜负与否的关键性武器。在这一创新阶段，企业会把注意力更多地集中在流程的有形

框架，强调部门之间的合作和团队协作精神。因此，创新过程是同时涉及创新构思的产生、技术的设计和研发、产品设计制造和市场营销的并行过程。

（五）网络化创新阶段

创新系统的电子化是该阶段的标志性特质。随着信息技术的不断发展，众多产品集成和并行开发成为可能。在技术创新过程中，创新系统不仅可以借助专家系统、利用仿真模型替代实物，实现创新系统处理工作的高效性和实时性，从本质上来看，它的电子化还实现了通过电子手段强化传统面对面的非正式互动。此外，创新系统的电子化极大地提升了企业各部门之间共享知识的能力。

（六）开放式创新阶段

在知识经济时代，企业仅仅依靠内部资源进行高成本的创新活动，已经难以适应快速发展的市场需求以及日益激烈的企业竞争。开放式创新是开放企业传统封闭的创新模式，引入外部的创新能力。它既不是一种外部资源创新，也不是依赖某一重要的竞争优势，关键在于实现内部研发（具备核心竞争力，或利用外部研发的成本很高）和外部研发（识别、收获一些新开创的企业、发明家、企业家等形成的出色想法）之间的平衡。

第三节　创新系统理论概述

一　创新系统的层级

1912年，创新理论首次由经济学家熊彼特提出。熊彼特在《经济发展理论》中指出，创新是在生产体系中，由新生产要素与生产条件重新组合，进而建立起新的生产函数的过程。经济合作与发展组织（OECD）认为，技术创新即工业技术创新，也就是产品创新。这里所说的产品创新，是指通过运用新工艺而生产出新产品并将其市场化的过程，也包括通过运用新工艺而提升原有产品性能的过程。随着国内外学术界对创新系统研究的不断深入以及创新系统外部环境的剧烈变化，关于创新系统的研究逐渐分化出以下层级。

(一) 国家创新系统

虽然1841年德国古典经济学家李斯特(List)便提出了"国家体系"这一概念，但是国家创新系统(national innovation system)的相关理论却是1987年由英国学者弗里曼(Freeman)正式提出的。弗里曼是在全面理解熊彼特创新理论并将李斯特有关国家体系思想有机融合的基础上，在对日本及东南亚国家和地区经济发展状况进行研究的过程中明确界定了"国家创新系统"这一概念。他认为国家创新系统是一种制度网络，作用是保证私人及公共部门相互配合来完成技术创新、技术引进以及技术扩散等活动。[①] 国家创新系统作为创新系统的宏观层次，不仅包含创新活动的所有行为主体以及各行为主体间的联系方式，还包含诸如创新知识、创新技术等支撑性要素。因此，对国家创新系统的研究应立足由系统主体构成的整个网络结构。

(二) 区域创新系统

随着全球经济一体化和国家间经济活动边界的模糊化，众多学者对于创新系统的关注开始由国家创新系统转向区域创新系统。区域创新系统(regional innovation system)是创新系统理论在区域环境中的具体应用，它是国家创新系统概念的延伸，伴随着区域经济、地理经济以及网络理论发展而来。最早提出"区域创新系统"这一概念的是英国卡迪里大学的库克(Cooke)，他认为区域创新系统是由在地理上相近、分工上明确的企业、大学、科研机构等共同构成的一个创新系统网络。[②] 这个创新系统网络不像国家创新系统那样具有固定的地理边界，它可以是一个国家内的某个区域，也可以是相邻国家某几个区域的集合。区域创新系统是一个社会系统，它包含系统主体间的互动关系，且具有知识流动性及创新性等特征。

[①] 杨志刚：《技术系统和创新系统：观点及其比较》，《软科学》2003年第3期，第15—16页。

[②] Cooker, Mguranga, Getxebarria, "Regional Innovation Systems: Institutional and Organizational Dimensions", *Research Policy*, No. 26, 1997, pp. 475–491.

(三) 产业创新系统

产业创新系统（industrial innovation system）是以企业的创新活动为中心的系统，是在政府宏观政策的指导下，在稳定的国内外发展环境保障下，在市场需求的推动下，通过知识的发展和创新性技术的供给实现特定产业的技术创新目标的网络互动体系。[①]

产业创新系统是介于宏观层面的国家创新系统以及微观层面的企业创新系统之间的中观系统，是以实现产业技术创新为目标，以产业链为基础，由相关生产企业、大学、科研机构、中介组织及顾客等共同构成的复杂创新网络。这一网络系统不仅涉及企业与企业、企业与非企业组织之间的互动关系，还强调了主体创新行为的绩效。它除了具有整体性、动态性等一般创新系统都具有的属性外，还具有集成性、簇、链等系统特有的属性。由于产业创新系统的系统边界具有动态性的特征，在当代世界经济一体化的进程中，其与国家创新系统的关系可以归纳为以下两种情况：第一，将产业创新系统视为国家创新系统的子系统，若干个作为子系统的产业创新系统共同构成国家创新系统；第二，产业创新系统可以跨越国家创新系统的边界，构成横跨多个国家创新系统的更为宏观的创新系统。

还可将产业创新系统视为自组织的生态系统，存在各个子系统，子系统通过物质能力交换维持整个产业创新系统的稳定。产业创新系统通常由以下几个子系统构成。

1. 产业创新主体子系统

根据高技术产业技术供给源头及创新成果的应用途径，将产业创新主体分为企业和创新实验室。其一，企业作为产业技术创新主力军的地位受到普遍认同。企业是推动发明的产业化应用的直接参与人和主要执行人，直接决定产业竞争的大体规模及激烈程度。其二，创新实验室是面向"黑科技"的未来技术探索者。它们是科技创新与经济发展间的纽

[①] 胡明铭、徐姝：《产业创新系统研究综述》，《科技管理研究》2009年第7期，第31—33页。

带，决定着竞争的创新质量。[①] 与欧洲早期以科学兴趣支撑的个人实验室不同，创新实验室多为领先企业的内部机构或接受其资助。[②]

2. 产业创新环境子系统

产业创新环境是产业创新主体共同面临的产业环境，反映出外部环境对创新主体的托举程度。第一，产业创新环境的第一要素是市场结构环境，主要表现为市场集中度指标。市场集中度越高，表明少数产业创新主体对行业资源的垄断程度越高，可能影响到行业公平竞争。第二，产业创新环境的活力还受到产权制度的影响。现代资本结构理论认为，股权结构的差异会影响企业的决策偏好及经营效率。[③] 在完全竞争市场中，国有股东的委托代理成本高于民营和外资股东。因而，产权制度环境能够作为进一步判断产业创新环境开放性和灵活性的参考要素。第三，产业创新环境的优劣还与政府政策关系紧密。与供给面政策工具和需求面政策工具相比，环境面政策工具更为多样化，使用频度更高，能够直接激励产业创新主体。[④]

3. 产业创新要素子系统

产业创新要素是构成产业创新主体静态资源和动态能力的基本要素，是促进产业技术进步的微观基础。它主要包括人员、资金及技术。人力资源在企业竞争优势的构成中扮演着不可替代的角色。资金投入是企业经营投入的传统要素，在现代化的技术创新活动中依然占据举足轻重的地位。技术要素分为连续性创新和非连续性创新。连续性创新重在改良当前技术，从而巩固在位者的势力；非连续性创新旨在改变行业主导设计，可能会重塑竞争格局。在高技术产业中，技术要素的重要性日

[①] 吴卫、银路：《巴斯德象限取向模型与新型研发机构功能定位》，《技术经济》2016年第8期。

[②] 周磊等：《产业创新系统演化研究——以航空航天制造业为例》，《长江大学学报》（社会科学版）2020年第6期，第91—97页。

[③] 董豪、曾剑秋、沈孟如：《产业创新复合系统构建与协同度分析——以信息通信产业为例》，《科学学研究》2016年第8期。

[④] 王静、王海龙、丁堃等：《新能源汽车产业政策工具与产业创新需求要素关联分析》，《科学学与科学技术管理》2018年第5期。

益显著。

4. 产业创新子系统的内部关联机制

在产业创新系统中,产业创新主体是地位卓越的"高级生物",其资产、资源、能力和主观能动性决定产业技术创新的质量和数量、行业竞争结构、进入和退出门槛。产业创新环境的选择作用实现生态系统的优胜劣汰、适者生存。产业创新环境对产业创新主体决策和行为的影响是直接、深刻而广泛的。强势的产业创新主体也会对产业创新环境产生反作用。产业创新环境与产业创新主体间的相互作用,依靠技术创新要素的传递来完成。人员、资金、技术等创新要素能够迅速感知产业创新环境的变动,从而流向政策倾向的产业,提升产业创新主体的投入规模和质量。综上所述,产业创新环境对产业创新主体有选择作用,强势的创新主体能够有力地影响产业创新环境,二者通过技术创新要素的传递产生联系。

(四)企业创新系统

企业创新系统(enterprises innovation system)是企业在生产中,借助科学技术、市场机遇、管理创新等的影响,对生产要素及其他相关资源进行优化配置及革新,并将取得的成果实现商业化的所有活动及关系的总和。

企业创新系统的主要构成要素是与企业创新活动相关的人、财、物以及企业积累的知识与技能。其中,人即技术创新人员,他们是企业创新活动的主体核心要素;财即技术创新研发活动所需的资金;物即企业技术创新活动所需的相关资源。资金和物质是保证企业技术创新活动顺利进行的重要因素。企业积累的知识和技能为创新活动提供了无形的条件和资源,并通过渗透作用延伸到进行创新活动的企业组织内部中去。

企业创新系统是以企业为主体、企业的技术创新活动为核心,由企业拥有的内外部有形及无形资源通过非线性的联结方式而构成的复杂网络体系。通过该体系,可以有效提高企业的技术创新绩效以及市场竞争优势。

二　创新系统各层级间的关系

相关理论分析与实践研究已证明，创新系统各层级之间的关系不是孤立的，而是相互联系、相互制约、相互支撑的。具体表现在以下方面。

第一，企业创新系统是微观层面的系统结构。该系统结构的创新活动不仅受产业创新系统及区域创新系统的直接影响和制约，还间接受到国家创新系统的作用。

第二，产业创新系统作为企业创新系统的最高层次，是中观层面的创新体系。它是构成国家及区域创新系统的重要子系统，是企业创新系统与国家创新系统联系的纽带，在整个创新体系中起承上启下的作用。在全球经济一体化的发展进程中，产业协同创新系统有跨越国家界限的发展趋势。

第三，作为创新系统宏观层面的国家创新系统与区域创新系统，一方面，为企业及产业创新系统的发展提供政策支持；另一方面，国家及区域创新系统创新目标的实现需要借助企业及产业创新系统的力量。

通过以上分析可知，创新系统分为微观、中观及宏观三个层面，分别由企业创新系统、产业创新系统、区域创新系统和国家创新系统构成。各个层面的创新系统存在相互联系、相互制约的互动关系，通过这种互动关系，实现创新体系的结构升级。

第四节　协同学理论概述

协同学（synergetic）又称协同论或协和学，属于自组织理论之一，是由德国科学家哈肯提出的。它是一门研究具有差异性事物之间的共同特征以及协同机理的新兴学科，也是近年来得到深入发展和广泛应用的一门综合性学科。协同学研究的关于事物之间的协同作用是一种将复杂、无序系统有序化的巨大正能量。协同论在分析系统结构时通常将系统变量分为快变量与慢变量，并且提出"慢变量主宰着系统演化发展进程和结果"的役使原理;在阈值条件下,这个慢变量就成为序变量,其他变量则成为役使变量。[1] 目前,协同学除在自然科学领域(如物理学、化学协同学、生物学和生态学等)、社会科学领域(如社会学、经济学、心理学和行为科学等)以及工程技术领域(如电气工程、机械工程和土木工程等)有广泛应用外,还在管理学中通过同时吸纳借鉴耗散结构理论的相关思想,并积极引入统计学与动力学方法,深入研究远离平衡态的开放系统如何通过内部协同作用自发地形成有序结构,从而描述各种系统和现象中从无序到有序转变的共同规律。

一 协同学基本演化方程

协同学主要采用定量化的研究方法分析系统从无序到有序的演化规律。采用的基本演化方程如公式(2-1)所示。

$$q = N(q, \alpha) + F \qquad (2-1)$$

其中,q 在不同的系统中表示不同类型的参量,既可以是表示速度等的微观参量,也可以是表示经济系统生产率等的宏观参量;α 为系统的控制参量,表示外部条件对系统的影响;F 为随机涨落力。由于协同学研究的对象大多是由大量系统构成的巨系统,因而演化模型通常呈现出微分方程组的形式,其中包含 q 及其不同阶导数。正确选择能够有效描述系统演化的状态参量,是构建系统演化方程的关键。协同学实际上是通过状态参量与时空依赖关系的求解过程来分析系统演化行为的。

二 协同学基本原理

协同学是以系统为研究对象,重点分析系统内各子系统如何通过非线性作用使系统发生有序演化并产生协同效应。协同效应即复杂系统内部各子系统在协同作用下形成整体系统的现象,且形成的整体系统具有单个子系统不具备的功能。协同学的理论体系由三大基本原理构成,即

---

[1] Wolfgang T., Hermann H., "The Functional Aspects of Self Organized Pattern Formation", *New Ideas in Psychology*, Vol. 25, No. 1, 2007, pp. 1–15.

不稳定性原理、支配原理和序参量原理。

(一) 不稳定性原理

不稳定性是相对稳定性而言的。该原理认为，任何一种新结构都是在原有结构不稳定的情况下，即不能维持原有状态的情况下形成的。不稳定性在系统结构有序演化过程中具有积极的建设性作用，它是将系统结构的陈旧模式推向崭新模式的唯一媒介。

(二) 支配原理

该原理包含三个基本概念，即慢变量、快变量和支配作用。其中，慢变量代表不稳定模，随时间变化的速度很慢，以致到达新的稳定状态经历的弛豫时间很长；快变量代表稳定模，随时间变化的速度很快，以指数形式迅速减弱弛豫时间，以致到达新的稳定状态经历的时间极短。支配作用是慢变量通过支配快变量进而决定系统演化过程的作用。

支配原理实质上是指快变量服从慢变量、序参量支配子系统的行为。该原理从系统内部稳定因素和不稳定因素间的相互作用方面描述了系统的自组织过程。其实质在于系统在接近不稳定点或临界点时，系统的动力学或突现结构通常由少数几个集体变量即序参量决定，系统其他变量的行为则由这些序参量支配或规定。也就是说，在系统演化过程中，序参量主宰和支配了系统演化的整个过程。但支配原理并不是万能的，它有自己的适用范围。出现混沌时，支配原理将有可能失效。

(三) 序参量原理

序参量原本是平衡相变理论提出的概念，哈肯把它推广到激光形成之类的非平衡相变，成为协同学的基本概念。无论何种系统，如果某个参量在系统演化过程中从无到有地产生和变化，系统处于无序状态时，它的取值为0，系统出现有序结构时则取非0值，因而具有指示或显示有序结构形成的作用，即称该参量为序参量。序参量是系统内部自组织产生出来的，一旦产生就具有支配地位，成为系统内部的组织者，支配其他子系统，并主宰系统的演化过程。鉴于序参量对系统演化的支配作用，当运用协同学分析系统演化时，关键是要确定系统的序参量，建立并求解序参量方程，进而展开分析和研究。

第五节 复杂适应系统理论概述

一 复杂适应系统理论的提出及含义

1994年，复杂适应性系统理论（complex adaptive systems，CAS）由美国的霍兰（Holland）教授首次提出。[①] 该理论对人们认识、理解、控制、管理复杂系统提供了新的思路。

复杂适应理论包括微观和宏观两个方面。在微观方面，该理论的最基本概念是具有适应能力的、主动的个体，简称主体。这种主体与环境的交互作用遵循一般的刺激——反应模型。在宏观方面，由这样的主体组成的系统，将在主体之间以及主体与环境的相互作用中发展，表现出宏观系统中的分化、涌现等种种复杂的演化过程。

复杂适应系统是由适应性主体相互作用、共同演化并层层涌现出来的系统。构成该系统的主体在形式和性能上均具有差异性，它们通过与环境进行信息和物质的交流而改变自身的结构和行为方式，以适应环境的变化，进而促进整个系统的演化发展。根据复杂适应系统理论的观点，复杂适应性是系统演化、发展、进化的基本动因。因此，适应性主体是构成复杂适应系统的最核心要素。

二 复杂适应系统模型的特性

为了反映复杂适应系统理论的丰富内容，霍兰围绕适应性主体这个最核心的概念提出在复杂适应系统模型中应具备的七个基本特性，即聚集、非线性、流、多样性、标识、内部模型及积木。其中，前四个是复杂适应系统的通用特性，将在适应和进化中发挥作用；后三个是个体与环境交流时的机制。[②]

[①] John. H. Holland, *Hidden Order: How Adaption Builds Complexity*, Published By Arts & Licensing International, Ine, USA. 1996, pp. 287 – 289.

[②] Urtado, Christelle, Oussalah, Chabane, "Complex Entity Versioning at Two Granularity Levels", *Information Systems*, Vol. 23, No. 3 – 4, 1998, pp. 197 – 216.

（一）聚集（aggregation）

它有两层含义。一是把相似的事物聚集成类，这是一种简化复杂系统的标准方法，也是构建模型的主要手段。二是指主体通过黏合作用形成较大的、更高一级的介主体，几次重复就可得到 CAS 非常典型的层次组织。

（二）非线性（nonlinearity）

它指个体及其属性变化，特别是与环境及其他主体反复交互作用时，并非遵循简单的线性关系。非线性的产生可归之于个体的主动性和适应能力，主体行为的非线性是产生复杂性的内在根源。

（三）流（flow）

它指存在于个体之间、个体与环境之间以及其他主体之间相关能量的流动。这种能量的流动是通过互动主体形成的网络实现的。系统越复杂，各种流的交换就越频繁。

（四）多样性（diversity）

它指的是个体在相互作用和对环境不断适应的过程中出现的、朝着不同方向发展变化的现象。这一现象的结果便形成了个体类型的多样性。可见，多样性是在适应过程中，由于种种原因（如非线性、相互作用等），个体之间的差别会发展与扩大，最终形成分化的必然结果。

（五）标识（tagging）

主体之间的聚集行为并非任意性，而是有选择的。在 CAS 中，标识提供了具有协调性与选择性的聚集体，从而可区分出对称性。更进一步讲，标识是隐含在复杂适应系统之中，反映层次组织机构间共性特征的机制。

（六）内部模型（internal model）

它特指主体的内部模型，体现了主体在外部刺激（扰动）的作用下，能够准确调整自身以做出适应性反应的结构。因此，内部模型是主体适应性内部机制的精髓，通常分为隐式和显式两类，前者用以指明当前行为，后者用于内部探索来指明前瞻过程。

（七）积木（building block）

积木块或称构件，是构成复杂系统的单元。复杂适应系统的复杂程度不仅取决于积木块的数量和规模，而且取决于原有积木块的重新组合方式。应强调指出，上述内部模型的积木块体制，进一步显示了复杂系统的适应性和层次性，即主体间或同环境及其他主体相互作用就会通过内部模型产生适应性。这种适应性是通过积木块和其他积木块的相互作用、相互影响实现的。在适应过程中，一旦超越层次，就会出现新的规律与特征。

第六节　自组织理论概述

一　理论基础及研究范畴

自组织理论是系统科学的重要组成部分，是复杂系统的基本理论之一。它包括耗散结构论、协同学、突变论、超循环论、混沌理论等多个方法论。这些方法论从不同角度对复杂系统的演化进行研究，揭示其从无序到有序方向演化的规律。

自组织理论是20世纪70年代后形成的一种新理论，至今尚未构成完整规范的体系，主要以普利高津的耗散结构论和哈肯的协同学为基础和核心内容。它旨在研究客观世界中的自组织系统（现象）的产生和演化。自组织系统是复杂系统的广泛、重要领域，属于复杂系统范畴。社会经济系统、教育系统、管理系统、交通系统等都是典型的自组织系统。

自组织是客观世界普遍存在的状态现象。在系统实现空间、时间或功能的结构过程中，如果没有外界的特定干扰，仅仅依靠系统内部的相互作用来达到，则称系统是自组织的。反之，如果靠外部指令来达到，则称系统是他组织的。人们的自组织思想由来已久。从系统学角度来讲，所谓系统的自组织是指系统的各部分无须外界输入特殊的组织指令，自行结合为有机的整体。这种自行结合是一个不可逆的动态过程。从数学和物理学角度看，自组织就是系统空间中维数的下降或自由度归并，也就是自发地趋向一个或一些稳定的状态。

二 耗散结构理论概述

耗散结构是开放的复杂系统具有的一种动态有序结构，由比利时的科学家普利高津（Prigogine）于1969年首创。该理论表明，一个远离平衡态的开放系统，通过不断与外界交换物质和能量，在外界环境对系统的影响程度达到一定阈值时，就会形成一种新的有序结构，且这种结构依靠耗散外界的物质和能量来维持，故称为耗散结构。耗散结构是一个动态的有序结构，可以从一种耗散结构向另一种耗散结构跃迁。

耗散结构论指出，在开放条件下，非线性动力系统与外界的物质、能量和信息的交换，若系统远离平衡并在大量微观粒子自组织协同一致时，将会在整体上涌现出新的有序结构，即耗散结构。因此，耗散结构实质上是远离平衡的非线性动力系统自组织理论。

耗散结构论认为，系统要形成该结构，必须具备如下条件。

（1）系统属于开放系统。也就是说，耗散结构是在开放环境下生成的，若系统与外界环境隔绝，便不可能形成耗散结构，即使原系统存在耗散结构，也终会瓦解。

（2）系统远离平衡态。由于耗散结构的优势是在平衡条件下产生的，所以要求系统在外界环境影响下能超过非平衡的线性区，处于远离平衡态的非线性区。

（3）系统组分间存在非线性反馈。它是指只有系统内部存在非线性反馈，才能使系统稳定到耗散结构上。

（4）系统中存在涨落。所谓涨落，是对系统稳定的平均状态的偏离，即系统的不稳定状态。涨落对系统演化起着触发作用，通过涨落的有序和放大，可使系统实现从无序到有序的转变、从低级有序向高级有序的进化。

三 混沌理论概述

混沌概念是李天岩和约克（Yorke）于1975年首先提出的，1977

年的第一次国际混沌会议标志着混沌理论正式诞生。混沌现象是非线性产生的复杂、非本质、随机性、不规则的行为，它普遍存在于人类社会和自然界中。

混沌理论主要研究具有混沌运动的确定性、非线性动力系统的各种复杂性和从无序到有序的演化及反演化的规律与控制。该理论研究发现了通过倍周期分岔发展为混沌的两个普适常数，揭示了从倍周期分岔到混沌的自然法则，即虽然它们的奇异吸引子形状不同，但都有无穷嵌套的自相似结构，并且具有同一标度变换因子。这种普适性规律可以用延迟一嵌入定理来描述。此外，混沌理论还提出了判断混沌运动的李亚普诺夫（Lyapunov）指数法和关联维数（correlation dimension）法。

第七节 产业协同创新系统理论概述

一 协同创新理论

（一）协同创新的提出

"协同创新"一词突出的是协同的含义。协同是指系统中各个环境或者要素之间相互配合与合作的关系，这一概念最初来自古希腊语，强调的是配合、协作的协调性和一致性，主要是指在发展过程中各个环节要素之间的联系和结合，以及在某种模式的推动下，各个环节在发展过程中的质变过程。[①] 也就是说，协同是指系统中各个环境或构成要素的相互配合与合作关系。协同理论最早由德国理论物理学教授哈肯提出。他在理论物理研究过程中发现，任何系统中的各个子系统有着协同合作的关系，在形成稳定、有序结构的过程中需要调节自组织过程。也就是说，协同理论是研究系统各个环节之间的同步、协调以及互补关系，强调结构的有序形成，进而为系统的发展提供内在动力。协同论主要是针对开放系统内部，研究子系统的相互影响和相互作用，不断交换系统内

---

① 王芳：《中国制造业产业集群内协同创新决策机制研究》，博士学位论文，中南财经政法大学，2019年。

外的物质、能量以及信息等物质,使得整个系统能够有序发展。

协同之所以在管理学中被广泛研究,是因为其所产生的协同效应。协同效应是指在开放的复杂系统中,大量的系统要素通过彼此的协同作用而产生的整体效应或集体效应,也就是管理学中常说的"1+1>2"效应。协同创新是实现协同效应的主要方式。

(二)协同创新的本质和特点

协同创新的本质是通过国家意志的引导和机制安排,促进企业、大学、研究机构等主体发挥各自的能力优势,整合互补性资源,实现各方的优势互补,加速技术推广应用和产业化,协作开展产业技术创新和科技成果产业化的活动,是当今科技创新的新范式。

协同创新的特点主要如下。

(1)整体性。协同创新主体通常会构成一个创新生态系统。创新生态系统是各种要素的有机整合而不是简单相加,其存在的方式、目标、功能都表现出统一的整体性。

(2)层次性。不同层次的创新有不同的性质,遵循不同的规律,而且存在相互影响和作用。

(3)耗散性。创新生态系统会与外部进行信息、能量和物质的互流。

(4)动态性。创新生态系统是不断动态变化的。

(5)复杂性。组成系统的各要素比较多样,且存在复杂的相互作用和相互依赖。

(三)协同创新的理论框架[1]

协同过程的核心层是战略、知识和组织的要素协同,政府的政策引导、项目推动和制度激励是支持层,中介机构、金融机构以及其他组织也是支持层。[2] 企业是协同创新的主体,从企业归属产业的视角来看,

---

[1] 司林波:《装备制造业技术协同创新机制及绩效研究》,博士学位论文,燕山大学,2017年。

[2] 何郁冰:《产学研协同创新的理论模式》,《科学学研究》2012年第2期,第165—174页。

协同创新分为产业内和产业外两种类型。产业内协同创新是指在某一具体产业内部形成各个创新要素的优化组合结构。产业间协同创新是一个庞大的协同创新系统，指各个产业之间各种创新主体及创新要素的协同过程和优化组合配置。产业内协同创新是产业间协同创新的基础，一般所说的协同创新是指产业间协同创新，并且是基于产业内协同创新不会因为内部条件限制而阻碍产业间协同创新这一假设进行研究的，这也是大多学者的直接研究对象。但目前产业内协同创新的研究较少，通过产业内协同创新分析产业间协同创新的研究成果更少。

（四）技术协同创新

根据协同效应的概念可知协同创新的基础和目标，即协同创新必须是在一个开放性的复杂系统中实现的，以产生整体效应为目标。与之相对应的是开放式创新和自主创新，开放式创新是协同创新的基础，自主创新是协同创新的目标。开放式创新是企业为适应知识经济时代下技术创新复杂环境而自发调整的一种创新模式，是组织创新系统中的一个微观概念。企业作为创新主体，通过提高企业创新系统的开放度，成为推进知识获取、吸收和转化的催化剂，以此强化企业的研发竞争力。可见，开放式创新是组织创新系统中各组织创新的重要模式，也是国家创新系统中内部各组织实现协同的基础条件。自主创新是科技发展的战略基点，是国家创新系统实现的最终目标。它相对于技术引进和技术模仿，根本区别的点是自主创新拥有自主知识产权并掌握核心技术，一般包括原始创新、引进吸收再创新和集成创新。可见，自主创新是国家创新系统宏观层面的目标概念。

在开放式创新的基础上，形成自主创新的目标需要协同创新这一过程，即协同创新是国家创新系统的实现路径，是基于过程视角的国家创新系统的一个宏观概念。陈劲认为协同创新是技术协同创新的简称，即在技术创新活动过程中，各种参与创新活动资源要素的充分整合以及无障碍流动，及由此发挥系统整体的协同效应。亦可将技术协同创新定义为：以科学技术和知识信息的增值为核心目标，由高校、科研院所、企业、政府，以及中介服务机构、金融机构等主体通过开展大跨度整合创新，突破创新主体间的壁垒，实现创新资源和要素的有效汇聚，进而实现技术创新的过程。

二 产业协同创新系统的基本概念及结构

回顾创新系统理论相关分析，从创新系统层级结构的角度来看，产业创新系统与国家创新系统及企业创新系统相区别，它是中观层面的创新系统，是作为宏观层面的国家创新系统的子系统，是将产业发展的新要素引入经济系统的网络体系。产业创新系统的作用既体现在有效配置产业发展所需资源上，又体现在有效提升特定产业的创新绩效上。

在产业创新系统相关理论的基础上，本书提出了产业协同创新系统这一概念。它特指产业创新系统中，由众多系统要素构成的彼此具有协同关系的复杂网络系统。该系统除具有产业创新系统的一般特征外，还充分体现了知识生产主体、技术生产主体、政策支持体系、环境支持体系的高度协同互动关系。因此，本书将产业协同创新系统定义为：在确定的产业边界和开放的内外部环境下，由生产企业、高等院校、科研机构、政府、中介机构、用户等系统要素构成的，以产业创新活动为基础与载体，以提升产业技术创新效率为目标的要素间具有高度协同互动关系的技术创新网络体系。

产业协同创新系统是一个巨大的复杂系统。从系统构成要素在产业技术创新活动中的职能出发，可将产业协同创新系统划分为四个子系统，即技术创新子系统、政策法规子系统、创新环境子系统以及用户需求子系统。具体而言，技术创新子系统是产业协同创新系统的核心，主要承担技术研发和研发成果产业化的职责；政策法规子系统的主要职能是建立完善的产业创新政策体系；创新环境子系统承担打造良好产业创新环境的任务，主要通过金融、中介等组织的相关服务为产业创新活动顺利进行扫清资金、信息等方面的障碍；用户需求子系统集合产业最终产品的使用者对产品各方面的要求，为产业创新活动提供研究方向。通过四个子系统的协同合作，产业创新活动才能够顺利进行，最终实现产业竞争力的有效提升。

产业协同创新系统的构建是一项复杂的系统工程,既要保证系统各组成部分能够协调、均衡发展,又要保证作为整体的产业协同创新系统的功能得到充分发挥。具体来说,产业协同创新系统的主体要素是企业、大学、科研机构、政府、中介服务机构和顾客。系统是由相关机构或组织彼此通过长期正式的以及非正式的合作与交流形成的相对稳定的网络结构。企业与大学、科研机构作为产业协同创新系统的核心主体,在考虑产业技术发展趋势和最终用户需求的基础上,保持经常性的接触,并且实现专利共享和技术交叉许可,实现企业这一技术生产主体可以获得知识生产主体的关键技术支持,以提升企业的技术创新能力,并通过技术溢出效应实现整个产业竞争力的稳步提升。

三 产业协同创新系统的特征

结合产业协同创新系统结构及其构成要素具有的特性,可将产业协同创新系统的特征归纳为以下几个方面。

(一) 变化性

它是产业协同创新系统的基本特征。从产业协同创新系统的结构来看,该系统整体主要包括四个子系统。变化性,一方面是指技术创新子系统中生产企业及其他创新主体的数量会增加或减少;另一方面是指在产业协同创新系统的演化过程中,由于产业环境的不断变化,各子系统之间创新机制、学习机制以及系统创新模式等会发生变化。

(二) 差异性

该特征主要是指在相关基础知识、关键生产技术发展水平的限定下,在创新活动参与主体数量和结构不断变化的情况下,同一产业协同创新系统在不同的发展阶段其结构和功能具有差异性;相同时期不同的产业协同创新系统由于相关的产业生产技术不同,也存在明显的差异性。

(三) 动态稳定性

该特征指产业协同创新系统一旦形成,便会遵循一定的运行模式持续保持系统整体的某种运行状态。当产业协同创新系统在不断演化的过程中受到外部环境因素微弱的刺激和干扰时，系统会保持较长时间的运行稳定性，并使原有系统结构得到增强。若外部环境刺激会增强到改变产业协同创新系统的结构，系统结构则从较低层次上升到较高层次，产业协同创新系统会在新的系统运行结构下继续保持其运行状态的稳定性。

（四）相对性

该特征主要体现在两个方面：其一，由于产业协同创新系统的演化是一个动态的开放过程，在系统形成、发展和转化的不同时期，系统的结构会有很大的区别，但是在某一特定时期，在系统结构发生转变之前会保持较长时间的结构稳定性，可以说系统结构的稳定性是暂时的、相对的；其二，在外部环境变化的作用下，由于产业边界发生变化，产业协同创新系统结构及其构成要素的数量也会发生变化，参与者相互关系及协同方式的转变决定了产业协同创新系统的整体结构总是相对的概念。

第八节　福建战略性新兴产业协同创新系统演化机理的分析背景与框架

一　福建战略性新兴产业协同创新系统演化机理的分析背景

战略性新兴产业是我国政府在经济转型和全面建设小康社会的关键时期，根据我国社会经济所处阶段及各阶段面临的机遇与挑战，选择的关系到我国综合实力、经济竞争力、科技实力和国家安全的相关产业。战略性新兴产业的发展关系到我国产业结构的优化升级和各地区经济的可持续发展。

在科学技术和知识经济不断繁荣的大背景下，全球化的竞争越来越体现在技术和知识层面的竞争，技术创新成为经济可持续发展的主要载体，是产业持续发展的力量源泉，也是产业核心竞争力的最重要一环。要增强产业竞争力，不可避免要增强产业的技术创新能力。对于我国的战略性新兴产业，当务之急是通过产业技术创新能力的提高发挥其对国民经济发展的全面带动作用。

产业协同创新系统作为创新研究的重大领域，涉及产业的界限与构成，以及产业创新与生产流程、相关系统的协同演化发展等问题。产业协同创新系统的构建对于我国战略性新兴产业的发展具有重要意义，通过各子系统间的协同合作，产业创新活动才能够顺利进行，最终实现产业竞争力的有效提升。

福建作为中国东南沿海省份，自改革开放以来，在国家一系列政策的支持和引导下，地区生产总值从1978年的66.37亿元跃升至2019年的4.24万亿元，40多年来地区生产总值增长了639倍，发展成果喜人。福建作为"21世纪海上丝绸之路核心区""一带一路"互联互通建设的重要枢纽、"海丝"经贸合作的前沿平台和"海丝"人文交流的重要纽带，在我国社会经济发展中的重要地位显而易见。随着我国进入经济高质量发展的新阶段，福建虽然具有21世纪"海丝"核心区的独特条件和综合实力，但也存在产业结构欠合理、生态环境污染等制约经济高质量发展的问题。鉴于此，福建加大力度发展战略性新兴产业，明确了新一代信息技术、高端装备制造、新能源汽车、生物与新医药、节能环保、新能源、新材料以及海洋高新产业八大产业的发展方向和重点任务，提出相应的保障措施，使战略性新兴产业对全省经济的发展起到明显的拉动作用。就福建战略性新兴产业发展总体情况来看，虽然发展速度较快且获得了显著的发展成果，但还须进一步优化各战略性新兴产业的布局，提升其产业协同发展作用，进一步带动区域经济迈上新台阶。

作为一个构成要素间相互依赖、相互联系，且结构相对稳定的复杂系统，福建战略性新兴产业协同创新系统会经历一个从形成到发展的过程，发生结构、状态、行为以及功能等方面的变化，即系统的演化。研究战略性新兴产业协同创新系统的演化机理，实际上是研究系统中各要素为了实现某些特定功能形成的内在工作方式，以及各要素在一定环境下相互联系、相互作用的运行规则和原理。全面掌握福建战略性新兴产业协同创新系统的演化机理，不仅可以深入了解系统内构成要素的作用及系统演化轨迹，还可以为进一步制定福建战略性新兴产业的发展对策提供决策依据。

二 福建战略性新兴产业协同创新系统演化机理的分析框架

基于相关理论基础概述，可知对福建战略性新兴产业协同创新系统演化机理的分析涉及战略性新兴产业理论、创新系统理论、协同学理论、复杂适应系统理论、自组织理论及产业协同创新系统理论等内容。战略性新兴产业是我国根据社会经济所处阶段以及各阶段面临的机遇与挑战，选择的关系到我国综合实力、经济竞争力、科技实力和国家安全的相关产业。各地区战略性新兴产业的选择和发展重点以国家总体方针为指导，结合本地区实际情况略有差异，故以该产业体系为研究对象探讨其技术创新活动具有重要的理论及实践意义。

在分析福建战略性新兴产业协同创新系统的构成要素时，涉及创新系统层级及系统内构成要素的确定，这些问题与创新系统理论及产业协同创新系统理论相联系。根据创新系统理论，战略性新兴产业协同创新系统属于产业创新系统的范畴，具有产业创新系统的特征，根据产业创新系统理论，可知福建战略性新兴产业协同创新系统包括生产企业、大学、科研机构、政府、中介组织及顾客等要素，再结合产业协同创新系统理论，最终得出福建战略性新兴产业协同创新系统的基本构成要素及各要素间的协同关系。

在明确福建战略性新兴产业协同创新系统构成要素及各要素间关系的基础上，根据对复杂适应系统理论的界定，找出影响产业协同创新系统演化的基础关键因素，再结合系统动力学确定内外部动力，构建系统演化的动力模型，进一步结合自组织理论对系统分岔及突变过程进行分析，完成对战略性新兴产业协同创新系统演化机理的定性描述。

协同学是以系统为研究对象，重点分析系统内各子系统如何通过非线性作用使系统发生有序演化并产生协同效应的理论。明确了福建战略性新兴产业协同创新系统演化的内外部动力因素后，利用协同学理论辨明决定福建战略性新兴产业协同创新系统演化的最根本因素,即系统演化过程中的序参量,才能利用微分方程对系统演化轨迹进行刻画。此外,通过对系统演化过程中控制参量的识别,有助于为制定福建产业发展政策提供理论依据。本书的理论分析框架如图2-1所示。

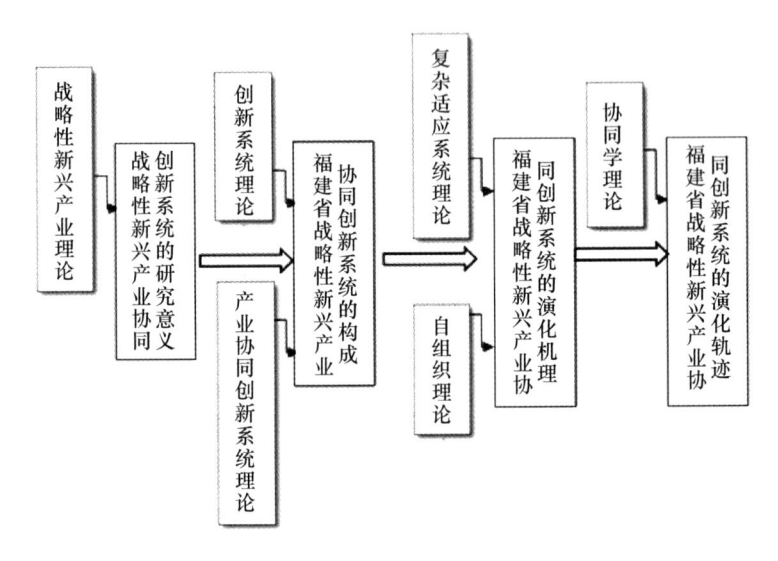

图 2-1 理论分析框架

第九节 本章小结

本章全面介绍了与福建战略性新兴产业协同创新系统演化机理研究相关的理论及方法,主要包括战略性新兴产业理论、技术创新理论、创新系统理论、协同学理论、复杂适应系统理论、自组织理论以及产业协同创新系统理论等,并构建了本书的理论分析框架,表明各理论在本书研究中的作用及与研究内容的相关性,为下文对福建战略性新兴产业协同创新系统演化机理的研究进行了理论准备。

第三章

福建战略性新兴产业
协同创新系统分析

福建战略性新兴产业协同创新系统不仅具有一般复杂系统的基本特征，还因为该产业的独特性，具有和其他的产业协同创新系统相比特有的属性及功能。本章首先对福建战略性新兴产业是否具有协同创新的特性进行讨论，在此基础上进一步分析和研究战略性新兴产业协同创新系统的内涵及其运行模型。

第一节 福建战略性新兴产业协同创新的存在性分析

一 战略性新兴产业发展的背景

生产力的发展和技术进步会使国家或地区相关产业不断升级和演变，在产业不断发展和演变的作用下，出现了新兴产业产生、发展并逐步取代传统产业重要地位的经济现象。在经济社会发展的不同阶段，新兴产业一旦出现，总会使现有产业结构发生变化，从而引起经济社会的重大变革。这种重大变革推动着经济的发展和社会的进步。2008年国际金融危机在给全球经济造成重大影响的同时，也改变了世界经济结构。为了摆脱国际金融危机给经济、社会带来的不利影响，世界各国纷纷出台一系列应对措施，加大对科技创新的投入，加快对新兴技术和产业发展的布局，力求实现新技术带动新产业，使新产业成为带动经济发展的突破口。

自改革开放以来，我国的经济和社会发展取得了惊人的成就，不仅国家的国际地位大幅提升，人民生活水平也发生了巨大变化，各地居民生活幸福指数稳步提升，社会福利水平也日渐提高。但是，我国还存在结构性矛盾长期累积、农业基础薄弱、工业大而不强、服务业发展滞后等问题，由此产生了资源消耗过高、环境破坏严重、经济持续增长乏力等问题。2008年国际金融危机给中国经济的发展造成了很大的冲击，使我国经济出现增速下滑、金融业严重受创、就业择业难等问题。现有问题和长期存在的经济问题交织在一起，使我国必须加紧调整经济结构和转变经济增长方式，以应对金融危机造成的严重影响。在这样的背景下，从长远可持续发展的角度出发，在实现我国新技术推动新产业、新产业促进传统产业及推动经济全面发展和社会持续进步的总体目标下，我国政府决定大力发展战略性新兴产业。自2009年开始，我国逐步将发展战略性新兴产业列为重点规划项目，通过出台一系列政策制度对其进行优先发展及重点扶持。随着国家战略性新兴产业发展规划的出台，福建立足本省经济发展及产业竞争力现状，分别于2011年及2016年针对"十二五"及"十三五"期间本省战略性新兴产业的发展现状，发布了福建战略性新兴产业发展专项规划，明确了新一代信息技术、高端装备制造、新能源汽车、生物与新医药、节能环保、新能源、新材料以及海洋高新产业八大产业的发展方向和重点任务，提出相应的保障措施，为福建战略性新兴产业的发展指明方向。

二 战略性新兴产业的具体划分

战略性新兴产业是驱动我国经济发展方式转变、实现创新引领社会发展的关键力量。在结合我国现有国情、科技发展水平、产业结构以及产业发展状况，我国政府将节能环保、新一代信息技术、生物、高端装备制造、新能源、新材料、智能及新能源汽车、数字创意八大产业列入目前及今后很长一段时间内我国需要重点培育和发展的产业。这八大产业就是中国战略性新兴产业。

节能环保是低碳时代的主旋律，发展节能环保产业是时代的要求，也是结合我国现有技术水平和经济条件在短期内最有可能得到全面发展的先导产业。节能环保产业拥有巨大的市场优势。发展该产业，需要重点开发、推广高效的节能技术装备及产品，突破关键技术领域的瓶颈，提升整个社会的资源利用水平及污染防治水平，建立完善的节能环保服务体系。

新一代信息技术产业包括移动互联网、物联网、云计算等相关技术。近年来，该产业在全球的发展趋势渐盛。发达国家相继制定了相关的发展规划来推动新一代信息技术产业结构升级和使其成为经济增长的新引擎。我国新一代信息技术产业具有巨大的发展前景，其发展水平将成为新一轮经济发展水平的重要标志。

生物产业主要涵盖生物医药、生物育种、生物医学工程、生物能源等细分产业。近年来，随着人们健康意识的不断增强，生物产业获得了快速发展，对于国民生产总值的贡献逐年增加，已经成为推动经济发展和社会进步的重要科技力量。要完成把生物产业培育成为我国经济发展支柱产业的目标，必须从我国国情出发，在全面分析全球生物产业发展趋势的前提下，促进其快速、高品质地发展。

高端装备制造业的主要任务是大力发展以航空装备、轨道交通装备以及智能装备为代表的技术含量高、精密度高、关系国家基础设施建设和国家安全的相关装备制造业。高端装备制造业的发展水平是决定一国未来竞争优势的关键因素，它承载了我国由工业大国向工业强国迈进的战略使命，也是加速经济社会可持续发展的关键力量。

新能源有别于传统的化石能源，主要包括太阳能、风能、核电和水电等资源。新能源产业作为我国战略性新兴产业之一，具有降低碳排放、减轻能源负担的重要作用，是缓解我国能源需求压力和实现能源结构优化的决定因素。

新材料产业是我国高新技术产业的基础产业，主要涉及电子信息材料、智能材料、功能性材料和新型金属材料等产业。在我国，虽然新材料产业起步相对较晚,但是其辐射能力强,并且能够创造大量的就业岗位和吸纳较多的劳动力,其研发水平和产业化规模已经成为衡量一个国家经济发展和科技进步的重要标志。

新能源汽车产业是与传统汽车产业相对的提法。与传统汽车不同,新能源汽车的动力来源采用的是不同于汽油、柴油等的非常规的车用燃料,拥有先进的动力控制和驱动技术。在目前能源压力和节能减排的大目标下,新能源汽车是我国未来汽车产业发展的方向和趋势,也是我国汽车制造业超越欧美发达国家汽车制造技术的希望和未来目标。

数字创意产业是现代信息技术与文化创意产业逐渐融合而产生的一种新经济形态。和传统文化创意产业以实体为载体进行艺术创作不同,数字创意是以CG(computer graphics)等现代数字技术为主要技术工具,强调依靠团队或个人通过技术、创意和产业化的方式进行数字内容开发、视觉设计、策划和创意服务等。目前,数字创意产业的应用主要体现在会展领域、虚拟现实领域、产品可视化领域等。

三 战略性新兴产业各细分产业内协同创新的存在性分析

协同创新主要是指以企业、大学、科研机构为核心要素,以政府、金融机构、中介机构等为辅助要素的包含多个创新主体的协同互动的新型创新模式。

中国战略性新兴产业的定位及其具有的高技术含量、高附加值、高成长性等特征,决定了技术创新在中国战略性新兴产业发展中的基础和支撑地位。该产业发展的关键是企业必须掌握核心技术。就我国战略性新兴产业发展现状来说,虽然某些领域在规模上已经跻身世界前列,但是总体技术创新能力薄弱,关键核心技术需要进口,体制机制及企业创新能力和研发投入等都与发达国家存在较大差距。在充分认识我国战略性新兴产业存在的主要问题的基础上,在政府政策引导和其他金融机构及中介机构的支持下,产业内企业正积极地通过扩大研发投入、培养高层次的技术攻关人才、与相关大学专业人员及科研机构进行深度合作等方式提升企业的技术创新能力和产业核心竞争力。大学、科研院所等知识生产机构在我国各级政府推进战略性新兴产业的进程中，也在发挥着创新主体的积极性和创造性。一方面，我国各大院校积极开设了与战略性新兴产业相关的基础专业，如能源与环境工程、物联网、生物科学、软件工程、机械制造、材料科学与工程、自动化、动力工程等专业，为相关产业输送高技能的专业人才；另一方面，许多大学与地方政府相继建立了相关的科研机构，如清华大学汽车安全与节能国家重点实验室、华南理工大学材料科学与工程学院、深圳市新一代信息技术研究院、高端装备制造协同创新中心、中国国家发展和改革委员会能源研究所以及各地方新材料研究中心等。这些科研机构不仅单独研发相关项目，还积极与企业合作，实现研发成果的市场化和商品化，不断加快企业技术创新的步伐。在企业、大学、科研机构的共同努力下，我国战略性新兴产业内各行业已经构建出较为完整的协同创新主体系统。

2010年10月，我国政府出台《关于加快培育和发展战略性新兴产业的决定》，包括福建在内的各级地方政府针对战略性新兴产业的发展也相继出台了一系列扶持政策，以此推动产业体系的快速发展。这些政策主要包括：推动构建企业为主体的产业技术政策、"以政策启动市场、以市场推动产业"的市场培育政策、倡导"引进来、走出去"的国际合作政策、以金融机构为主体的合理的产业发展投融资政策、以政府为主体的引导式税收政策以及其他专项政策等，通过政府相关政策和措施的引领与带动，以及中介机构及金融机构等的积极配合，各地区战略性新兴产业已构建起协同创新的支撑体系。

就福建而言，随着我国战略性新兴产业发展规划的出台，省政府立足本省经济发展及产业竞争力现状，通过发布福建战略性新兴产业发展专项规划，明确了新一代信息技术、高端装备制造、新能源汽车、生物与新医药、节能环保、新能源、新材料以及海洋高新产业八大产业的发展方向和重点任务，并提出相应的保障措施，为福建战略性新兴产业的发展指明方向。近十年来，福建战略性新兴产业总量规模不断扩大，对全省经济的发展起到明显的拉动作用，发展迅速，成果显著。其中，新一代信息技术产业和新材料产业的主导地位日益突出，产业结构不断优化；福州、厦门、泉州等7个国家级高新区的载体建设逐步推进，产业集聚效应明显；国家级、省级产业技术研究院及创新实验室等创新平台数量递增，创新能力不断提升，协同创新主体系统构建完成，支撑体系也在发挥着强有力的作用。

四 战略性新兴产业各细分产业间协同创新关系的存在性分析

新能源产业与节能环保产业之间存在紧密的协同创新关系。这主要是因为，从目前我国经济发展阶段来看，其正处于快速增长期。这一时期，经济发展对能源的需求数量相当大。为满足能源的大量需求，一方面，应通过节能环保相关技术提高能源利用效率，降低能源消耗；另一方面，需要依靠新能源产业发展新能源技术，用新能源代替传统能源以适应我国未来低碳经济的发展模式。因此，我国的低碳创新要采取节能环保与新能源技术协同创新发展的模式。在这一发展模式中，二者既存在相互争夺资金、技术、人才等资源的竞争关系，又存在相互配合、相互促进的合作系。正是二者在协同创新中的这种竞争合作关系，促使其最终实现低碳、节能、可持续发展的目标。

从生物产业构成来看，生物医学工程产业从传统诊断技术向分子诊断技术的转变过程中，生物技术与计算机网络、移动通信等新技术的融合加快了生物产业与新一代信息技术产业的协同创新步伐；生物能源产业的规模化应用与节能减排产业和新能源产业协同促进，对缓解能源短缺、促进能源消费结构调整产生了重大影响，是相关产业间协同创新的内在条件和基础。

新一代信息技术产业以其强大的网络性、创新性和渗透性在战略性新兴产业中占据至关重要的地位。通过其产业内的移动互联网、物联网以及云计算等技术，可以提升各相关产业利用信息资源的能力。一方面，这些技术不仅可以通过对生产资料的实时监控等智能化管理加快节能环保产业、新能源汽车产业、高端装备制造业等的智能化升级改造；另一方面，新一代信息技术产业还可以与其他细分产业深度融合，如与传统文化创意产业融合形成数字创意产业，提升相关产业信息附加值，完成产品的价值增值，从而提升整个战略性新兴产业的竞争力。可以说，新一代信息技术产业与战略性新兴产业的其他细分产业都存在或多或少的协同创新关系。

从新材料产业内产品的分类来看，电子信息材料是现代通信、信息网络等新一代信息技术产业赖以生存的基础，为新一代信息技术产业提供物质支撑；新能源材料与传统能源材料相比，可以大幅提高能源的利用效率，故新材料产业与节能环保及新能源产业具有千丝万缕的联系；汽车材料因其技术含量高、附加价值高的特点，为我国正在发展的新能源汽车产业提供了轻量化、高环保性的汽车制造材料，不仅可以提高我国新能源汽车产业在国际市场上的竞争力，还可以通过新能源汽车产业对生产材料需求的变化来反向促进新材料产业技术创新的不断发展。此外，新材料产业中的其他产品也与相关战略性新兴产业有紧密联系，通过它们之间需求与合作关系的不断变化，实现既相互促进又共同发展的协同合作关系。

综上可知，中国战略性新兴产业的提出有其特定的历史背景和使命。其主要任务是通过各细分产业间的相互协调和配合，实现我国新技术推动新产业、新产业促进包括传统产业在内的其他产业发展，以此实现经济快速发展和社会全面进步的总目标。可以说，在中国战略性新兴产业中，各细分产业是相互联系、相互促进的统一体，不仅各产业内部存在基于在政府政策及相关机构支持下的产、学、研协同创新，七大细分产业之间也存在着紧密的竞争与合作关系，即所谓的协同创新关系。只有通过产业间紧密的协同创新，才能实现我国战略性新兴产业的持续、健康、快速发展，早日完成我国经济社会发展的总体目标。

第二节　福建战略性新兴产业发展现状

战略性新兴产业代表着新一轮科技革命和产业变革的方向，是培育发展新动能、获取未来竞争优势的关键领域。加快发展战略性新兴产业，对我国各地区经济转型升级、实现高质量发展具有重要意义。

一 福建战略性新兴产业发展成果显著

福建位于我国东南沿海地区，是我国改革开放的前沿阵地，在战略性新兴产业发展方面，起步早，产业链条相对完整，市场化程度较高，政策配套不断完善。自2009年开始，立足本省经济发展及产业竞争力现状，相继发布了关于福建战略性新兴产业发展的专项规划。近十年来，福建战略性新兴产业对全省经济的发展起到明显的拉动作用，发展迅速，成果显著。

（一）产业持续高位增长，总量规模不断壮大

"十三五"期间，福建战略性新兴产业发展成效显著，如图3-1所示，产业增加值从2016年的2746亿元提高至2019年的5400亿元，预计到2020年，将超过5850亿元的预期目标，达到6000亿元以上的规模，比"十二五"末期增长129.11%，成为推动福建经济持续快速发展的重要力量。其中，新一代信息技术和新材料产业稳居主导地位；高端装备制造、节能环保产业、新能源产业发展迅猛，极有可能成为福建战略性新兴产业的中坚力量。截至2019年年底，福建战略性新兴产业占全省规模以上工业增加值的比重达到23.8%，具有强劲的发展势头。

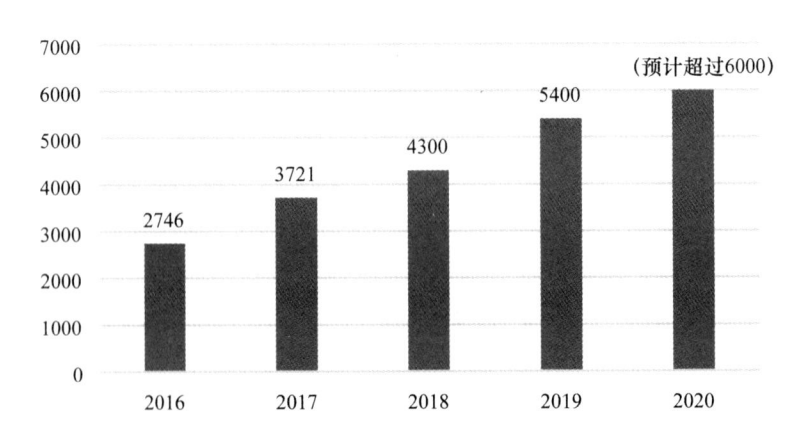

图3-1 福建"十三五"战略性新兴产业增加值发展情况（单位：亿元）

(二) 主导产业地位突出，产业结构不断优化

从产业构成来看，福建战略性新兴产业的地位日益突出，产业结构不断优化。2019年，战略性新兴产业增加值达5400亿元，与上年同期相比上升25%，占全年GDP增加值的82%。其中，新一代信息技术产业和新材料产业占战略性新兴产业增加值的比重超过55%，稳居主导地位。2016—2019年，高端装备制造、节能环保和生物与新医药产业增加值均保持大幅上升态势，发展势头强劲。

(三) 载体建设逐步推进，产业集聚效应明显

目前，全省共有福州、厦门、泉州、莆田、漳州、龙岩、三明7个国家级高新区。福州高新区形成以新一代信息技术产业为特色主导，以装备制造、生物技术、新材料产业为培育重点，以现代服务业为支撑的产业发展格局；厦门火炬高新区重点打造集成电路产业集群，整合集聚近70家企业，形成从芯片研发到应用的完整产业链；泉州高新区以微波通信、机械装备等为主导产业，新一代信息技术、新材料、太阳能光伏、轨道交通装备等战略性新兴产业快速发展；漳州高新区重点打造以片仔癀、大闽食品、立兴食品为核心的产业集群；莆田高新区形成电子信息、精密机械制造为主导的两大产业集群，培育了以液晶显示为代表的新兴产业；龙岩高新区围绕智能机械、专用车、环境科技三大主导产业，重点推动新龙马汽车、龙净环保等龙头企业的加速发展；三明高新区形成高端机械装备、纺织林产、生物医药、新能源等主导产业。福建形成以福州、厦门为核心，高新技术产业开发区、创新型产业化基地为节点的战略性新兴产业带，产业集聚效应初显。

(四) 创新平台数量递增，创新能力不断提升

截至2019年年底，福建已布局建设18家省级产业技术研究院和31家省级产业技术创新战略联盟；拥有国家重点实验室10个、省级创新实验室4个、省级重点实验室216个、国家级工程技术研究中心7个、省级工程技术研究中心527个、省级新型研发机构102家；建设国家专业化众创空间备案示范3家、国家备案众创空间50家、省级众创空间277家；科技企业孵化器备案178家，孵化器总面积

353.43万平方米，在孵企业3521家，在孵企业从业人员47886人；突破一大批关键核心技术的研发攻关，企业及产业技术创新能力极大提升。

（五）政策体系全面深化，支撑作用日益突出

近年来，中央出台了多项支持福建加快发展的利好政策，如福州、厦门和平潭片区的中国（福建）自贸区，21世纪海上丝绸之路核心区，国家海洋经济发展示范区，生态文明先行示范区，平潭综合实验区，福州新区等，叠加闽台交流合作进一步深化，政策支持力度空前。

就福建来说，继"十二五"期间已出台的《福建省加快战略性新兴产业发展的实施方案》《关于加强战略性新兴产业知识产权工作的若干意见》《福建省战略性新兴产业重点产品和服务指导目录（2015年版）》等政策，"十三五"期间，又相继发布了《福建省"十三五"战略性新兴产业发展专项规划》《福建省"十三五"战略性新兴产业创新平台建设指导目录》《福建省新能源汽车产业发展规划（2017—2020年）》《福建省新材料产业发展指南》《新能源汽车生产企业及产品准入管理规定》等一系列支持本省战略性新兴产业发展的指导意见及具体措施，为该产业体系的发展指明目标及方向。

二 福建战略性新兴产业发展存在的问题

（一）传统产业依赖度高，产业层次须提升

从福建现代产业体系培育重点及战略性新兴产业的构成来看，目前的发展重点主要集中在体现传统产业特征的新一代信息技术产业、高端装备制造业及新材料的终端产品和服务的生产及推广上，三者产值预计2020年年底将占到全省国民生产总值的85%，居于绝对的主导地位。海洋高新、生物医药、节能环保等产业虽然对地区经济发展的带动作用很大，且近几年在福建的发展速度较快，但由于目前从整体上看仍未形成较大产业规模，尚处于发展上升期，未对战略性新兴产业的整体发展起到强力拉动作用，须进一步发展和壮大。从产业层次上看，福建战略

性新兴产业整体的技术创新能力及开发水平不强,产品附加值有待提高,导致该产业体系中的大部分细分产业集中在产业链的中低端,多数企业从事产品的组装加工业务,产品多以粗加工及中间产品为主,急需高科技类业务及产品的带动,产业结构须进一步优化。

(二) 龙头企业数量偏少,产业集聚效应须加强

"十三五"期间,福建不断通过制定相关产业发展规划、加强产业投资引导、出台第三方招商奖励办法等政策措施加大对战略性新兴产业的支持力度,且在产业创新方面培育了一定数量的国家级、省级创新平台,加快了科技成果的转化。2019年福建经济运行情况统计数据显示,全省高成长企业超过400家,高新技术企业达4500家,高技术产业增加值的增长率为12.3%,比该省全年GDP 7.6%的增速高出4.7个百分点。这说明福建已经培育了一大批拥有较强市场竞争力的战略科技企业。但是从产业构成来看,目前在福建战略性新兴产业的358家省级龙头企业中,产值上百亿元乃至上千亿元或在全国有影响力的大型企业数量较少,如在2019年中国装备制造业100强企业中,福建仅有3家入围,严重限制了以大型龙头企业为核心,由点及线、由线及面产业联动效应的发挥。此外,从产业链全局来看,其涉及的环节少、层级偏低,规模效益还须进一步提高,对相关产业的协调和带动作用不强。

(三) 自主创新能力不足,技术推动力有待提升

战略性新兴产业代表的是产业变革的新方向,是福建乃至我国培育发展新动能、获取未来竞争新优势的关键领域。技术创新是引领产业发展的第一动力,也是建设现代化经济体系的战略支撑。在当前我国经济由高速增长向高质量发展转变的新阶段,技术创新对于经济的推动作用至关重要。就"十三五"期间福建战略性新兴产业的技术创新总体水平来看,依然存在创新能力不足的问题。大多数企业特别是中小企业竞争优势不明显,关键核心技术鲜有依靠自主研发完成,多数通过模仿或技术的引进—消化—吸收—再创新方式完成,科技对战略性新兴产业发展的推动作用尚未得到完全的体现。

从研发主体来看,一方面,与我国东部沿海发达地区相比,福建研

究型大学主要以厦门大学和福州大学为代表，高层次科研机构数量偏少，科研水平有限，虽在新材料、电子、信息、生物、海洋等高科技领域有技术突破，但创新成果转化率极低。福建海峡技术转移公共服务平台的统计数据显示，截至2018年年底，在平台发布的43880项科研成果中，供需双方达成意向的仅为253次，签约合同668份，比例不足2%。另一方面，企业作为研发活动的另一主体，可以利用本企业科研人员基于自身核心技术的需求开展相关研究与开发工作，但目前福建大中型企业研发费用占主营业务收入的比重不足1%，研发费用投入不足，并且缺乏高层次、高水平的领军人才，严重限制了福建战略性新兴产业的培育与发展。

（四）核心技术积累薄弱，产业创新能力不强

战略性新兴产业培育周期长，前期投入大，市场开拓风险高。产业发展必须建立在对先进技术掌握和应用的基础上，特别是必须拥有关键核心技术。目前，福建战略性新兴产业中，大部分细分产业存在"高端产业、低端环节"的突出问题。福建大多数企业尤其是中小企业缺乏拥有自主知识产权、处于领先水平的关键核心技术，竞争优势不明显，基础研究薄弱是导致福建战略性新兴产业发展核心技术积累不足的主要问题。

（五）人才创新效率低，激励机制有待完善

战略性新兴产业是新兴科技与新兴产业的深度融合，其发展需要以重大技术突破为基础，以创新不断推进其演化进程。实现创新驱动发展，不仅需要科技创新，还需要体制机制创新的配合。人才在科技创新活动中可以发挥主观能动作用，是推动经济发展和增强战略性新兴产业创新驱动的关键力量。人才激励机制的完善可以在很大程度上发挥创新性人才的主观能动性，提高其创新效率。

虽然福建近些年陆续出台了一系列的人才政策，如《福建省中长期人才发展规划纲要（2010—2020年）》《关于鼓励引进高层次人才的八条措施》等，但现存的优惠政策措施主要以吸引具有实力和潜力的创新创业人才为目的，很多科技人才被引进之后缺乏后期跟踪、评估和服务

机制，影响了引进人才作用的发挥，也影响了后续优秀人才的进一步集聚。另外，目前人才的创新活动依然围绕学术成果、获奖及职称等方面展开，对创新创业人才的奖励和激励基本倾斜于论文和专利等学术成果，造成技术创新者缺乏将科技成果推向市场的动力的同时，也使创新创业人才的自我价值难以得到彻底体现。

（六）投融资市场深度不够，政策扶持力度有待加强

技术创新是战略性新兴产业发展的基础，技术研发前期需要大量的人力、资金及设备投入。当前虽然福建已出台了相关扶持政策，设立了创业投资基金，但扶持体系还须完善。战略性新兴产业内的高技术企业和中小企业市场进入门槛较高，获得银行信贷融资的难度比较大，目前暂无专门为中小企业提供信贷融资服务的专业机构。若采取企业发行债券的融资方式，对企业的信誉及偿还能力要求较高，中小企业很难实现。此外，福建乃至全国目前还没有实现有效地将民间资金、保险资产、信托资产等各类社会资本吸纳到投资领域，缺乏利用金融为新兴产业提供充足资金支持手段的创新政策。这导致战略性新兴产业中出现高技术企业和中小企业贷款难、融资难的局面，也成为束缚福建战略性新兴产业发展的一大瓶颈。

（七）闽台战略性新兴产业的合作机制有待进一步创新

从投资向度来看，闽台战略性新兴产业投资主要是单向性的，而非双向互投，即主要是台资来闽投资，福建向台湾的投资较少。从交流与合作的分工模式来看，台湾来闽投资主要是利用福建廉价的劳动力和广阔的市场空间，福建主要负责闽台战略性新兴产业合作中提供大量劳动力的下游产业的"制造"环节，台湾则负责相关的核心技术、资金与研发及其最终销售的环节。从合作与交流的技术含量来看，台商来闽投资的战略性新兴产业大多是低技术含量、低附加值的产业，福建主要从事加工环节，以简单的加工装配、贴牌生产为主，处于价值链的最底端，技术含量低，附加值低。

第三节　福建战略性新兴产业协同创新系统的内涵及功能

一　福建战略性新兴产业协同创新系统的内涵及结构

2010年10月我国发布的《国务院关于加快培育和发展战略性新兴产业的决定》中这样定义战略性新兴产业："以重大技术突破和重大发展需求为基础，对经济社会全局和长远发展具有重大引领带动作用，知识技术密集、物质资源消耗少、成长潜力大、综合效益好的产业。"可以看出，我国战略性新兴产业具有全局性、长远性、先导性和动态性的特征，它是关系到国民经济发展全局、具有长期增长潜力、体现国家和区域未来发展重心和竞争优势，并且能够为适应时代变迁和复杂多变的客观环境不断调整自身演化路径的产业。鉴于战略性新兴产业代表了新兴技术的发展方向，并且能够在产业内将各技术相关部门紧密结合，使产业保持极强的竞争力和产业优势，这就决定了战略性新兴产业一定要重视技术创新成果转化率，产业内创新活动的各个环节都要依托主体系统进行，以保证技术创新参与者协同一致开展创新活动，确保较大程度地提升产业创新水平和产业竞争力。

根据有关产业协同创新系统内涵及特征功能的系统性分析，本节首先依据相关理论对福建战略性新兴产业协同创新系统进行定义。通常情况下，系统是由相互联系、相互依赖、相互作用的若干组成部分（即子系统）共同构成的，是具有特定功能的一个有机整体。系统要素是构成系统的最基本单位。可以说，系统是由两个以上的系统要素构成的且具有一定结构和功能的有机统一体。本书在深入分析和全面掌握有关系统及产业协同创新系统相关概念的基础上，将福建战略性新兴产业协同创新系统的内涵界定为：在福建政府宏观政策指导下，以战略性新兴产业的生产企业为主体，以相关的大学、科研机构等知识生产机构为辅助，在政府、中介机构、用户需求等要素的协调下构成的，以提升战略性新兴产业技术创新效率与产业竞争力为主要目标，具有高度协同关系的技术创新网络系统。

根据福建战略性新兴产业协同创新系统的内涵界定，本书将这一系统的结构划分为五个子系统，即生产企业子系统、知识生产子系统（大学、科研机构）、政府子系统、中介机构子系统、用户需求子系统。其中，生产企业子系统是实施技术创新、进行产品和服务创新以及生产供应的组织；知识生产子系统是培养创新性人才的高等院校以及进行知识创新和技术生产研究的科研机构，如福建产业技术研究院、福州大学新能源材料研究所、福建海洋经济生物遗传育种重点实验室、福建媒体信息智能处理与无线传输重点实验室、福建科技型中小企业技术创新中心、福建新能源汽车控制系统技术开发基地等。随着倡导建设科研型大学与科研机构对研究生培养的重视，大学与科研机构的关系越来越紧密，故本书把二者合并为知识生产子系统；政府子系统主要是指各种针对创新活动制定的政策法规、针对科研活动进行的政策及资金支持、针对消费者进行的各项消费补贴的政府行为；中介机构子系统是对产业创新活动进行各种支持与服务的各类中介组织及机构，如银行、金融公司、技术认证等相关机构、信息咨询服务机构等，它们起到作为创新平台的桥梁及纽带作用；用户需求子系统主要集中最终用户对产业产品的需求信息，它是创新思想的主要来源之一，为企业及知识生产机构的技术创新活动提供思路。五类子系统相互联系、相互配合，共同支配和推动我国战略性新兴产业技术创新水平的不断提升，共同构成福建战略性新兴产业协同创新系统。

组成福建战略性新兴产业协同创新系统的五类子系统存在相互联系、相互促进又相互制约的复杂的系统关系。这种复杂的系统关系共同构成福建战略性新兴产业协同创新系统的复杂创新网络。该网络中各主体受到系统内外部环境的影响，形成相互联系、相互作用的网络关系。福建战略性新兴产业协同创新系统的结构如图3-2所示。

福建战略性新兴产业协同创新系统由五个子系统共同构成，在系统内外部环境的共同作用下，各子系统之间形成复杂的协同关系。这些协同关系共同构成福建战略性新兴产业协同创新系统的复杂网络体系。

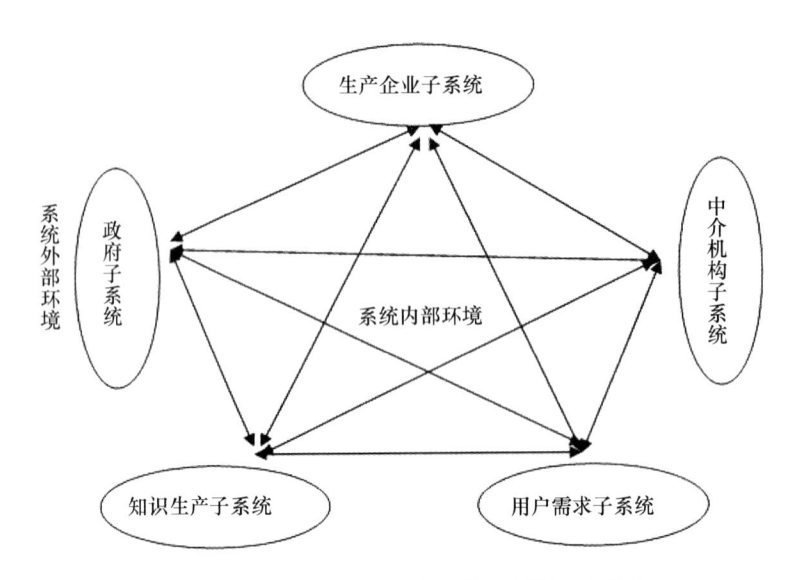

图 3-2 福建战略性新兴产业协同创新系统结构

二 福建战略性新兴产业协同创新系统的功能

福建战略性新兴产业协同创新系统的构建，是为了解决省内相关产业发展中的技术创新问题，其突出的功能主要表现如下。

第一，为福建产业发展提供良好的技术创新环境。战略性新兴产业协同创新系统的构建，使系统中各个创新主体实现有序的统一。其子系统之间是相互联系、相互依赖、相互促进和相互制约的关系，它们相互协同运作构成一个完整的系统，并能发挥协同效应，实现整个系统的稳定发展。系统结构和系统发展的稳定性，使其不仅可以通过与外界的资源流动引进创新要素，还可以根据外部环境的变化及时调整自身的结构和功能，以保证战略性新兴产业的各项技术创新活动都能够在一个相对有利的内外部环境中进行。

第二，大幅提高战略性新兴产业的技术创新效率。产业协同创新系统的构建，使各个创新主体紧密地联系起来，有效地保障了产业技术创新活动的顺利进行。生产企业在政府相关政策的引导下，在中介机构的协调下，在综合考虑市场需求及技术发展的大趋势下，通过与大学、科研院所积极地交流与共享人才与创新成果，可以大大提高创新成果产出率，进而提高产业技术创新效率，以促进产业竞争优势的不断提升。

第三，协调产业主体的关系，促进战略性新兴产业中产业链上、中、下游资源的整合及协同发展。发展战略性新兴产业是在我国工业化进程与经济体制转轨的关键时期、促进产业结构优化升级的大背景下提出的，因此，该产业体系在全国各地区的发展起步都较晚。就福建战略性新兴产业的发展来看，虽然发展步伐较快，但是还存在许多问题，如自主创新能力不足，关键核心技术和装备主要依靠进口；专项人才供给不足，高技术人才引进力度不够；产业链上、中、下游资源发展不平衡，市场有待规范等。这些问题无疑会制约福建战略性新兴产业的发展。战略性新兴产业协同创新系统可以通过各子系统间的协同发展，实现产业技术创新能力的提升、专项人才供给充足以及分配产业资源的任务，进而实现本省产业竞争力的飞跃，并为我国科技强国目标的完成贡献力量。

第四节　福建战略性新兴产业协同创新系统的特征

作为一个复杂的网络系统，福建战略性新兴产业协同创新系统中的各个构成要素存在相互联系、相互促进、相互制约的关系，它们共同构成一个完整的技术创新体系。产业发展的核心和关键是能够持续不断地进行技术创新，并且这种技术创新是产业竞争力的主要体现。技术创新不仅是技术方面的独立活动，还是一个系统的工程。战略性新兴产业的技术创新，是在产业特有的内外部环境下，由彼此独立的技术创新主体以及影响技术创新的各要素组成的创新系统中进行的一系列与技术创新活动相关的协同合作。福建战略性新兴产业协同创新系统的特征体现在以下方面。

一　整体性

系统的整体行为是其子系统在共同目标的指引下，通过彼此协同合作的作用实现的，它不是子系统行为的简单叠加。作为复杂系统的福建战略性新兴产业协同创新系统，其构成要素的各子系统更需要保持相互依赖、相互制约、相互促进的紧密关系，保证协同创新系统各项活动的顺利进行。在这个复杂的创新系统中，生产企业作为技术创新活动的核心主体，一方面要认真审视市场需求的变化，否则因技术创新而投入的人、财、物便失去了它们的意义；另一方面，由于生产企业自身创新能力有限，只有与科教机构共同合作才能保证其创新成果的产出率。此外，当生产企业遇到资金不足等困境时，需要借助银行、金融机构等的力量，并在政府政策的支持下，以实现技术创新活动的顺利进行，进而提高企业核心竞争力和产业竞争优势。

二 开放性

福建战略性新兴产业协同创新系统的开放性是指系统不是封闭的，而是随时都保持与外部环境进行人、财、物以及信息等资源的交流。开放性是战略性新兴产业协同创新系统生存和发展的前提条件。系统只有通过不断地与外部环境进行能量和物质的交换，才能够维持正常运行，进而确保结构重组和产生高效的结构。此外，战略性新兴产业协同创新系统通过从外部环境吸收的创新要素，实现系统的自我调整，以适应内外部环境变化的需要。

三 目的性

作为一个庞大的系统，福建战略性新兴产业协同创新系统拥有众多的构成要素，且要素的性质与功能各不相同，但这些要素构成的各子系统相互联系、协同发展且具有共同的目标。作为创新主体的生产企业，为了能够在产业中占据有利地位并获得利润，实现企业竞争力的提升，就要积极进行技术创新。但是由于自身实力以及资源有限，企业会受到创新资源、资金量等关键要素的限制。一方面，生产企业需要与知识生产机构（如大学、科研院所）进行创新合作以降低研发成本；另一方面，还需要通过中介机构获取技术信息、资金支持等。此外，协同创新系统中的其他子系统也出于自身利益的考虑积极参与协同创新活动，共同推进产业技术创新能力的提升。只有产业技术创新能力不断提升，才能保证各子系统目标的顺利实现。可以说，战略性新兴产业协同创新系统的总体目标是实现本产业技术创新能力的不断提升，这便要求构成系统的各子系统应该以生产企业这一创新的核心主体为中心，若在系统运行过程中子系统出现矛盾，则要及时协调以实现战略性新兴产业技术创新的目的。

四 自组织性

当福建战略性新兴产业协同创新系统与其内外部环境进行物质、能量等资源的互动交流时，在各子系统与它们的相关环境进行互动交流的过程中会出现一种临界状态，表现为系统中某一元素或者变量极其微小的变化便会致使系统整体发生巨大的变化。这种变化为战略性新兴产业协同创新系统提供了进行自组织演化的机会。通过系统的自组织演化过程，各子系统实现协同发展。当其达到演化发展过程中的特定临界值时，系统会发生分岔、突变等现象，使自身从一个稳定状态跳跃到更高级别的稳定状态。在这一过程中，企业的创新意识、市场需求、政府相关政策法规以及现有科技的发展等，都会起到重要的诱导作用。

五 动态性

福建战略性新兴产业协同创新系统是动态的，它总是处于不断的发展变化中。目前，福建内的绝大部分战略性新兴产业尚处于发展初期，具有较大的发展空间。产业竞争力的强弱以及组织变革的成功与否等都会在短期内对产业协同创新系统产生影响。而且，战略性新兴产业协同创新系统本身就是开放的。系统构成要素中的技术人员、政府政策以及与系统相关的信息、资金等资源都是在不断变化发展着的。在不断变化的内外部环境下，要实现系统整体优势大于局部优势的目标，必须时刻保持各子系统间高度的协同合作。

六 不确定性

福建战略性新兴产业协同创新系统作为一个复杂的网络体系,拥有众多的构成要素,且各要素之间相互联系、相互促进、相互制约,共同构成系统的非线性结构。而且,系统通常处于非均衡状态。协同创新系统内各子系统之间、各子系统内部要素之间以及系统与内外部环境之间不断变化的联系方式与交互形式,给战略性新兴产业协同创新系统的发展带来很大的不确定性。这种不确定性不仅体现在市场需求的实时变化上,还体现在技术创新方式的不断改变中,以及制度环境和创新收益分配的不确定性等方面。

第五节 福建战略性新兴产业协同创新系统的复杂适应性分析

一 各子系统内部复杂适应性分析

复杂系统是一个复合系统,拥有众多的构成要素,且各构成要素之间会产生强烈的耦合作用。1998年,Paul Cilliers 在《复杂性与后现代——理解复杂系统》一书中,列举了构成复杂系统的众多要素具有的特征,主要包括动态性、非线性、开放性等。此外,维基百科全书中关于"复杂系统"(complex systems)这一条目的具体描述,指出其具有开放性、非线性、不确定性等九大特征。

福建战略性新兴产业协同创新系统是一个典型的复杂系统,由五个相互联系的子系统构成,各子系统内部又由众多相互之间产生强烈耦合作用的要素构成。这些子系统以及构成要素之间的密切联系决定了它们对于产业协同创新系统发挥不可缺少的重要作用。构成福建战略性新兴产业协同创新系统各子系统的要素如表3-1所示。

表3-1 福建战略性新兴产业协同创新系统各子系统影响因素

子系统	影响因素
生产企业子系统	创新层次定位、研发项目决策、企业家精神、企业创新倾向
知识生产子系统	科研人员的知识水平、R&D人员素质和规模、专利产品研发数量
中介机构子系统	投资决策能力、评估能力、认证能力、信息获取能力
政府子系统	产业发展政策、产业扶持力度
用户需求子系统	市场购买能力、市场需求状况、市场信息获取能力

福建战略性新兴产业协同创新系统各子系统具有多个影响因素。由于影响因素之间具有较为复杂的联系，福建战略性新兴产业协同创新系统具有复杂系统特有的不确定性、动态性、开放性和非线性等特征。

二 各子系统间复杂适应性分析

在复杂适应系统中，系统主体是伴随系统的演化和发展不断进行能动学习，以实现自身行为的改变。而且，主体间通过这种学习能力达到彼此相互协同、相互促进、相互制约的紧密联系状态。

福建战略性新兴产业协同创新系统的主体分别是生产企业、大学、科研院所、政府、中介机构以及最终用户。本书判断战略性新兴产业协同创新系统为复杂适应性系统主要基于以下几个方面。

第一，战略性新兴产业协同创新系统具有明显的层次性。生产企业是协同创新系统的主体和核心，其创新的方向主要取决于科技发展方向和顾客需求；大学、科研机构等知识生产部门是技术创新活动的另一主体，对产业协同创新系统起到支撑作用；政府通过一系列扶持政策保障协同创新系统的顺利运行。作为产业协同创新系统的纽带，中介机构也在发挥其重要的桥梁作用。

第二，福建战略性新兴产业协同创新系统，是一个宏观及微观环境相结合的有机整体。各子系统作为系统整体不可缺少的组成部分，是在内外部环境的影响和政策法规的指导下充分发挥其特定作用的。在各子系统内部，也存在众多的构成要素，这些构成要素通过影响子系统的行为活动间接对整个协同创新系统发挥影响作用。当产业协同创新系统由于内外部环境的变化而改变状态时，又反过来影响各子系统及相关构成要素。

第三，构成福建战略性新兴产业协同创新系统的各个子系统，在系统演化过程中虽然存在相互联系、相互依赖的协同关系，但这种关联只体现在系统间的互动作用上。实际上，子系统间具有很强的独立性。

第四，福建战略性新兴产业协同创新系统演化的主要动力是通过系统与内外部环境的互动关系来实现的。各子系统要想实现自身价值，必须不断适应系统整体的要求，系统整体若要实现发展目标，必须不断调整内外部环境变化对其的要求，战略性新兴产业协同创新系统在演化发展过程中的行为活动，也会对内外部环境产生影响，这便形成系统与环境之间的良性互动关系。

第五，福建战略性新兴产业协同创新系统各子系统作为独立的作用主体，都具有智能性、适应性、主动性、并发性与开放性的特征。

第六，福建战略性新兴产业协同创新系统在运行过程中会受到很多随机要素的影响，这些影响作用会进一步加强系统整体的环境适应性，具有越来越强的适应能力。

综上可知，福建战略性新兴产业协同创新系统及其各个子系统具有极强的与内外部环境相适应的能力。这种适应能力体现在系统演化过程中系统与环境之间、各个子系统与环境之间相互影响和相互适应的能动活动。各子系统之间通过这种复杂适应性关系作用构成了福建战略性新兴产业协同创新系统这一复杂适应系统。

第六节　福建战略性新兴产业协同创新系统的运行模型

福建战略性新兴产业协同创新系统进行技术创新活动，是为了实现产业技术创新、产品创新、制造工艺创新、市场创新、管理创新、产业链优化升级,以提高产业竞争力。战略性新兴产业协同创新系统是为了实现产业的上述创新活动而建立的复杂系统。这一复杂系统内各要素能否协同发展并且取得较强的创新能力和较高的创新效率,关键取决于系统在演化发展过程中遵循的运行过程与机制。

本书讨论的系统运行模型指的是包括各子系统间相互联系的方式、系统运行过程中的协同机制以及系统的各项约束及激励机制等在内的,能够有效促进产业协同创新系统发展演化的机制与运行流程的总和。如果没有各子系统间联系方式的确立,就不能使系统发挥整体效用;如果没有系统运行过程中的协同机制,系统整体及各个环节就不能良性运转;如果没有约束及激励机制发挥作用,系统就缺乏前进的动力。只有在这些机制的相互配合下,福建战略性新兴产业协同创新系统才能在共同目标的指引下无障碍运转。因此,建立有效合理的系统运行模式,对福建战略性新兴产业协同创新系统的发展至关重要。

根据前文对技术创新与战略性新兴产业协同创新系统的研究,结合福建战略性新兴产业发展现状,本书构建了福建战略性新兴产业协同创新系统的运行模型,如图3-3所示。

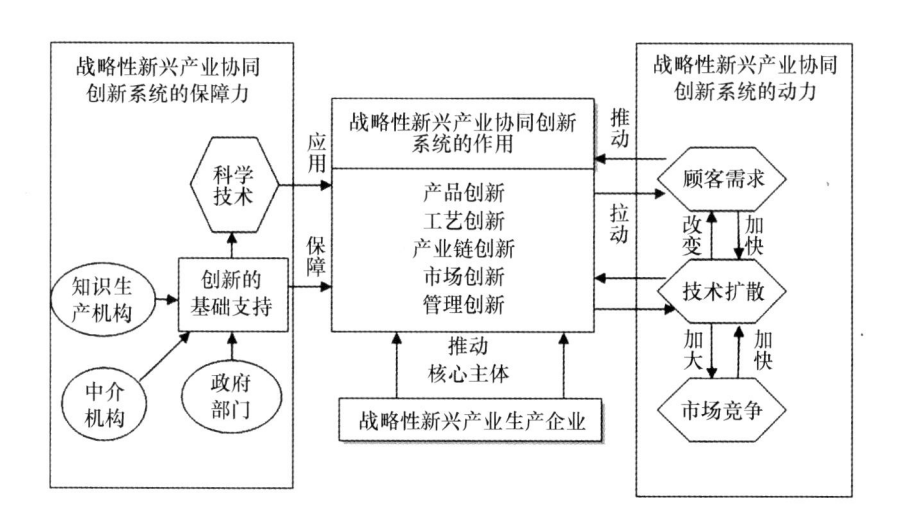

图3-3 福建战略性新兴产业协同创新系统运行模型

如图3-3所示，可以从以下方面对福建战略性新兴产业协同创新系统的运行模型进行理解。

第一，战略性新兴产业的各细分产业均属于发展初期的新兴产业，其代表着先进技术的发展方向，拥有巨大的市场潜力，但产业内的相关生产企业作为战略性新兴产业协同创新系统的核心主体，目前存在技术创新能力低、严重缺乏技术人才的问题。大学和科研院所是技术人才的输出地，为大力推进战略性新兴产业的发展，福建已依托厦门大学、福州大学、福建师范大学、福建工程学院等高校和科研机构设立了许多具有针对性的高校专业课程和专门的研究院所，通过为产业提供科学理论以及与技术发展趋势相关的最新信息，依托创新活动相关环节的推动作用，提升福建战略性新兴产业技术创新效率。所以，就目前而言，生产企业和大学、科研机构的密切协同合作是实现技术创新最高效的途径。通过这种产学研密切结合的有效模式，企业不仅在短期内可以拥有大量的科技创新相关人员进行技术研发活动，还可以通过大学、科研机构营造的良好的技术研发氛围，提升技术创新进程以及科技成果向市场转化的速度。在这个过程中，企业不仅获得了应用领先技术带来的竞争优势，进而获得高利润，而且同时更加重视研发投入，形成技术创新的良性循环，最终实现企业、大学、科研机构的三方共赢。可以说，知识生产机构是协同创新系统中最为坚实且不可或缺的保障力。

第二，在福建战略性新兴产业协同创新系统的保障力中，首先，一项新技术从创新概念的提出到创新理论的形成再到新技术的实验成功最后到利用该项技术实现产品的生产及销售，这一过程需要技术创新成果转化基础支持体系的配合，且该体系的作用是至关重要的。如果没有知识生产机构对创新成果的贡献，没有政府部门对创新活动的各方面支持，没有中介机构对创新活动的辅助作用，技术创新成果很难实现产业化，运用到实际生产过程中。可以说，科技创新成果的应用才是真正的第一生产力。其次，政府的政策引导及支持，对战略性新兴产业发展起着重要的作用。自2009年战略性新兴产业这一概念被提出以来，国家就颁布了一系列的法律法规，制定相关的政策引导及市场保护措施推动我国战略性新兴产业的发展和鼓励企业创新。随着国家战略性新兴产业发展规划的出台，福建立足本省经济发展及产业竞争力的现状，继"十二五"期间已出台的《福建省加快战略性新兴产业发展的实施方案》《关于加强战略性新兴产业知识产权工作的若干意见》《福建省战略性新兴产业重点产品和服务指导目录（2015年版）》等政策，"十三五"期间又相继发布了《福建省"十三五"战略性新兴产业发展专项规划》《福建省"十三五"战略性新兴产业创新平台建设指导目录》《福建省新能源汽车产业发展规划（2017—2020年）》《福建省新材料产业发展指南》《新能源汽车生产企业及产品准入管理规定》等一系列支持本省战略性新兴产业发展的指导意见及具体措施，为该产业体系的发展指明发展目标及方向。这些政策法规不仅起到对产业技术创新的刺激作用，还有效保证了创新环境的良好运行。最后，战略性新兴产业的产品具有高技术含量、产品精密程度高等特点，在产品的研发及生产过程中具有高风险性，生产企业的技术研发活动往往出于这些原因而受到限制。为了确保企业技术创新活动的顺利进行，相关的金融机构、信息咨询服务机构等可以通过其服务对生产企业研发活动起到保障及支撑的作用。

第三，在战略性新兴产业协同创新系统中，生产企业作为协同创新系统的核心主体要素，是在系统内外部动力因素如顾客需求、市场竞争等的推动和促进下，在和科教机构产学研结合的基础上，在中介机构等支持体系的协调作用下，进行技术创新活动，逐步实现产品创新、工艺创新、市场创新、管理创新等技术创新活动，有效提升了战略性新兴产业的创新效率，也实现了产业竞争力的不断提升。

第四，在福建战略性新兴产业协同创新系统的动力要素中，市场需求的作用最为关键，原因在于市场需求代表了企业研发活动的方向，也决定着企业产品的销量。企业生存的最根本目标是要实现利润最大化，在实现这一目标的过程中必须以市场需求为基础，在激烈竞争的市场环境和不断变化的市场需求条件下，通过积极的技术创新活动满足目标顾客对产品的不同需求，最终实现创新产品的市场化以及企业经营利润的最大化，以此提升企业竞争优势。市场需求不仅对企业发展至关重要，还在很大程度上影响着福建战略性新兴产业协同创新系统的发展。原因在于战略性新兴产业协同创新系统技术创新能力的强弱，其最终的判断标准是先进的技术成果能否在市场中取得成功。此外，技术扩散和市场竞争在中国战略性新兴产业协同创新系统动力要素中的重要地位也不容小视。原因在于，战略性新兴产业中实力雄厚的大型企业在投入大量研发资源进行技术创新之后，在产品投入市场之初会获得高额的垄断利润，中小企业通过技术模仿创新加紧产品升级的步伐，在技术扩散的作用下提高整个产业的技术创新能力，进而加快整个产业的技术创新步伐。

第七节 本章小结

首先，本章对福建战略性新兴产业协同创新系统的存在性进行分析。由于战略性新兴产业具有技术含量高、发展潜力大、产品附加值高及渗透性强的特征，在八大细分产业内已经形成由企业、大学、科研机构为主体的协同创新活动网络共同进行创新活动，以提高企业及产业的创新效率。另外，由于八大细分产业间存在着紧密的联系，一个产业的发展可以带动其他一个甚至几个产业的共同进步，但同时由于受到研发投入、创新资源等的限制，各产业间又存在一定的竞争关系。这也说明八大细分产业之间存在紧密的协同合作关系，得出要发展福建战略性新兴产业协同创新系统这一结论。在此基础上，分析了福建战略性新兴产业发展现状及存在的主要问题，说明实施该产业体系的理论与现实意义。

其次，本章对福建战略性新兴产业协同创新系统的内涵和结构进行了论述。福建战略性新兴产业协同创新系统是在福建政府宏观政策指导下，以战略性新兴产业的生产企业为主体，以相关大学、科研机构等知识生产机构为补充，在政府、中介机构、用户等系统要素的共同作用下构成的复杂系统。它是以提升战略性新兴产业技术创新效率与产业竞争力为主要目标的，相互联系、相互依赖、相互作用的具有高度协同关系的技术创新网络系统，为战略性新兴产业的发展提供良好的技术创新环境，能够提高产业技术创新效率，优化产业结构。

再次，本章对福建战略性新兴产业协同创新系统的特征和系统所具有的复杂性进行了详细论述。中国战略性新兴产业协同创新系统具有整体性、开放性、目的性、自组织性、动态性、涨落性等特征。由于产业协同创新系统是由多个子系统构成的复杂系统，因此，在子系统内部和子系统之间都存在着复杂适应性特征。各子系统通过彼此之间复杂的协同关系共同构成福建战略性新兴产业协同创新系统这一复杂系统。

最后，本章对福建战略性新兴产业协同创新系统的运行模型进行了刻画。运行模型主要由系统保障力、系统核心要素、系统动力三部分构成。通过三部分的相互联系、相互促进，保证了战略性新兴产业协同创新系统各子系统相互协调、有序运行，最终实现共赢。

第四章

福建战略性新兴产业协同创新系统的演化机理及过程分析

第一节 福建战略性新兴产业协同创新系统的演化机理分析

福建战略性新兴产业协同创新系统各子系统之间是紧密联系、相互配合、不可分割的竞争与合作关系。这种关系使它们产生了协同作用的自组织形态，各子系统相互作用，共同推动产业协同创新系统整体的动态演化。

一 福建战略性新兴产业协同创新系统的演化动力分析

福建战略性新兴产业协同创新系统的动态演化过程是由于构成系统的各子系统及其相关要素相互依赖、协同互动的关系而产生的。在系统演化发展过程中，起主要推动作用的因素包括两大类：一类是存在于福建战略性新兴产业协同创新系统外部的影响因素，即外部动力因素，它在系统的演化发展过程中起保障作用；另一类是存在于福建战略性新兴产业协同创新系统各子系统内部的影响因素，即内部动力因素，它在系统的演化发展过程中作用最为关键，是系统演化最基本的动力来源。

福建战略性新兴产业协同创新系统具有动态性，决定了产业协同创新系统的演化也具有动态性。系统在动态的演化过程中，系统技术创新能力的提升是各子系统相互作用产生变化与跃迁的根本动力。也就是说，在福建战略性新兴产业协同创新系统中，实现产业技术创新能力的大幅提升，是该系统在演化发展过程中要完成的重要目标，产业技术创新能力增强也是系统运行及发展的基本动力。

复杂适应系统理论认为，构成系统的各主体之间相互合作与竞争的关系是系统演化的根本原因。系统内的相关主体根据自身发展所要实现的目标进行决策，并开展相应的系统活动以有助于其目标的实现。就福建战略性新兴产业协同创新系统来说，系统在形成之初通过从内外部环境获取的各项资源为其技术创新能力以及与环境的互动能力打下一定的基础。系统在分析战略性新兴产业发展现状和未来发展趋势的前提下，将提升战略性新兴产业技术创新能力作为演化发展的根本动力为总目标；当战略性新兴产业协同创新系统在演化发展过程中所处的内外部环境发生变化时，系统会根据这些变化适时进行资源整合，并对与系统相关的行为因素进而调整，以便为系统演化提供后续动力。综上所述，福建战略性新兴产业协同创新系统演化动力的基础关键因素如图4-1所示。

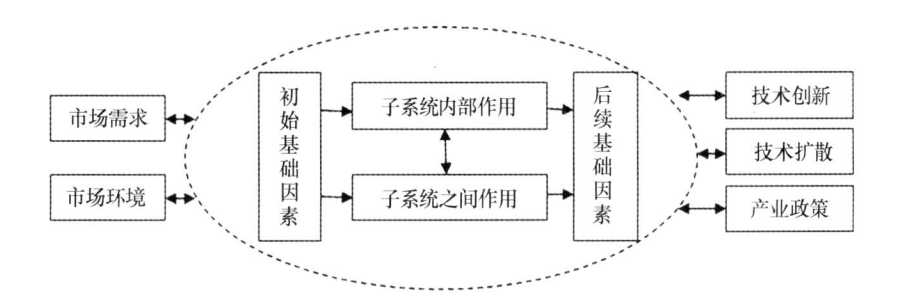

图4-1 福建战略性新兴产业协同创新系统演化动力的基础关键因素

将福建战略性新兴产业协同创新系统演化动力的基础关键因素进行划分：一是协同创新系统提升技术创新能力的内部驱动力要素。战略性新兴产业协同创新系统演化动力的内部驱动力要素主要来自两个方面，即协同创新系统各子系统内部的动力要素、协同创新系统各子系统之间的相互作用。福建战略性新兴产业协同创新系统在各子系统内部要素发生作用的基础上,在各子系统相互作用的催化下,实现由这些内部驱动力推动的系统的演化发展。二是福建战略性新兴产业协同创新系统在不断变化的市场需求和市场环境的影响下,在技术扩散以及各级政府相关政策法规的支持下,实现在这些外部驱动力推动下的系统的进一步演化。

根据系统动力学的相关理论,任何系统的演化发展都是由特定的原因引起的,这些原因便是系统不断演化发展的动力因素。对这些动力因素的详细分析和研究,是更好地了解系统发展状况最有效的途径。

福建战略性新兴产业协同创新各子系统,具有能动地适应环境变化的能力。这种能力使它们能够根据环境的变化不断对自身的各项能力进行调整,以减弱因环境变化给系统带来的不利影响。各子系统通过这种适应能力的积累,不断增强自身的综合实力,借助各子系统之间的协同互动保证系统整体稳定、持续有序地发展。由于系统的内部驱动力是存在于各子系统内且是直接影响系统演化发展的影响因素,所以系统的内部驱动力是促进福建战略性新兴产业协同创新系统技术创新能力快速提升的根本驱动力;外部驱动力存在于战略性新兴产业协同创新系统之外,是通过间接作用来影响系统技术创新能力提升的间接驱动力。可以说,福建战略性新兴产业协同创新系统的演化发展是由内外部驱动力共同作用的结果。因此,战略性新兴产业协同创新系统演化的动力模型可归纳为如图4-2所示。

福建战略性新兴产业协同创新系统演化的动力主要包括外部驱动力和内部驱动力。内外部驱动力的共同作用使战略性新兴产业的技术创新能力不断提升。其中,内部驱动力是系统演化的根本动力,主要包括创新主体的利益追求(既包括企业对利润最大化以及竞争主导地位等的追求,也包括大学、科研机构对其创新成果商业化的追求)、创新主体技术创新意识的强弱以及子系统之间不断增强的合作创新意识。由于系统具有开放性特征,各子系统之间通过物质、能量等资源的互动作用直接影响整个协同创新系统的发展,实现产业技术创新能力的提升。外部驱

第四章 福建战略性新兴产业协同创新系统的演化机理及过程分析

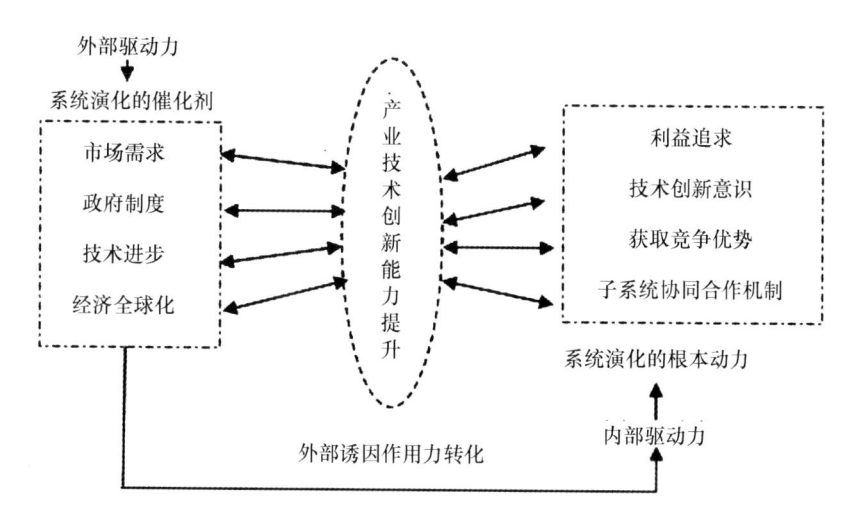

```
外部驱动力
系统演化的催化剂
┌─────────────┐         ╱产╲              ┌─────────────┐
│  市场需求    │        │ 业 │             │  利益追求    │
│  政府制度    │ ⇄⇄⇄⇄  │技创│  ⇄⇄⇄⇄      │ 技术创新意识 │
│  技术进步    │        │新能│             │  获取竞争优势│
│  经济全球化  │        │ 力 │             │子系统协同合作机制│
└─────────────┘         ╲提╱              └─────────────┘
                         ╲升╱              系统演化的根本动力
                          
        外部诱因作用力转化              内部驱动力
```

图4-2 福建战略性新兴产业协同创新系统演化的动力模型

动力是促进系统演化的外部诱因，主要是指系统演化过程中的外部环境因素，如市场需求的变化、政府的各项产业扶植政策、相关产业技术进步的影响以及全球经济大环境的带动等。这些外部驱动力作为外部诱因，在系统开放性的条件下，通过传递机制作用于内部驱动力进而作用于整个产业协同创新系统，以实现强化系统内部的作用机制，提升内部演化发展速度与产业技术创新能力。

（一）福建战略性新兴产业协同创新系统演化的外部动力分析

一个开放性的系统，在演化发展过程中总是受到内外部动力因素的影响。外部动力作为系统演化的催化剂，在系统演化特别是福建战略性新兴产业协同创新系统演化的过程中发挥着非常重要的作用。原因在于，开放性系统具有耗散结构的特性，在其与外部环境进行能量等资源的交换时，受到外部环境的影响和制约。这种影响和制约主要体现在：一方面，系统内部各子系统之间互动时，会产生相互的影响作用，在这种影响下，子系统会调整自身结构以及与其他子系统的关系，进而引起系统内部结构的变化；另一方面，政府制定的政策法规等会对整个系统未来的发展方向产生影响，这种影响有可能成为系统演化发展的契机。作为福建战略性新兴产业协同创新系统演化的外部动力因素，其具体作用分析如下。

1. 市场需求

战略性新兴产业的出现是源于市场中消费者消费习惯、消费结构的变化而对产品产生了新的消费需求，原有产品无法满足这种消费需求时新的产业便会出现，来满足消费者对于新产品的要求。市场需求的变化是刺激企业进行技术创新、产品创新以及服务创新的重要因素，也是导致新兴产业出现的直接原因。战略性新兴产业要想快速发展，必须以市场为依据，以市场需求的增长拉动整个产业的发展以及产业协同创新系统目标的实现。

随着我国经济发展水平的不断提高，人们的收入日益增长，随之而来的是人们对于生活质量特别是对所处生存环境的要求越来越高。这种消费需求的变化使得节能环保、新能源、信息网络等相关产业的产品需求与日俱增。不仅如此，对于商品的附加价值、售后服务等的要求也越来越严格。有什么样的需求，就有什么样的市场满足这些需求。伴随我国消费者消费理念的变化，战略性新兴产业也在这一契机下迅速发展起来。对于战略性新兴产业来说，通过发展新技术来获取竞争优势，是企业以市场为导向发展的结果，也是战略性新兴产业实现产业升级的主要途径。为了提升产业技术创新能力，福建战略性新兴产业协同创新系统内的各子系统只有彼此紧密合作、协同发展，才能实现协同创新系统整体利益的最大化，通过系统创新能力的不断提升，获取产业竞争优势，进而争取更多的发展机会。

2. 政府制度

政府政策的引导作为一种非经济的宏观调控手段，对任何产业或技术的发展都起到重要的扶持作用。发展战略性新兴产业是在我国经济增长方式转变的关键时期提出的，具有战略性、全局性、带动性的作用。在战略性新兴产业发展过程中，特别是在该产业发展的初期，政府相关政策法规的引导和扶植作用尤为重要。鉴于此，伴随国家相关发展政策的出台，福建政府相关部门也相继出台了一系列优惠政策来推动本省战略性新兴产业的发展和产业技术创新研发活动的有效进行。国家及福建政府出台的一系列关于加强培养和扶植战略性新兴产业的政策，主要包括税收以及投融资优惠政策、重点领域的项目优先开发政策、资源配置政策、相关产业的人才引进政策等。这些政策法规共同构成保证福建战略性新兴产业良性发展的重要软环境。

3. 技术进步

科学技术是第一生产力。科技水平的高低是衡量国家或地区生产力发展水平的重要标志，技术创新能力的强弱也是衡量一个企业乃至产业是否具有绝对竞争优势的关键。技术进步不仅可以改变社会资源的配置方式，促进市场结构的良性调整，还可以协助企业及产业获取竞争优势。对于福建在内的我国战略性新兴产业，目前正处于产业发展初期，如何获取竞争优势是产业面临的一大难题。依靠科技进步的引导及带动作用来获取技术创新优势，是目前我国战略性新兴产业发展的主要途径。建立战略性新兴产业协同创新系统是提高该产业技术创新能力、分散企业研发风险、获取企业竞争优势与提升产业核心竞争力的有效途径。

4. 经济全球化

自20世纪90年代末开始，全球经济发生剧烈变化，各国各地区之间经济联系日益紧密，信息、技术、资金等资源在全球范围内自由流动。这一全球经济发展的新形势以及"一带一路"的对外开放重大战略，要求我国适时改变固有的经济管理理念，积极参与国际竞争。作为"21世纪海上丝绸之路的核心区"，福建更应鼓励本省企业积极参与到国际市场的激烈竞争中去，以加强自身的竞争实力。

2009年，我国政府出台了关于发展战略性新兴产业的相关政策。由于我国战略性新兴产业发展较晚，自主创新能力较为薄弱，并且还未掌握产业发展的关键核心技术，很多国外相关产业的生产企业顺势在我国各大中型城市迅速发展。日益激烈的市场竞争，使我国从事战略性新兴产业生产的企业无法与国际大型企业在竞争中获取优势。除极少数企业外，福建内从事战略性新兴产业的相关企业，其产品在发达国家市场中占有率极低。究其原因，还是在于企业技术创新能力不强，本国产业不具备绝对的竞争优势，产品无自身特色。为了扭转这一不利局面，战略性新兴产业的相关生产企业不仅需要在企业之间进行强强合作，更需要与大学、科研机构等知识生产机构协同合作，以实现在短期内快速提高企业竞争力和产业竞争优势的总目标。战略性新兴产业协同创新系统正是将这些有利资源整合在一起，在降低技术研发风险的同时，大力推动产业的强势发展。

通过以上分析可知，福建战略性新兴产业协同创新系统的外部动力因素主要包括市场需求、政策制度、技术进步、经济全球化等。其中，市场需求是推动福建战略性新兴产业协同创新系统演化发展的动力之一，政府的政策制度为战略性新兴产业协同创新系统的发展提供了良好的软环境，技术进步为产业及产业协同创新系统的发展提供了强大的外部动力，经济全球化为福建战略性新兴产业的发展提供了机遇与挑战。

（二）福建战略性新兴产业协同创新系统演化的内部动力分析

1. 利益追求的驱动

获取经济利益是企业开展生产经营活动的主要目的。对战略性新兴产业来说，其高技术性决定了该产业中的企业获取经济利益的方式从最初的依靠市场必然转变成依靠先进生产技术，以技术领先来实现市场领先，市场领先必然推动企业实现利润领先。鉴于战略性新兴产业具有很强的技术扩散性，企业暂时因技术领先而获取的市场竞争优势会因技术扩散而丧失。若想始终保持在产业内甚至国际市场竞争中的优势地位，企业就需要不断开发新产品、新技术，这势必会不断增加研发成本。福建战略性新兴产业中的生产企业，通过产业协同创新系统与相关大学、科研机构协同合作，可以有效降低研发成本，使各方都获得技术创新利益，实现各自的目标。同时，作为知识生产机构的大学、科研院所，由于受限于自身的组织形式，其科技成果转化率较低，选择与生产企业协同合作，既可以提高本组织的科研成果转化率，获得相当数额的利润，还可以协助生产企业提高技术水平，进而提高整个产业的创新能力。

2. 技术创新意识

一切技术创新活动都是创新主体在主观意识支配下进行的能动开发新产品、创造新工艺等的过程。支配技术创新行为的这种主观意识即技术创新意识，它是衡量一个产业或企业技术创新行为是否积极的标准。对于技术创新主体而言，其所具备的技术创新意识越强，便会表现出相对积极的创新行为，进而会通过这种创新行为推动整个创新主体更好、更快地发展。与之相反，若创新主体的技术创新意识较为淡薄，它便不会重视创新行为的重要作用，缺乏创新的积极性，竞争力也会受到很大的限制。因此，技术创新意识是决定技术创新行为积极与否的重要因素。

3. 获取竞争优势

在市场经济条件下，企业间通过竞争机制的作用来获取竞争优势。只有获得了竞争优势，企业才能实现更高的经营利润。在经济全球化的大背景下，各国之间的竞争实质上是产业的竞争，是产业内生产企业间创新实力的竞争。企业若想在国际市场中获得竞争优势，必须以不断变化发展的市场需求为导向，加快产品的更新换代，增加产品的附加价值，提高产品的个性化和差异性。战略性新兴产业中的生产企业要想实现这些目标，就必须立足技术创新，结合自身的技术优势和研发劣势，通过与产业协同创新系统内各子系统要素的相互配合，通过资源共享、协同发展的作用机制来适应复杂多变的市场环境，最终获得市场竞争优势。

（三）子系统合作创新机制

福建战略性新兴产业协同创新系统是由生产企业子系统、顾客需求子系统、知识生产子系统、政府子系统、中介机构子系统组成的。每个子系统包含若干要素，为了完成产业的技术创新，各要素及子系统按照一定的协同机制合作，相互激励，推动整个协同创新系统的运行。可以说，合作机制在某种程度上决定着创新系统的发展，没有合理的协同合作激励机制，各子系统是无法有效配合实现战略性新兴产业技术创新的目标的。

二 福建战略性新兴产业协同创新系统演化的分岔与突变分析

在福建战略性新兴产业协同创新系统的演化发展过程中,随着系统趋向某种演化发展的临界状态,便会出现分岔及突变这两种状态属性。分岔理论的主要研究对象是非线性常微系统中解的变化行为。这种解的变化行为通常是由系统中的参数变化而引起的。对于一个结构不稳定的动力系统来说,任意小的适当扰动都会引起系统的拓扑结构发生质的变化,这种突然发生的质的变化就是分岔。换言之,分岔是系统中的某些变量达到临界值而导致系统平衡态的突变。分岔的数学定义[①]如下:

$$\dot{x} = (fx, \mu) \quad (4-1)$$

其中,$x \in U \subseteq R^n$ 称为状态变量,是随时间变化的变量,描述与系统状态相关的属性。$\mu = [\mu_1, \mu_2, \mu_3, \cdots, \mu_n]^T \in J \subseteq R^n$ 称为分岔参数或控制变量,代表外部因素对系统的影响,通常是指对系统性质起着决定作用的环境变量。

突变是伴随系统的分岔过程而产生的一种现象。对于一个动力系统来说,当系统的控制变量发生某些变化时,就会导致系统原有的平衡态失去稳定性而产生(分岔出)一个或几个平衡点,这种突然变化的瞬时过程被称为"突变"。[②]

福建战略性新兴产业协同创新系统是一个复杂适应系统,也是一个非线性动力系统。这一系统在演化过程中,会随着时间的延续而发生多种可能的改变。这些可能性决定了战略性新兴产业协同创新系统的演化轨迹必然会有分岔现象,其出现的分岔及突变现象可以进一步描述系统演化轨迹的不确定性。

[①] 张琪昌、王洪礼:《分岔与混沌理论及应用》,天津大学出版社2006年版,第36—38页。

[②] 张家忠:《非线性动力系统的运动稳定性、分岔理论及其应用》,西安大学出版社2010年版,第123页。

第四章　福建战略性新兴产业协同创新系统的演化机理及过程分析 ❖❖❖

(一) 福建战略性新兴产业协同创新系统演化的分岔过程分析

福建战略性新兴产业协同创新系统在演化过程中,由于知识、技术等资源的流动和整合,会发生学习、创新等活动。在这个过程中,子系统之间的协同关系会因这些活动的发生而改变。当战略性新兴产业协同创新系统的技术创新能力得到提升时,整个系统的结构和功能较之前有了很大的改变,也加速了子系统内技术创新能力的提升。整个产业协同创新系统的状态会发生变化,可能从一种状态同时出现多个不同的状态和结构,这便是大量状态的涌现现象。面对各种状态的涌现现象,系统会做出选择,即在出现涌现现象时,会出现分岔及突变,推动系统的进一步演化。对于系统演化分岔过程的分析,可以划分为以下几个阶段。

第一,参考张琪昌、王洪礼对分岔和混沌理论及应用的论述[①],以及毛清华构建的风电设备制造业技术创新系统基本微分动力方程[②],结合福建战略性新兴产业协同创新系统自身构成要素的特点,构建福建战略性新兴产业协同创新系统的基本微分动力方程。设 y 为福建战略性新兴产业协同创新系统的状态变量,可以用绩效水平或效用来表示;αy 表示协同创新系统内部由于各子系统间的协同互动而形成的系统的正反馈作用($\alpha > 0$,表示系统的内部控制变量);$y(1-y)$ 表示战略性新兴产业协同创新系统内部作用产生的反馈机制。$\dot{y}$ 为产业协同创新系统状态变量的变化率,福建战略性新兴产业协同创新系统状态变量的非线性作用可以表示为公式 $\alpha y \cdot y(1-y)$。战略性新兴产业协同创新系统在演化发展过程中与外界环境保持着持续不断的能量交换,使外界环境对系统产生了不同程度的影响效应。假设 β 为随机作用的环境控制变量,βy 表示这些影响效应对协同创新系统中创新状态的随机作用,福建战略性新兴产业协同创新系统状态的基本微分动力方程可表示为公式(4-2)。

---

① 张琪昌、王洪礼:《分岔与混沌理论及应用》,天津大学出版社2006年版,第36—38页。
② 毛清华:《风电设备制造业技术创新系统演化机理与技术追赶研究》,博士学位论文,燕山大学,2011年。

$$\dot{y} = \alpha y \cdot (1 - y) - \beta y \qquad (4-2)$$

第二，为了更直观地描述战略性新兴产业协同创新系统中各子系统的关系，此处将式（4-2）中的变量做如下变换。

令 $x = \sqrt{\alpha} y - \frac{\sqrt{\alpha}}{3}$，则 $y = \frac{1}{\sqrt{\alpha}} x + \frac{1}{3}$，等式两边对 y 求导，即可得到 $\frac{dy}{dt} = \frac{1}{\sqrt{\alpha}} \frac{dx}{dt}$，即：

$$\begin{cases} y = \frac{1}{\sqrt{\alpha}} x + \frac{1}{3} \\ \frac{dy}{dt} = \frac{1}{\sqrt{\alpha}} \frac{dx}{dt} \end{cases} \qquad (4-3)$$

将式（4-3）代入式（4-2）并整理，得：

$$\frac{dx}{dt} = -x^3 - \frac{3\beta - \alpha}{3} x - \frac{9\beta - 2\alpha}{27} \sqrt{\alpha} \qquad (4-4)$$

为简化方程，经上述线性变换，化简微分方程系数，且消去方程二次项系数，以便下文运算。令 $\mu = \frac{3\beta - \alpha}{3}, \nu = \frac{9\beta - 2\alpha}{27} \sqrt{\alpha}$，则（4-2）式变换为：

$$\dot{x} = -x^3 + \mu x + \nu \qquad (4-5)$$

式（4-5）中，x 表示福建战略性新兴产业协同创新系统演化过程中的序参量，它对协同创新系统的整体效用进行描述；μ 为协同创新系统演化过程中的内部控制变量，反映了协同创新系统内部各个子系统间的相互耦合作用；ν 为战略性新兴产业协同创新系统演化的外部控制变量，反映了系统外部环境对战略性新兴产业协同创新系统的影响。通过这三种变量的描述，就可以确定战略性新兴产业协同创新系统演化的总体过程、状态和方向。

第三，对福建战略性新兴产业协同创新系统演化过程中的分岔现象进行描述。根据协同学相关理论，一个协同系统中包含序参量和控制参量两种变量。序参量又称慢弛豫参量，它是描述系统相变过程和支配子系统行为活动的重要变量。控制参量又称快弛豫参量，它们在系统的演

第四章 福建战略性新兴产业协同创新系统的演化机理及过程分析

化进程中没有起到明显的支配作用。根据快弛豫参量绝热消去原理，忽略战略性新兴产业协同创新系统内的快弛豫参量，得到仅存慢弛豫参量式（4-6）：

$$\dot{x} = -x^3 + \mu x = -x(x^2 - \mu) = f(x,\mu) \qquad (4-6)$$

由 $\dot{x}=0$ 可得系统上式的三个定态解：$x_0(\mu) = 0$；$x_{1,2}(\mu) = \pm\sqrt{\mu}$。

通过考察解曲线 $Dxf(x,\mu) = \mu - 3x^2$，可知解的平衡态有稳定和不稳定之分。当战略性新兴产业协同创新系统中的控制变量发生变化时，整个系统的平衡稳态位置会发生动态连续变化，其分岔如图4-3所示。

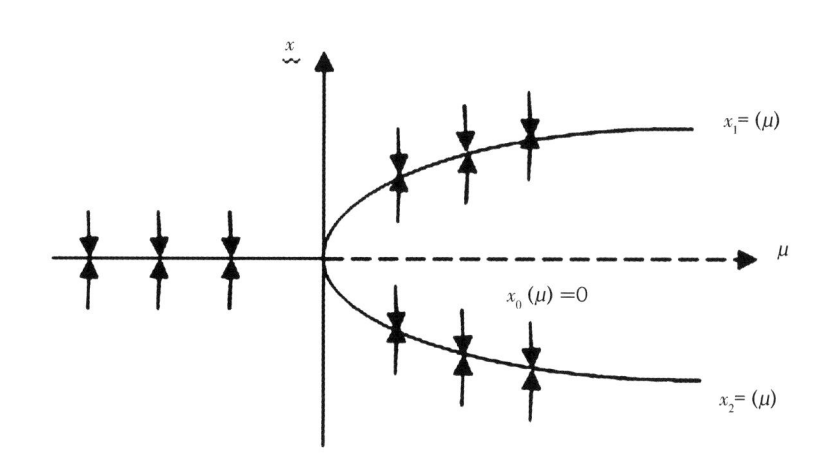

图4-3 福建战略性新兴产业协同创新系统演化状态的超临界叉形分岔

虚线和实线部分分别表示福建战略性新兴产业协同创新系统的控制变量 μ 连续变化时系统的不稳定解和稳定解的情况。当 $\mu<0$ 时，协同创新系统处于稳定的演化发展阶段。当 $\mu=0$ 时，战略性新兴产业协同创新系统面临三种状态的选择，也就是在这样一个临界状态下，如果 μ 发生了极其微小的变化会导致整个战略性新兴产业协同创新系统的状态发生极为明显的变化，这种情况称为战略性新兴产业协同创新系统出现了分岔现象。当 $\mu>0$ 时，出现非平凡解，即战略性新兴产业协同创新系统的演化趋向于一个新的稳定状态，产业协同创新系统从一个稳定状态演化到另一个稳定状态,也可以通过"稳定—混沌—稳定"的方式发展。新的稳定状态的实现与之前的分岔路径是密切相关的。通过不同的分岔路径形成系统复杂的演化过程,也进一步说明战略性新兴产业协同创新系统演化路径具有多样性的特征。

(二)福建战略性新兴产业协同创新系统演化的突变过程分析

上文通过基本微分动力方程对福建战略性新兴产业协同创新系统演化的连续状态进行分析和研究,但是没有清晰地描述产业协同创新系统的不连续演化状态。本部分将通过突变理论就战略性新兴产业协同创新系统演化过程中的不连续现象进行解释。突变理论(catastrophe theory)是用来研究各种突变(不连续)现象的一个新兴数学分支,它是1972年由法国数学家汤姆创立的。该理论的主要方法是将各种突变现象归纳到不同类别的拓扑结构中,根据势函数把临界点分类,讨论各种临界点附近的非连续特性。系统势函数通过系统状态变量 $X = \{x_1, x_2, x_3, \cdots, x_n\}$ 和 $U = \{\mu_1, \mu_2, \mu_3, \cdots, \mu_m; \nu_1, \nu_2, \nu_3, \cdots, \nu_k\}$ 来描述系统的行为,即 $T = f(X, U)$。通过求解 $T'(x)$、$T''(x)$,即可解释突变现象。

在福建战略性新兴产业协同创新系统由某一个稳定状态演化到另一个稳定状态时,系统 S 存在一个势函数。用势函数的位差向量场 $gradf(x)$ 来表示系统 S,得:

$$gradf(x,\mu,\nu) = \left(\frac{\partial f}{\partial x_1}, \frac{\partial f}{\partial x_2}, \cdots, \frac{\partial f}{\partial x_n}\right) \quad (4-7)$$

对式(4-7)进行改写,得:

$$\frac{dx}{dt} = -gradf(x,\mu,\nu) = \frac{\partial f(x,\mu,\nu)}{\partial xi}, i = 1,2,\cdots,n \quad (4-8)$$

根据 $\frac{\partial f(x,\mu,\nu)}{\partial xi} = -\frac{dx}{dt} = -(-x^3 + \mu x + \nu)$,得式(4-9)势函数如下:

$$T(x,\mu,\nu) = -\frac{1}{4}x^4 + \frac{1}{2}\mu x^2 + \nu x \quad x \in R, (\mu,\nu) \in R^2 \quad (4-9)$$

式(4-9)表示的突变模型被称为尖点突变模型,该模型通过两组控制变量(μ,ν)来描述系统的一组状态变量,不同控制变量值的组合会形成不同结构的势函数。通过求解$\dfrac{\partial T}{\partial x}$,可得势函数的临界点,其集合为$M$:

$$\begin{cases} \dfrac{\partial y}{\partial x} = -x^3 + \mu x + \nu = 0 \\ M:\{(x,\mu,\nu)\mid -x^3 + \mu x + \nu = 0\} \end{cases} \quad (4-10)$$

通过求解$T''(x)=0$,可得协同创新系统演化的奇异点,其集合K满足:

$$\dfrac{\partial^2 T}{\partial x^2} = -3\partial x^2 + \mu = 0 \quad (4-11)$$

将式(4-10)及式(4-11)通过联立方程组消去状态变量X,得到福建战略性新兴产业协同创新系统突变时的分岔集B方程:

$$\Delta = 4\mu^3 - 27\nu^2 = 0 \quad (4-12)$$

式(4-12)为构建的战略性新兴产业协同创新系统演化的突变模型。该模型反映了该产业协同创新系统中各子系统相关参量对系统整体演化的影响。由式(4-12)可得当战略性新兴产业协同创新系统内部的控制参量μ取一定值时,其突变与分岔的动态变化如图4-4所示。

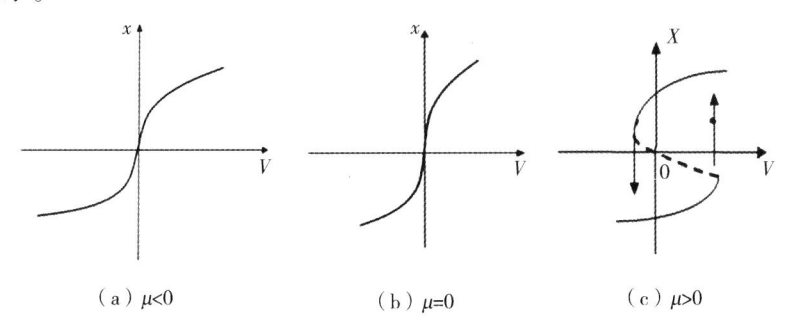

(a) $\mu<0$　　　　(b) $\mu=0$　　　　(c) $\mu>0$

图4-4　控制参数μ取定值时系统演化的路径与突变

当$\mu<0$、$\mu=0$时,福建战略性新兴产业协同创新系统随着控制参量ν的变动渐变演化;当$\mu>0$时,系统演化过程中出现多重解,随着

控制参量 ν 的变动,福建战略性新兴产业协同创新系统演化呈现出从一个稳定状态向另一稳定状态跳跃的现象,即突变现象。

当战略性新兴产业协同创新系统的控制参量 ν 取一定值时,可实现突变与分岔的动态变化,如图4-5所示。

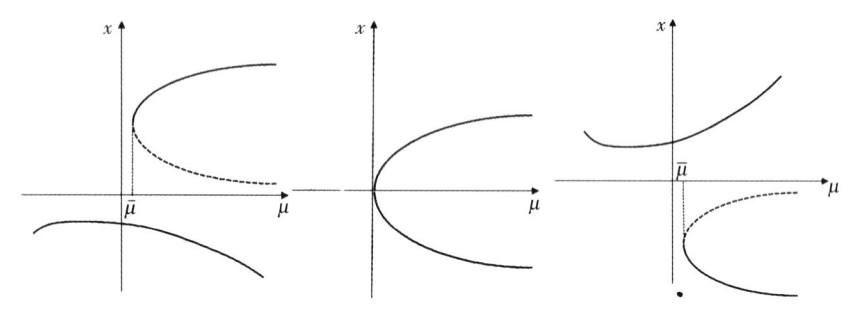

图4-5 控制参数 ν 取定值时系统演化的路径与突变

当 $\nu < 0$ 或 $\nu > 0$ 时,福建战略性新兴产业协同创新系统的演化过程中会随着控制参量 μ 的变动出现多重解。在 $\mu \geqslant \bar{\mu}$ 情况下,协同创新系统会呈现出突变的过程;当 $\mu < \bar{\mu}$ 时,协同创新系统的演化过程是一个渐变过程。当 $\nu = 0$ 时,系统出现超临界分岔现象,即由一个稳定解逐渐演变成两个稳定解。

根据上述分析,福建战略性新兴产业协同创新系统在演化的过程中,产业协同创新系统性质的改变是伴随突变和分岔现象而发生的。分岔现象使产业协同创新系统的演化过程中出现了演化路径的多样性。突变现象主要体现了战略性新兴产业协同创新系统在演化过程中,通过与外界环境的交互作用,会使系统内部的微小变化被迅速放大,从而导致产业协同创新系统发生巨大的变化,使系统跳跃到另一稳定状态或转变为无序状态。

根据以上分析,可以得出福建战略性新兴产业协同创新系统的演化机理,如图4-6所示。

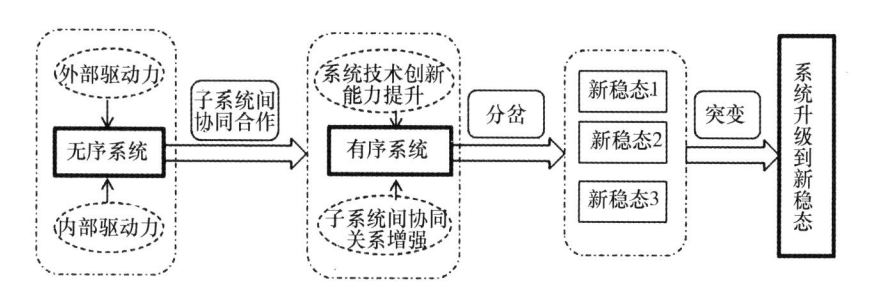

图4-6 福建战略性新兴产业协同创新系统演化机理

福建战略性新兴产业协同创新系统在形成初期，由于子系统间还未形成完善的协同创新机制，进行独立的活动，此时系统处于无序状态。在系统内外部驱动力的作用下，各子系统间逐步建立相互联系、相互促进的协同创新关系，它们开始进行知识、技术、能量等资源的共享和流通。在子系统间协同合作的作用下，系统逐渐由无序状态演变为有序状态，但此时，系统内各子系统间的协同度不高。随着各子系统间协同关系的增强以及对已有技术和知识的重新整合，各子系统的技术创新能力不断提升，福建战略性新兴产业协同创新系统的技术创新能力也得到更大的提升。在序参量及内部控制参量的共同作用下，福建战略性新兴产业协同创新系统出现了分岔现象，即系统平衡稳态发生变化，在临界点出现了不同的新稳态。此时，系统发生突变现象，从一种稳态突跳到另一新稳态，结构和功能得到提升，系统开始进入新一轮的演化进程。

第二节 福建战略性新兴产业协同创新系统的演化过程分析

系统的演化过程实质上是系统在发展中表现出来的一系列有规律的连续行为。这些连续行为是遵循一定的方式进行的。福建战略性新兴产业协同创新系统的演化过程也是在一定规律的支配下，由一系列活动连续作用的结果。这一结果是福建战略性新兴产业协同创新系统在外部动力要素的刺激下，通过传导作用，使内部系统要素做出动态反馈的一系列循环过程的集合。本节依据协同学基本理论，对福建战略性新兴产业协同创新系统演化过程中的序参量与控制参量进行系统分析，并构建序参量方程，以便对该战略性新兴产业协同创新系统的演化轨迹和过程进行详细分析与评价。

一 福建战略性新兴产业协同创新系统序参量及控制参量的确定

作为一个复杂适应性系统，福建战略性新兴产业协同创新系统的构成不是其各子系统的简单叠加，而是在共同目标的引导下，在一定规则的约束下、各子系统有机结合而形成的统一整体。当战略性新兴产业协同创新系统作为整体发挥作用时，其运行效果远大于各子系统单独运行的效果之和。这种作用为系统的协同作用，即战略性新兴产业协同创新系统发挥着"1+1>2"的协同效应。在产业协同创新系统中存在着两种变量，即序参量和控制参量。序参量是支配各子系统及系统整体演化行为的关键变量，控制参量是系统演化的外在条件和保证，战略性新兴产业协同创新系统就是在这两种变量的作用下实现演化发展的。

（一）序参量的确定

序参量的概念是由物理学家朗道在研究连续相变时而引入的，它是用来描述系统宏观有序度或宏观模式的参量。序参量是系统相变前后发生的质的飞跃的最突出标志，集中体现了构成系统的各子系统介入协同运动的程度。序参量是由于子系统间的协同合作而产生的，同时又支配着子系统的行为。在构成复杂适应系统的众多参量中，序参量的数量较少，所占比例较低，但是在系统演化过程中其衰减很慢，因此又称慢弛豫参量。序参量在系统的演化发展过程中始终都在发挥作用，是系统演化发展过程中的主导变量。因此，要研究战略性新兴产业协同创新系统的演化发展方向，首先必须明确决定系统演化的序参量。

序参量是由于系统内部的作用而产生的，它不是外部作用的结果。福建战略性新兴产业协同创新系统的子系统总是存在自发的、无规则的独立运动，同时各子系统之间还存在相互联系、相互促进又相互制约的协同互动关系，在这种关系的作用下，系统的演化状态不断发生变化。

当远离系统稳态的临界点时，系统内以各子系统的独立运动为主，子系统间的协同互动作用较小，系统处于无序状态，整体效用无法形成。随着政府相关政策措施等外部控制参量的不断影响，系统状态逐渐靠近临界点，各子系统间的协同互动关系增强，系统从无序状态渐渐向有序状态转变。当控制参量达到阈值时，各个子系统间的协同互动关系达到最强的状态，福建战略性新兴产业协同创新系统的宏观结构或类型产生，即出现了系统整体效用，此时表现出战略性新兴产业协同创新系统的技术创新能力提升。因为序参量是用来描述系统宏观有序度或宏观模式的参量，对于福建战略性新兴产业协同创新系统而言，系统在相变前后发生的质的飞跃的最突出标志是系统整体的技术创新能力（X）的提升。作为战略性新兴产业协同创新系统的这一慢弛豫参量，技术创新能力（X）是系统发展的标志，其作用力具有持续性、稳定性和衰减缓慢性的特征，决定着整个战略性新兴产业协同创新系统的演化方向。并且，技术创新能力（X）这一战略性新兴产业协同创新系统的序参量是由系统的内部结构决定的，具有较强的抗干扰能力。

（二）控制参量的确定

对于一个开放的复杂自适应系统来说，各子系统最初处于无序的独立运行状态。当与外界进行物质、能量等资源的交换后，子系统间通过非线性的协同作用，经过一定时期的磨合，形成具有一定结构和功能的协同作用系统。复杂适应系统中，各子系统间的协同作用是系统的自组织行为，也是保证系统有序发展的主要作用力。

突变理论和协同学都把环境对系统的作用视为引起系统相变决定性的外界因素。产生相变与否直接由环境对系统的作用程度来确定，因此把开放系统的环境作用量取名为控制参量。

对于福建战略性新兴产业协同创新系统而言，控制参量是推动其演化发展的强大作用力，也是保证该系统演化发展顺利进行的外部条件和支撑。在考量战略性新兴产业协同创新系统运行过程中所处的内外部环境的基础上，将系统的控制变量（K）划分为两部分，即技术创新动力（μ）和技术创新保障力（v）。其中，技术创新动力是指系统内各子系统协同创新的主要推动力,它虽然对产业协同创新系统的演化发展具有很大的影响,但不是系统演化的最终决定力量;技术创新保障力作为外部环境因素的主体,是推动产业协同创新系统发展、保证系统顺利运行的关键因素。

二 福建战略性新兴产业协同创新系统演化方程

(一)序参量方程的构建

由对福建战略性新兴产业协同创新系统序参量的分析已经得知,技术创新能力是产业协同创新系统的序参量。结合学术界相关文献对技术创新能力评价指标的研究,将影响技术创新能力的主要因素概括为技术研发能力、科研成果转化能力、技术营销能力以及创新成果管理能力四个方面。这四个方面可以视为四个子系统,共同构成技术创新能力这个整体系统。与其他系统一样,技术创新能力这一复杂系统在形成初期,其四个子系统均处于无序的独立运行状态,经过一定时期的物质能量交换和相互磨合,才逐渐产生相互关联的协同作用,互为前提、互相作用并慢慢达到合作的临界状态,此时系统的序参量即技术创新能力形成。这一序参量的形成便持续推动中国战略性新兴产业协同创新系统的不断演化和发展。

现假定外部环境的作用力既定不变,利用自组织运动方程描述战略性新兴产业协同创新系统的内部运动机理,据此可建立如下系统动力学模型:

$$\frac{dx}{dt} = f(q_1, q_2, q_3, q_4) - \gamma X + Z \quad (4-13)$$

$$\dot{q}_1 = -\gamma_1 q_1 + g_1(q_1, q_2, q_3, q_4) \quad (4-14)$$

$$\dot{q}_2 = -\gamma_2 q_2 + g_2(q_1, q_2, q_3, q_4) \quad (4-15)$$

$$\dot{q}_3 = -\gamma_3 q_3 + g_3(q_1, q_2, q_3, q_4) \quad (4-16)$$

$$\dot{q}_4 = -\gamma_4 q_4 + g_4(q_1, q_2, q_3, q_4) \quad (4-17)$$

公式中的 X 表示战略性新兴产业的技术创新能力,q_1、q_2、q_3、q_4 分别表示战略性新兴产业技术创新能力四个影响因素构成的四个子系统;Z 表示恒定的外部环境作用对战略性新兴产业技术创新能力变化的影响；t 表示时间；γ 表示技术创新能力变化带来的系统状态的变化程度；f 表示在战略性新兴产业协同创新系统演化过程中因外力使技术创新能力的影响因素发生变化时带来的技术创新能力 X 的变化；γ_1、γ_2、γ_3、γ_4 分别表示技术创新能力影响因素的变化率与其原有状态的关系；g_1、g_2、g_3、g_4 分别表示所有状态变量间的协同作用对系统演化的影响。

式（4-13）表明各要素的协同作用对福建战略性新兴产业协同创新系统技术创新能力形成与演化的影响。其中，系统技术创新能力的变化不仅与其自身的原有状态有关，同时还受外部环境的作用。式（4-14）、式（4-15）、式（4-16）、式（4-17）分别表明在技术创新能力系统的演化过程中，系统的演化不仅与系统自身的原有状态有关，而且与所有状态变量间的协同作用有关。也就是说，福建战略性新兴产业协同创新系统在没有外力作用的情况下，该系统技术创新能力的发展变化是由系统内部各子系统间的自组织运动带来的产业协同创新系统结构和功能的改变而实现的。

福建战略性新兴产业技术创新能力系统在自身状态及相关要素的影响下，其演化过程不是无限变化发展的，而是具有有限性的。这主要是因为影响技术创新能力的四个要素，即技术研发能力、科研成果转化能力、技术营销能力以及创新成果管理能力的提升空间有一定的限度。因此，福建战略性新兴产业技术创新能力系统的演化也遵循一定的规律：在系统演化的初期及后期，技术创新能力的成长速度较慢，在演化的中期成长速度较快，总体呈现出 S 形曲线。

本书在复杂适应系统理论研究方法的基础上，利用生命周期的概念来分析福建战略性新兴产业协同创新系统由生到死、由盛到衰的演化过程。但鉴于产业协同创新系统潜隐于社会经济活动之中，没有真正意义的死亡，因此，将该系统的生命周期划分为萌芽期、成长期、成熟期和转轨期四个阶段。

逻辑斯特（Logistic）方程最初是用来研究人口的增长趋势的，但学术界也利用它来表示众多经济变量之间的关系。也有专家学者，如邓英淘（1985）、普里高津（1986）等，利用此方程对系统的动态演化过程进行描述。本书在以上研究的基础上，尝试用 Logistic 方程来描述战略性新兴产业协同创新系统的动态演化过程。将式（4-13）简化为 Logistic 方程，见式（4-18）：

$$\frac{dx}{dt} = \lambda X(1 - X) \qquad (4-18)$$

式（4-18）表示在任意时刻系统技术创新能力的增长速度。因此，可称为战略性新兴产业协同创新系统的成长速度方程。

式（4-18）中，λ 指战略性新兴产业协同创新系统的成长速度系数，它与影响系统技术创新能力发展的因素有关：若 $\lambda > 0$，则 $\frac{dx}{dt} \geq 0$。

（二）福建战略性新兴产业协同创新系统演化方程的初值选取

福建战略性新兴产业协同创新系统的演化发展受到系统原有状态的影响，具有惯性力量。这种惯性力量会导致系统沿着既定的方向不断自我强化。战略性新兴产业协同创新系统中的生产企业，当其发展进入萌芽期后，会在这种惯性作用下对其已有的技术条件产生技术依赖，并最终决定企业可能的技术选择。这一选择如果与产业协同创新系统的演化相适应，则会促进产业协同创新系统的演化发展；若出现企业的技术选择与产业协同创新系统的演化相冲突的情况，则会对系统演化产生负面影响。此外，战略性新兴产业协同创新系统的初始状态也决定了系统演化的路径。因此，确定战略性新兴产业协同创新系统的初始状态，具有很强的现实意义。

结合学术界对于产业技术创新系统创新能力评价指标体系的构建研究成果来看，大多数学者从研发投入与产出的角度构建创新能力评价指标体系。李海超、李志春从创新投入与产出带来的不同影响效果角度综合考察了技术创新成果产出的实现过程。[1] 王敏、辜胜阻从投入能力、产出能力和创新效率三个方面对其技术创新能力进行系统评价。[2] 张治栋、

---

[1] 李海超、李志春：《高技术产业原始创新系统分析及创新能力评价研究》，《中国管理科学》2015 年第 11 期，第 672—678 页。

[2] 王敏、辜胜阻：《中国高技术产业技术创新能力的实证分析》，《中国科技论坛》2015 年第 3 期，第 67—73 页。

甘卫平从创新基础、创新投入、创新转化和创新产出四个维度构建了高技术产业自主创新能力综合评价指标体系。[1] 张彩庆、李祺认为风电产业技术创新能力评价指标体系包括从设备制造到设备维护的四个一级指标评价体系。[2] 鉴于以上研究成果，考虑到评价指标的选取须遵循科学性、可比性、数据易获取性以及成长性的原则，再加上本书对战略性新兴产业协同创新系统的演化轨迹主要进行描述性刻画，且基于既可以简化评价指标体系又可以体现战略性新兴产业协同创新系统内各子系统之间协同创新活动频繁程度的考量，在权衡专利申请量（报告期内创新主体向专利行政部门提出专利申请被受理的件数）与专利授权量（报告期内由专利行政部门授予专利权的件数）二者联系和区别的基础上，认为专利申请量更能体现一定时期内战略性新兴产业创新主体对技术创新的积极性及各子系统间创新活动的频繁程度。故本书选取专利申请数的变化来衡量战略性新兴产业协同创新系统技术创新能力的变化情况。

根据专利数据库中的数据，我国战略性新兴产业除少数细分产业专利申请量具有一定规模外，总体来说数量较低，年增长率在20%左右。虽然国家和各地方政府出台了一系列政策刺激产业发展，相关企业也纷纷加大专利申请量，但是这一指标还远没有达到规模。另外，由于战略性新兴产业处于产业成长初期，产业及企业发展会朝着稳步上升的方向迈进，结合相关文献及福建战略性新兴产业发展实际情况，最终将福建战略性新兴产业协同创新系统的成长速度系数取为 $\lambda = 0.25$。

（三）战略性新兴产业协同创新系统的演化轨迹

当 $X(0) = C$ $(0 < C < M)$ 时，式（4 - 18）的解为：

$$X = \frac{1}{1 + (\frac{1}{c} - 1) e^{-\lambda t}} \quad (4-19)$$

其中，C 是积分常数，其大小由系统演化的初始条件 x_0 决定。战略

---

[1] 张治栋、甘卫平：《我国区域高技术产业自主创新能力综合评价与分析》，《科技管理研究》2014年第14期，第11—17页。

[2] 张彩庆、李祺：《我国风力发电产业技术创新能力评价指标体系研究》，《科学管理研究》2013年第6期，第57—59页。

性新兴产业中企业成立初期的技术创新能力较小，但大于0，故取值$x_0 = 0.1$，即战略性新兴产业协同创新系统初始创新能力 $C = 0.1$。

对成长速度方程（4－18）继续求导，得

$$\frac{d^2x}{dt^2} = \lambda^2 X(1-X)(1-2X) \qquad (4-20)$$

式（4－20）是用来表示战略性新兴产业技术创新能力在任意时刻的加速度。因为 $0 < X < 1$，所以状态演化方程曲线的拐点出现在 $X^* = \frac{1}{2}$，代入式（4－18），令 $\frac{d^2x}{dt^2} = 0$，可求得状态演化曲线的拐点。

$$t^* = -\frac{1}{\lambda}\ln\frac{C}{1-C} = -\frac{1}{0.25}\times\ln\frac{0.1}{1-0.1} = 8.79$$

此时，$\frac{dx}{dt}\bigg|_{t=t^*} = \frac{\lambda}{4} = \frac{0.25}{4} = 0.0625$

对式（4－20）继续求导，得：$\frac{d^3x}{dt^3} = \lambda^3 X(1-X)[1-(3+\sqrt{3})X][1+(3+\sqrt{3})X]$

令 $\frac{d^3x}{dt^3} = 0$，得：$X_1 = \frac{1}{3+\sqrt{3}} = 0.211$；$X_2 = \frac{1}{3-\sqrt{3}} = 0.789$

代入式（4－20）得：

$$t_1 = -\frac{1}{\lambda}\ln\frac{(2+\sqrt{3})C}{1-C} = -\frac{1}{0.25}\ln\frac{(2+\sqrt{3})\times 0.1}{1-0.1} = 3.52$$

$$t_2 = -\frac{1}{\lambda}\ln\frac{(2-\sqrt{3})C}{1-C} = -\frac{1}{0.25}\ln\frac{(2-\sqrt{3})\times 0.1}{1-0.1} = 14.07$$

因此，福建战略性新兴产业协同创新系统演化的成长速度曲线有两个对称拐点：（3.52，0.211）和（14.07，0.789）。

综合上述推导结果，可得战略性新兴产业技术创新能力演化曲线及状态特征（见图4－7）。通过计算，战略性新兴产业技术创新能力呈现初始值为0.1、成长速度为0.25的演化状态。

三　福建战略性新兴产业协同创新系统的演化轨迹分析

如图4－7所示，福建战略性新兴产业协同创新系统的技术创新能

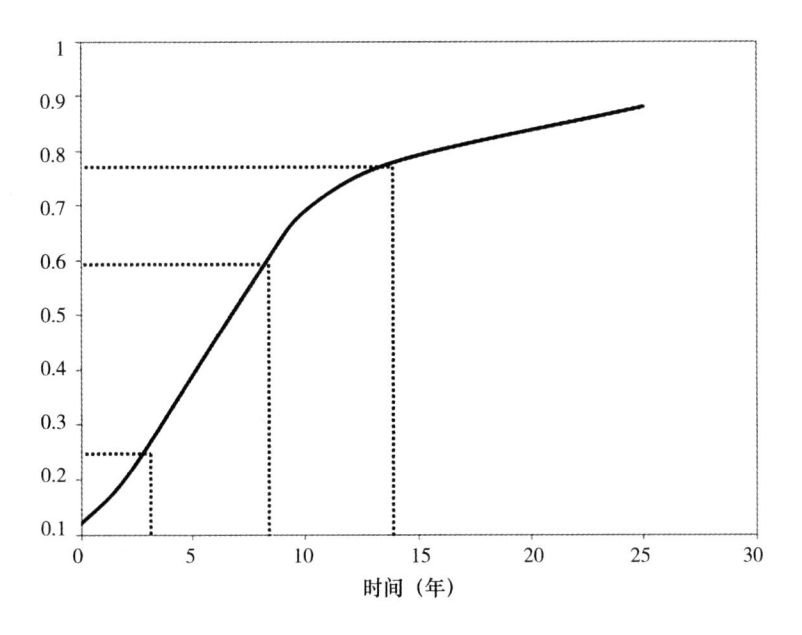

图 4-7 福建战略性新兴产业技术创新能力演化曲线

力（X），随时间 t 变化呈 S 形曲线增长。其上界渐近线的取值为 $X=1$，演化阶段如下。

（一）第一阶段：萌芽期

在成立初期到 3.52 年的这段时间，由 $\frac{d^2x}{dt^2}$ 及 $\frac{d^3x}{dt^3}$ 的计算结果可知，在 $\lambda>0$ 的条件下，$\frac{d^2x}{dt^2}$ 及 $\frac{d^3x}{dt^3}$ 均大于零，这一阶段称为产业协同创新系统演化发展的萌芽期。

这表明福建战略性新兴产业技术创新能力的增长速度递增，成长速度也递增，此时技术创新能力增长曲线呈现指数型增长。在曲线的拐点处，加速度达到最大值。此时福建战略性新兴产业协同创新系统中各个子系统达到高度的协同，充分发挥其协同优势，技术创新能力急剧增强。本书将这一时期称为福建战略性新兴产业协同创新系统的萌芽期。

这一阶段，当技术创新能力为 $X=\frac{1}{3+\sqrt{3}}$ 时，X 达到了极限值。

这一时期是福建战略性新兴产业协同创新由系统成立之初的无序

状态向有序状态转变的阶段。起初，系统内各个子系统独自运转，合作极少。随着与内外部环境的互动作用进行能量、物质等的交换，子系统开始调整自身的行为，进行知识的积累，从而实现自身的逐渐蜕化。当战略性新兴产业协同创新系统受到某些外界环境（如政府政策法规的突然变化等）的强烈刺激后，或者系统中某一创新单元能量积累到一定程度时，其本身会发生质变，从而带动整个协同创新系统进入下一阶段。在这一阶段中，系统表现为目标分散、各子系统间混乱无秩序。各子系统间的关系存在很多不确定性，系统稳定性较差。

（二）第二阶段：成长期

当 $3.52 < t < 8.79$，在 $\lambda = 0.25$ 的条件下，$\frac{d^2x}{dt^2} > 0, \frac{d^3x}{dt^3} < 0$。

在福建战略性新兴产业度过萌芽期之后的大约6年时间里，产业技术创新能力的加速度递减，成长速度继续递增，增长曲线为准线形。这表明战略性新兴产业协同创新系统已经渡过技术发展的困难时期。随着系统内各创新单元技术的提升以及创新经验的积累，创新成果的管理能力和营销能力不断提高，战略性新兴产业协同创新系统的技术创新方向更加明朗化。

这一时期，福建战略性新兴产业协同创新系统各个子系统之间的交流与合作增多，相互间的联系程度加深，系统在进行剧烈内部调整的同时，各子系统之间的协同作用不断增强，进而带动整个协同创新系统的技术创新能力不断提升。当各子系统之间的协同作用达到一定的临界点时，系统可能会出现突变现象。这种突变使得福建战略性新兴产业协同创新系统从当前的稳态上升到另一种新的状态，渡过了成长期。在这一阶段中，系统主要表现为有序性和高效性，创新潜在收益会不断增长。

（三）第三阶段：成熟期

当 $8.79 < t < 14.07$，在 $\lambda = 0.25$ 的条件下，$\frac{d^2x}{dt^2} < 0, \frac{d^3x}{dt^3} < 0$。

第四章 福建战略性新兴产业协同创新系统的演化机理及过程分析 ❖❖❖

这表明福建战略性新兴产业协同创新系统技术创新能力的加速度递减，成长速度也递减。系统的增长动力已经明显减弱，创新能力达到极限，即在曲线的拐点处 $X = \dfrac{1}{3-\sqrt{3}}$ 时，此时加速度的负值达到最大，系统到达成熟点。在这一阶段，福建战略性新兴产业的技术创新能力不断增强，项目资金来源及技术方向都较为稳定，系统的创新收益凸显出来。

福建战略性新兴产业协同创新系统内各子系统在经济利益的驱动下，追求自身效益最大化。这时，各子系统间的合作交流会趋于减少，而将注意力转移到与利益有关的商谈。当战略性新兴产业协同创新系统中各子系统的非线性作用达到一定阈值时，子系统之间的有序结构遭到破坏，系统现存的稳定状态将被打乱，从有序走向无序，使系统进入下一时期。在该阶段，新状态的完善及商业化是这一时期的外在表现。

（四）第四阶段：转轨期

当 $t > 14.07$，在 $\lambda = 0.25$ 的条件下，$\dfrac{d^2 x}{d t^2} < 0$，$\dfrac{d^3 x}{d t^3} > 0$。

福建战略性新兴产业协同创新系统技术创新能力的成长加速度递增，成长速度递减。此时，技术创新能力的增长速度非常慢，甚至长期停滞不前，且无限地趋近极限值。如果要想突破此极限，产业协同创新系统就要寻求新的技术轨迹，加大投入开发新技术，寻求新市场。

这一时期，福建战略性新兴产业协同创新系统的技术创新资源积累已经达到较高的程度，创新能力也处于顶峰。产业协同创新系统内生产企业的组织能力和协同能力接近于较高的稳定状态。此阶段仍要防止系统变革，将整个战略性新兴产业协同创新系统维持在较高的能力水平，防止过度变革而导致系统从平衡态趋向衰亡。

通过以上分析可知，福建战略性新兴产业协同创新系统的演化过程，是系统内部的协同力及外部的环境因素共同作用的结果。在战略性新兴产业协同创新系统的演化过程中，具有非线性的演化路径。市场环境的复杂性、研发投入规模的变化、组织结构的调整及竞争对手的强弱，都会导致平衡轨迹的突变，影响系统演化的方向。

第三节 本章小结

本章对福建战略性新兴产业协同创新系统的演化机理及演化过程进行了较为详细的分析和研究。

在演化机理研究中，首先，分析了福建战略性新兴产业协同创新系统的内外部动力因素，内部动力因素包括利益追求、技术创新意识、获取竞争优势以及子系统间的合作创新精神，外部动力因素包括市场需求、政府相关政策制度、技术进步以及经济全球化。内外部动力因素共同作用，使中国战略性新兴产业的技术创新能力不断提升。其次，根据非线性理论中的分岔原理，对福建战略性新兴产业协同创新系统的分岔过程进行描述。福建战略性新兴产业协同创新系统在演化过程中通过分岔，使得系统进入一种新的稳定状态，且与变化前的分岔路径密切相关。战略性新兴产业协同创新系统正是通过不断的分岔现象，构成了系统复杂的演化过程，从而形成产业协同创新系统的演化发展路径。最后，结合突变理论分析了福建战略性新兴产业协同创新系统的突变性。系统的演化发展过程中，系统内部的微弱变化在相关作用力的影响下被迅速放大，从而使整个产业协同创新系统发生巨大变化。这种巨大变化会产生两种结果：一种是系统由一种稳态突跳到另一种稳态并达到系统平衡，此为系统跃迁；另一种是系统崩溃，即由有序的系统结构变为无序的系统结构。

在演化过程研究中，第一，根据协同学相关理论，对福建战略性新兴产业协同创新系统中的各变量进行了序参量和控制参量的划分，即技术创新能力是战略性新兴产业协同创新系统的序参量，它是描述系统有序特征的宏观变量；技术创新动力及技术创新保障力是中国战略性新兴产业协同创新系统的控制参量，二者对战略性新兴产业协同创新系统的演化发展具有很强的促进作用。第二，通过对序参量方程的构建、福建战略性新兴产业协同创新系统演化方程初始值的选取以及演化轨迹的刻画和分析，将福建战略性新兴产业协同创新系统演化分为四个阶段：萌芽期、成长期、成熟期、转轨期，并分别对各个阶段进行分析和评价。

第五章

实证研究：福建新能源汽车产业协同创新系统的演化机理研究

第一节 福建新能源汽车产业的发展背景和现状

汽车产业是全球碳排放量第二大的产业，面临严峻的能源消耗和环境污染等问题。从 2009 年开始，我国便超过美国、日本，成为世界第一大汽车生产国和消费国，汽车产业也成为我国国民经济的重要支柱产业。随着汽车保有量的增加，其尾气排放量也逐年增加，尾气污染已成为我国大中城市的主要污染源之一，因汽车产业引发的能源环境问题成为国内各界关注的焦点。

为了保持汽车产出的可持续发展，保证国民生存环境的和谐美好，同时使我国摆脱对进口石油的过度依赖，我国汽车产业必须对发动机进行一场技术革命，寻找新的替代能源，以应对结构升级、气候变化及能源安全等一系列问题。新能源汽车正是在能源、环境和气候的约束下，引导汽车产业发生变革的风向标，更是引导国内外汽车企业提高国际竞争力的关键因素。对我国来说，发展新能源汽车不仅是深入推进节能减排、培育新的经济增长点的重要举措，也是加快我国汽车产业转型升级的战略措施。

20 世纪 90 年代，我国就启动了新能源汽车的研发工作。2001 年，我国科技部将新能源汽车的发展列入"863"重大专项计划。这一举措

第五章 实证研究：福建新能源汽车产业协同创新系统的演化机理研究

标志着我国从国家汽车产业发展战略的高度出发，将新能源汽车列为国内汽车产业创新的主攻方向，联合企业、大学、科研机构，以官产学研的方式进行技术攻关。此后，我国还出台了一系列关于支持和发展新能源汽车产业的相关政策。特别是 2010 年，国务院将新能源汽车产业列入加快培育和发展的七大战略性新兴产业，体现了国家大力发展新能源汽车产业的决心和信心。2014 年，国家四部委（财政部、科技部、工业和信息化部、发展改革委）先后两次发布相关文件，旨在提速新能源汽车的推广应用。

就目前我国新能源汽车企业的整体发展而言，一方面，汽车企业在新能源汽车领域缺乏核心技术，与国际先进企业相比存在一定差距。我国许多汽车企业在新能源汽车的研究方面，面临着许多技术攻关难题，如关键原材料的开发、关键技术获取等。特别是在混合动力技术、燃料电池技术等关键领域，与国外大牌厂商之间存在相当大的差距。另一方面，由于技术创新能力不强，关键技术瓶颈无法克服，我国的新能源汽车产品价格高于国外其他厂商产品，从而丧失了国际竞争力。我国的新能源汽车发展处于起步阶段，技术的不确定性和风险性以及当前各汽车企业的创新研发活动自成体系，技术创新资源重复分散现象较为明显，使产业内创新活动效率不高。这些问题在客观上要求新能源汽车企业通过利益共享、风险共担的协同创新机制来加速技术创新进程，进而促进产业的快速发展。

汽车产业是福建机械装备主导产业的主要支撑。与国内其他省市相比，福建的汽车产业竞争力较弱，但在新能源汽车领域却大不同。厦门金旅等五家混合动力客车企业是全国首批商业化运营的企业。各省市在新能源汽车方面起步均较晚，福建新能源汽车产业并不是"晚行人"，而且，在国内较早就开始发展新能源汽车产业，在诸多方面，走在全国的前列。

多年来，福建作为全国首个生态文明试验区，省委、省政府高度重视新能源汽车的推广应用和产业发展，率先出台《福建省新能源汽车产业发展规划（2017—2020）》《关于加快新能源汽车推广应用促进产业发展实施意见》。2017年发布的《福建省新能源汽车产业发展规划（2017—2020年）》，指出到2020年，全省整个新能源汽车全产业链产值超过1800亿元，新能源汽车产能达到30万辆。当下，全省共有9家新能源汽车整车生产企业和零部件配套体系，包括上汽集团宁德分公司、宁德时代、厦门金龙、莆田云度汽车、中国重汽福建海西汽车、泉州西虎汽车、福州东南汽车、福耀汽车玻璃、正兴车轮、厦门钨业等，基本涵盖所有类别的新能源汽车产品。2019年，全省限额以上新能源汽车商品零售额高达49.40亿元，比上年增长126.1%。时过境迁，福建新能源汽车及关键零部件的技术水平、产品的社会认知度显著提高，产生了较大的行业影响，动力电池和整车成本也大幅下降，行业稳步发展。

习近平总书记指出，发展新能源汽车是迈向汽车强国的必由之路。福建于2020年7月强力出台了《关于进一步加快新能源汽车推广应用和产业高质量发展推动"电动福建"建设三年行动计划（2020—2022）》，提出一系列进一步支持新能源汽车推广应用和产业发展的政策措施，包括：组建电池租赁企业，按照电池租赁企业向电池生产企业采购的电池金额的3%给予补助；加大新能源汽车在公共领域的推广应用力度；做好充电桩建设、储能和服务保障等。还进一步拓展支持电动船舶等新能源装备产业发展，按在省内推广应用的新能源装备中动力电池金额的10%给予奖励。

新能源汽车是新一轮技术革命和产业革命的方向，是福建"十三五"培育新动能、发展新经济、推动产业迈向中高端的重要内容。当前，福建新能源汽车产业在突飞猛进的同时，也暴露出自主研发能力弱、零部件配套体系不完善、品牌认可度不高等问题。其中，自主研发能力弱是制约福建新能源汽车产业高质量发展的主要因素。因此，利用产业协同创新系统的演化模型分析福建新能源汽车产业，不仅具有理论意义，也具有实践意义。

第二节　福建新能源汽车产业协同创新系统分析

一　福建新能源汽车产业协同创新系统的内涵与结构

基于对产业协同创新系统及战略性新兴产业协同创新系统的界定，将福建新能源汽车产业协同创新系统定义为：在福建新能源汽车产业中，在国家及福建政府制定的有关发展和促进新能源汽车产业宏观政策的指导下，以汽车生产企业、相关大学、科研机构为创新主体，以政府、中介机构及新能源汽车产品的最终用户为辅助要素构成的，以促进生产企业获取核心技术、提高产业技术创新效率及增强企业、产业核心竞争力为主要目标的相互联系、相互依赖的技术创新协同网络系统。

作为一个典型的协同创新系统，新能源汽车产业协同创新系统由五个子系统共同构成，即汽车生产企业子系统、知识生产子系统（相关大学、科研机构）、政府子系统、中介机构子系统以及用户需求子系统。其中，汽车生产企业子系统是新能源汽车生产企业的集合，主要包括新能源轿车和客车两类生产企业，目前在福建较有代表性的新能源汽车生产企业主要有上汽集团宁德分公司、厦门金龙、莆田云度汽车、中国重汽福建海西汽车、泉州西虎汽车、福州东南汽车等。这些企业均通过各种途径积极进行技术创新、产品和服务升级，以满足不断变化的市场需求。知识生产子系统主要包括与新能源汽车产业相关的大学及科研机构，目前福建内有一定数量院校中有车辆工程、新能源材料与器材、材料科学与工程专业等专业以及省内外联合建立的新能源汽车研究院、校企合作的新能源汽车研究所。知识生产子系统主要为新能源汽车产业提供各类创新成果。此外，政府子系统、中介机构子系统为新能源汽车产业的技术创新提供政策、资金支持以及相关信息的咨询。用户需求子系统，一方面可以通过产业的技术创新改变其对产品的评价；另一方面，用户需求还可以改变产业技术创新方向，为创新主体的创新活动提供更多思路。五类子系统共同构成我国新能源汽车产业的协同创新系统，共同推动该产业技术创新的不断发展。

二 福建新能源汽车产业协同创新系统的特征及功能

福建新能源汽车产业协同创新系统的主要目标是通过各子系统的相互合作、相互竞争，在复杂系统网络的联结下，开展各项技术创新活动提高技术创新效率、产业竞争力。在这一过程中，作为复杂适应系统的新能源汽车产业协同创新系统，其主要特征有：（1）整体性，即整个系统各要素间是相互联系、相互依赖、相互制约、不可分割的关系，构成元素缺一不可；（2）开放性，即中国新能源汽车产业协同创新系统是一个不断与外界相联系的体系，通过各种途径积极地与外界互动，不仅可以获取与本产业发展相关的各种信息、资源，如宏观环境变化引起的产业发展趋势预测等，还可以将产业发展前景、产品优势信息等向外界传递，进而提升社会对新能源汽车产业发展的关注度，从而开发出更多的潜在市场；（3）目的性，即构成产业协同创新系统的各子系统虽然都从自身利益出发，但是联结各主体促使它们相互协同合作的是提升产业竞争力这一共同目标，只有在这个共同目标之下，才能保证产生的合力最大、效率最高。此外，福建新能源汽车产业协同创新系统还具有自组织性、动态性等特征。

福建新能源汽车产业协同创新系统是在政府宏观政策的引导下，各子系统出于自身发展需求和提升产业竞争力这一共同目标带来的共同利益而形成的。在新能源汽车产业协同创新系统内部，各子系统间相互协同合作发挥优势，为产业发展提供了良好的技术创新氛围。基于协同效应，各子系统相互合作的总效应大于单独创新的效应之和。因此，通过协同创新，可使产业的创新效率大幅提升。

三 福建新能源汽车产业协同创新系统的运行模型

新能源汽车产业协同创新系统的运行过程，体现了各子系统之间出于何种动力、通过何种方式、在何种支撑力下进行的协同合作，即整个协同创新系统运行的全过程。新能源汽车产业协同创新系统的运行模型

第五章　实证研究：福建新能源汽车产业协同创新系统的演化机理研究

是对该产业协同创新系统运行状态的详细描述。为了更好地了解新能源汽车产业协同创新系统的运行机制，结合前文对战略性新兴产业协同创新系统运行模型的分析谈论，本书构建了福建新能源汽车产业协同创新系统运行模型，如图5-1所示。

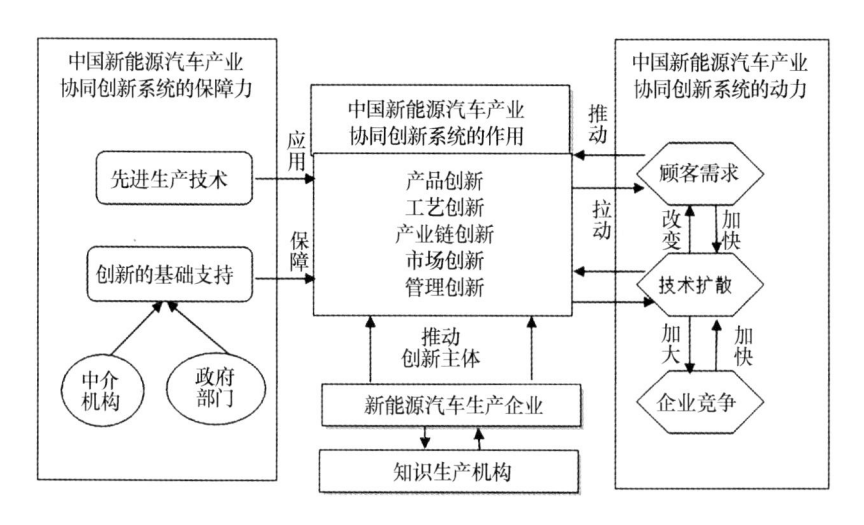

图5-1　福建新能源汽车产业协同创新系统运行模型

图5-1详细刻画了福建新能源汽车产业协同创新系统的运行过程，共由三部分构成，主要包括协同创新系统的保障力、协同创新系统的创新主体、协同创新系统的动力。

在新能源汽车产业协同创新系统的保障力中，作为保障力之一的先进生产技术的应用是确保技术创新能够实现的关键因素，没有先进科学技术，技术创新就无从谈起。另外，政府部门制定的各项鼓励开展新能源汽车创新的政策，激励企业不断加大研发投入，积极进行技术攻关，各项购买新能源汽车产品的补贴政策也在一定程度上通过刺激消费需求而确保新能源汽车产业的良性发展。中介机构中的金融部门，通过给企业及相关创新主体提供优惠性的贷款等金融支持，解决了它们的资金困难；中介服务机构及技术创新平台通过给创新主体提供快捷、准确的市场行情和创新咨询等服务，使汽车生产企业、知识生产机构准确掌握本领域内的第一手创新资讯，拓展创新主体的视野。

新能源汽车生产企业、相关大学、科研机构共同构成该产业协同创新系统的创新主体。企业是创新技术的生产者，大学、科研机构是创新知识的生产者。就福建技术创新的现状而言，存在创新成果转化率低的问题，也就是说，有相当数量的创新成果没有应用到产业生产中。新能源汽车生产企业与相关大学、科研机构开展协同合作，既可以使企业了解目前与新能源汽车相关的先进知识成果，扩宽企业技术创新视野，又可以使相关大学、科研机构了解具体生产过程以及新能源汽车市场中对于具体创新知识的需求，从而实现大学、科研机构研发活动的有的放矢。这样不仅提高了创新成果转化率，实现了产品创新、工艺创新等技术创新目标，还可以为相关大学、科研机构提供新的科研课题，实现企业和知识生产机构的双赢。

在新能源汽车产业协同创新系统的动力因素中，市场需求、企业间的竞争以及技术扩散是推动协同创新系统运行的三大因素。对新能源汽车产品性能等方面不断升级的市场需求，迫使企业不断进行技术创新以满足市场需求，才能获取利润，并有成为市场领先者的机会。新能源汽车企业之间的竞争使各企业充分发挥其创新资源优势，只有先他人之所想才能赶超同行业竞争者，率先实现汽车新产品、新性能的开发，占据市场优势地位，实现企业目标。新能源汽车产业的主导企业通过技术创新开发新的汽车产品、汽车新的性能。这种创新行为在技术扩散的作用下会使其他企业通过一段时间的学习也掌握这种创新技术，从而提高整个新能源汽车产业的技术创新能力。

第三节　福建新能源汽车产业协同创新系统的演化机理及过程分析

一　福建新能源汽车产业协同创新系统的演化机理

（一）演化动力

1. 外部动力

产业协同创新系统演化动力分为内部动力和外部动力两部分。就中

第五章　实证研究：福建新能源汽车产业协同创新系统的演化机理研究

国新能源汽车产业协同创新系统来说，系统演化的外部动力即环境影响因素主要包括市场需求、政府制度、技术进步、经济全球化四个方面。

市场需求主要是指目前新能源汽车产业面临的市场需求状况。自2009年以来，我国新能源汽车市场呈现火爆发展的态势。截至2014年，在我国相关政策的刺激作用下，新能源汽车全年销量已达7.38万辆，占全球销量的18.7%。但相比我国2014年汽车市场总销量的1970万辆来说，这一销量仅占市场总销量的0.37%，说明在中国巨大的汽车潜在消费市场下，新能源汽车的市场需求严重不足。究其原因，主要在于，一方面，企业由于核心技术条件所限，电池生产成本过高导致整车价格过高，相较于生产技术成熟的传统汽车，新能源汽车在价格方面不具有竞争优势；另一方面，目前我国新能源汽车所需的充电桩数量远远不能与新能源汽车数量相匹配，充电难是其使用中的巨大现实问题，导致消费者更倾向于购买加油便捷的传统汽车。可以说，目前全国的新能源汽车市场需求不足。

政府制度是促进新能源汽车产业发展的关键环境因素，也是引导企业技术创新、推动产业协同创新系统发展的重要力量。从2009年至今，我国国务院、财政部、国家税务总局等有关部门对新能源汽车出台了一系列扶持政策，如《汽车产业发展政策》《关于进一步加强轻型汽车燃料消耗量通告管理的通知》《关于加快新能源汽车推广应用的指导意见》《关于免征新能源汽车车辆购置税的公告》《关于新能源汽车充电设施建设奖励的通知》等，福建也出台了《福建省新能源汽车产业发展规划（2017—2020年）》。这些政策对刺激新能源汽车的消费需求、促进新能源汽车产品技术进步、鼓励企业研究开发和生产新能源汽车，发挥着非常大的作用。

技术进步可以改变资源配置方式以及市场结构，它是判断产业生产力水平的关键标准。只有实现技术进步，才能带来产业的根本性变革。从新能源汽车产业的技术研发成果来看，福建的新能源汽车产业虽然目前已经取得了长足进步，与国际先进水平的汽车生产企业差距大幅度减小，且部分技术处于国际领先水平，但是在电池、电机、电控方面还存在技术短板，这严重制约了我国新能源汽车产业的发展。企业只有突破技术障碍，掌握该产业的核心技术，才能拥有技术创新优势，进而提升产业的核心竞争力。

在经济全球化的背景下，参与国际竞争是企业发展方向，在国际市场上具有产业竞争力的企业，其竞争优势势必会更大。就新能源汽车产业发展而言，因该产业属于新兴产业，在世界范围内发展时间较短，各国间技术发展水平虽各有差异但是并不像传统汽车生产技术那样巨大，且我国新能源汽车生产技术在某些方面还处于世界领先水平，因此应抓住经济全球化的契机，加大新能源汽车产业的技术创新力度，力争在世界新能源汽车市场占据有利地位。

综上所述，市场需求不足的威胁、政府积极政策的刺激、技术进步的引导以及经济全球化的推动，是促进福建乃至全国新能源汽车产业协同创新系统发展的外部动力因素。

2. 内部动力

结合已有研究，推动新能源汽车产业协同创新系统演化的内部动力为利益追求、技术创新意识、竞争优势的吸引等。

新能源汽车生产企业作为产业协同创新系统的创新主体之一，推动其技术创新的主要驱动力在于对利益的追求。获取经济利益是企业生存的基本目的，同时经济利益的获取需要在产业竞争中处于优势地位。新能源汽车产业作为新兴产业，具有战略性、先进性的特征，该产业的发展需要持续不断的技术创新，以实现对传统汽车技术的跨越。由于目前我国新能源汽车产业还存在核心技术依赖国外先进企业、产品生产成本过高等现实问题，因此，新能源汽车企业间的竞争不仅是简单的市场占有率具有优势，而是通过各项技术创新改善企业产品的性能，突破目前存在于我国新能源汽车产业中的技术瓶颈，从而掌握生产的核心技术，进而大幅降低生产成本，以获取绝对的竞争优势，实现在产业内以及国际市场上的绝对优势地位，最终实现产品销售量的占优，让企业获取竞争优势。可以说，利益的追求是推动企业技术创新的内部动力。此外，与新能源汽车产业相关的大学、科研院所等知识生产机构作为产业协同

第五章　实证研究：福建新能源汽车产业协同创新系统的演化机理研究

创新系统的又一创新主体，也受到利益追求的驱动。这主要在于大学、科研院所从事的与新能源汽车技术相关的科学研究，由于受到自身组织形式等的限制，其大量科研成果难以应用到实际生产当中，以至于这些知识生产机构的科研成果转化率较低。这不仅严重制约整个新能源汽车产业技术创新的发展，还大大减少了知识生产机构因科技创新而带来的创新收入。基于此，知识生产机构会通过有效途径与新能源汽车生产企业建立协同合作关系，通过提高科研成果转化率增加自身的经济收入，提高产业的技术创新水平。

技术创新意识是创新主体进行创新活动的观念或动机，是创新活动的出发点和内在动力。技术创新意识较强的产业，其创新行为便会较为积极，整个产业便会更快、更好地发展。从新能源汽车产业的特征来说，其战略性要求生产企业从更广阔的视角，积极、有意识地对产品结构和动力系统功能等方面进行技术创新和跨越，实现产品从生产材料到动力源的升级和更新换代。其产品结构的精密性和复杂性又决定了生产企业及相关研究机构须针对每一个关键技术环节进行优化，实现企业产品的独特性和产品性能的领先性，这样才能确保企业在激烈的市场竞争中占据有利的地位。换句话说，新能源汽车产业具有的战略性、创新性及其产品的高技术含量特征，促使生产企业和相关研究机构必须始终保持极强的技术创新意识，在这种创新意识的支配下进行积极的技术创新活动，以保证产业的快速发展。因此，新能源汽车产业协同创新系统内创新主体具备的技术创新意识，是推动新能源汽车产业协同创新系统演化的内部动力之一。

竞争优势通常是指利用各种方式降低成本以获取更高利润的能力。企业在市场竞争中获取高额利润的主要途径就是通过获得垄断竞争优势来实现的。就我国新能源汽车生产企业来说，虽然近十年来企业在生产技术等方面有了长足进步，但是与国外发达国家知名的汽车生产企业相比，无论是在核心生产技术还是产品的差异化上都存在一定的差距，市场竞争能力不强，不具备较强的竞争优势。为了摆脱这种不利的局面，通过获取市场竞争优势来实现企业利润的最大化，我国新能源汽车企业需要在获取竞争优势这一内部驱动力的作用下,通过技术创新以开拓海外市场、研发中高端车型,实现产品性能、外观、服务等的差异化,提高新能源汽车生产企业的市场创新能力和竞争优势。

(二)演化的分岔与突变分析

作为战略性新兴产业中的细分产业,新能源汽车产业的协同创新系统也具有复杂适应系统的特征,且是一个非线性动力系统。在系统演化过程中,当系统的某些变量达到临界值时,系统的平衡状态会发生突然变化,即系统发生分岔与突变现象。

1. 分岔过程

福建新能源汽车产业协同创新系统是由生产企业、知识生产机构、政府、中介机构以及用户需求等子系统共同构成的一个复杂系统网络。在这一系统中,存在资源、信息以及创新能力的相互组合。通过资源等的组合,各子系统之间的联系更加紧密,在学习、创新、资源流动等活动的推动下,整个系统的结构和功能不断优化,进而使系统的状态发生变化。当新能源汽车产业协同创新系统的状态达到临界点时,会同时出现多个不同的状态和结构,即出现涌现现象。当新能源汽车产业协同创新系统出现涌现现象时,分岔与突变现象随之而来。

根据对福建战略性新兴产业协同创新系统演化分岔及突变的相关研究,新能源汽车产业协同创新系统演化的平衡方程可以表示为:

$$\dot{x} = -x^3 + \mu x = -x(x^2 - \mu) = f(x,\mu) \qquad (5-1)$$

式(5-1)为仅包含系统慢弛豫参量的平衡方程,其三个定态解为:$x_0(\mu) = 0; x_{1,2}(\mu) = \pm\sqrt{\mu}$。通过平衡方程和方程定态解的确定,可以得出新能源汽车产业协同创新系统演化的分岔情况,如图5-2所示。

福建新能源汽车产业协同创新系统在演化过程中,随着序参量和控制参量的变化,整个系统的平衡稳定状态会发生连续的动态变化。其中,实线部分为稳定状态,虚线部分为不稳定状态。在新能源汽车产业刚刚产生之时,由于企业的技术水平和技术创新意识以及政策支持等相关控制参量较弱,未对技术创新能力起到正向的促进作用,因此,整个产业协同创新系统的技术创新能力极低,新能源汽车产业协同创新系统

第五章 实证研究：福建新能源汽车产业协同创新系统的演化机理研究

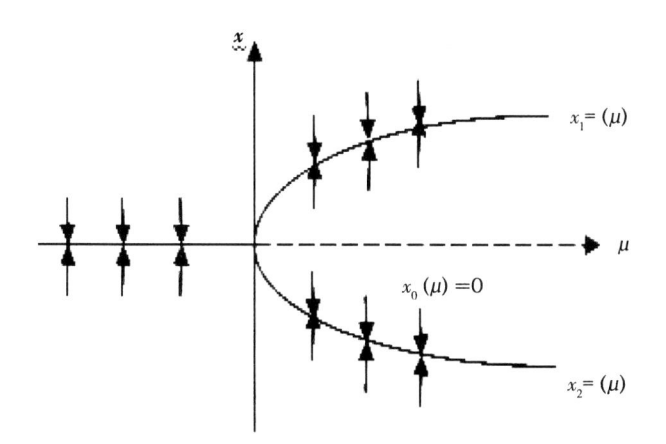

图 5-2 福建新能源汽车产业协同创新系统超临界分岔

处于停滞不前的演化发展阶段，产业技术创新能力接近于零。经过一段时间的演化发展，企业技术能力和创新意识不断提高，政府也相继出台一系列有关促进新能源汽车产业发展的政策法规，在这些控制参量的正向促进下，新能源汽车产业协同创新系统的技术创新能力，即系统的序参量会有两种发展方向，就是所谓的分岔现象：一种是新能源汽车产业协同创新系统的技术创新能力以递减的速度发展；另一种是新能源汽车产业协同创新系统的技术创新能力以递增的速度发展。通过这种分岔现象，形成新能源汽车产业协同创新系统演化的复杂过程。

2. 突变过程

突变理论实际上是通过建立研究对象的势函数来研究突变现象，根据对福建战略性新兴产业协同创新系统演化突变过程的分析，可知系统的势函数如式 5-2 所示：

$$T(x,\mu,\nu) = -\frac{1}{4}x^4 + \frac{1}{2}\mu x^2 + \nu x \quad x \in R, (\mu,\nu) \in R^2 \quad (5-2)$$

其中，x 为系统的序参量，μ、ν 为系统的控制参量。通过势函数对序参量的一阶导数及二阶导数为零的求解，最终可得产业协同创新系统突变时的分岔集方程，如式 5-3 所示：

$$\Delta = 4\mu^3 - 27\nu^2 = 0 \quad (5-3)$$

式 5-3 即福建战略性新兴产业协同创新系统演化的突变模型。因为新能源汽车产业属于战略性新兴产业的一个分支，其产业协同创新系统的演化特征与福建战略性新兴产业协同创新系统的演化特征相类似，所以可将式（5-3）视为新能源汽车产业协同创新系统演化的突变模型。它反映了新能源汽车产业协同创新系统中各子系统间控制参量和序参量对系统演化的影响。当新能源汽车生产企业的技术创新动力 μ 取定值时，系统演化的突变及分岔变化如图 5-3 所示。

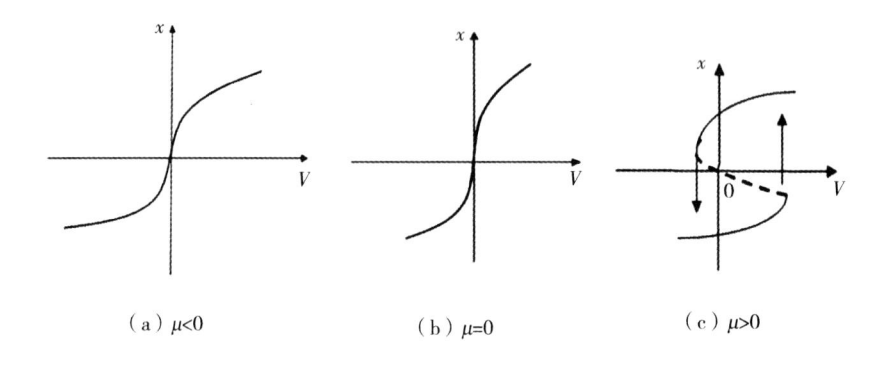

(a) $\mu<0$ (b) $\mu=0$ (c) $\mu>0$

图 5-3 μ 取定值时系统演化的路径与突变

当新能源汽车企业的技术创新动力（如对经济利益的追求、技术创新意识、获取竞争优势等）$\mu<0$，$\mu=0$ 时，随着技术创新保障力 ν 的变动，新能源汽车产业协同创新系统的技术创新能力是一个渐变的过程，决定了该产业协同创新系统的演化也是渐变的过程。当 $\mu>0$ 时，协同创新系统的技术创新能力与技术创新保障力之间存在多重演化关系，使得系统演化呈现出由一种稳定状态跳跃的另一稳定状态的突变过程。这主要表现在当新能源汽车企业具有较强的技术创新动力时，由于产业发展初期系统整体的技术创新能力不强，在政府相关激励政策的推动下，新能源汽车产业协同创新系统的技术创新能力开始是小幅提升，待系统的整体技术创新能力积蓄一段时间后，实现大幅度的提升，使系统状态由较低水平突变到另一较高水平。

当技术创新保障力 v 取一定值时，系统演化的突变及分岔变化如图 5-4 所示。

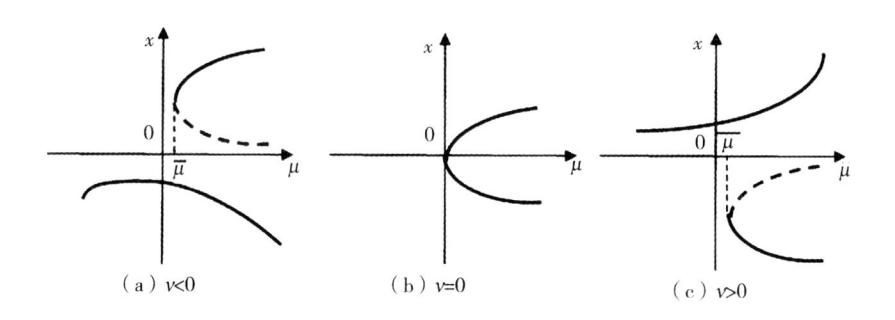

图 5-4 v 取定值时系统演化的路径与突变

当技术创新保障力 v 为负值时，说明此时政府未出台积极的政策措施推动新能源汽车产业的发展，相反还有阻碍其发展的法律法规，此时，企业的技术创新动力较弱，整个新能源汽车产业的技术创新能力极低，产业发展受到严重的限制。但是如果企业有很强的技术创新动力来打破产业发展的不利局面，整个新能源汽车产业协同创新系统的技术创新能力会有一个质的飞跃，即 $\mu \geq \bar{\mu}$ 的情况。这便是产业协同创新系统在这一条件下的突变过程。当技术创新保障力 v 为正值时，系统演化的趋势与之相反。在技术创新保障力 $v=0$ 时，即新能源汽车产业的发展未受到政府的重视，没有相关法律法规支持该产业的发展，此时新能源汽车企业的技术创新动力与其技术创新能力之间保持着一种稳定的变化关系。

二 福建新能源汽车产业协同创新系统的演化过程

福建新能源汽车产业协同创新系统是由多个子系统构成的复杂适应性系统，各子系统间在共同的目标下相互联系、相互配合并进行着有组织的协同合作，以提升整个产业的技术创新水平和国际竞争优势。新能源汽车产业协同创新系统的各项活动以及达成的系统整体效应是各个子系统独立活动时实现不了的。就一个系统的发展而言，从形成初期的无序低效到发展成熟时期的有序高效需要经历长期的演化过程。研究福建新能源汽车产业协同创新系统的演化过程，就是剖析该协同创新系统的演化轨迹及过程特征。

（一）演化方程的构建

通过有关系统序参量和控制参量的分析及福建新能源汽车产业协同创新系统构成要素特征的研究，可以得出在新能源汽车产业协同创新系统的演化过程中，自始至终都对子系统的行为起主导作用，并决定系统演化发展进程的慢弛豫参量是产业的技术创新能力。原因在于，目前包括福建在内的全国新能源汽车产业的整体实力与国际先进企业的竞争力尚有差距，政府发展新能源汽车产业的目的是发挥该产业的带动作用，实现节能减排，提高我国国民经济发展水平。若使这种带动作用能够充分发挥，必须实现新能源汽车产业具有国际竞争优势，这就要求生产企业能够掌握核心生产技术，实现技术创新、市场创新、工艺创新等，提升整个产业的竞争力。因此，对新能源汽车产业协同创新系统来说，决定该系统演化发展进程的慢弛豫参量是技术创新能力。

系统演化过程中的控制参量主要是指对系统演化发展起支撑和推动作用的基础条件，这些控制参量为系统的发展提供物质和能量。就福建新能源汽车产业协同创新系统来说，确保系统发展演化的控制参量主要包括企业技术创新动力（生产企业对利润的追求、获取竞争优势的目标以及由新能源汽车产业特征决定的企业较强的技术创新意识）和技术创新保障力（政府出台的各项鼓励新能源汽车产业发展的政策法规、刺激新能源汽车消费的税费政策以及金融机构对生产企业的信贷优惠和中介机构的各项信息咨询服务等）。

现用 Logistic 方程来描述福建新能源汽车产业协同创新系统的动态演化过程，如式 5-4 所示：

$$\frac{dx}{dt} = \lambda X(1 - X) \qquad (5-4)$$

式（5-4）中，X 表示新能源汽车产业协同创新系统的技术创新能力，整个表达式反映了在任意时刻产业协同创新系统技术创新能力的增

第五章 实证研究：福建新能源汽车产业协同创新系统的演化机理研究

长速度。因此，式5-4也为福建新能源汽车产业协同创新系统的成长速度方程。λ为产业协同创新系统的成长速度系数，它与影响系统技术创新能力发展的因素有关：若$\lambda > 0$，则$\frac{dx}{dt} = \geq 0$。

(二) 演化方程初始值的选取

专利数量是衡量新能源汽车产业协同创新系统技术创新能力的一个重要指标，专利数量的变化在很大程度上反映了产业协同创新系统内各创新主体之间相互协同合作的效率。这种协同合作效率是衡量新能源汽车产业协同创新系统演化过程中所处生命周期阶段的主要判断指标。因此，本书依据新能源汽车产业专利数量的变化情况来分析其产业协同创新系统的技术创新能力变化情况。我国新能源汽车起步较晚，福建新能源汽车产业的发展时间与全国的大致接近，且由于数据的可获得性问题，因此，暂时利用我国新能源汽车产业专利申请量的一般水平作为基础数据进行分析。我国新能源汽车产业专利申请量的逐年变化趋势如表5-1所示。

表5-1　　　中国新能源汽车专利申请量的逐年变化趋势

年份	1995	1996	1997	1998	1999	2000	2001	2002
总量	7	8	10	8	11	15	14	31
增长率（％）	—	14.3	20	-20	37.5	36.4	-6.7	121.4
年份	2003	2004	2005	2006	2007	2008	2009	2010
总量	44	99	121	225	243	334	529	940
增长率（％）	41.9	125	22.2	86	8	37.4	58.4	77.7
年份	2011	2012	2013	2014	\multicolumn{4}{c}{专利申请总量平均增长率 38％}
总量	1556	1778	2007	2163				
增长率（％）	65,5	14.3	12.9	7.8				

资料来源：中国专利数据库（知网版）。

可以看出，中国新能源汽车产业的专利申请从2004年开始具备一定的规模，年增长率达到125％。我国新能源汽车产业从20世纪90年

· 147 ·

代开始研发,到21世纪初期,技术创新水平达到一定规模,主要是源于政府宏观政策的刺激和鼓励。另外,国外新能源汽车企业的抢滩登陆中国市场,也给我国生产企业增加了很大的竞争压力,从而促使其积极进行技术创新,加大专利的申请数量,以形成自身的知识产权体系。结合中国专利数据库相关数据,估算出我国新能源汽车专利申请总量的平均增长率,由于数据获得受限,根据福建新能源汽车产业发展速度及在全国新能源汽车产业中的成长速度,最终估计出福建新能源汽车产业协同创新系统成长速度方程中的成长速度系数,即专利申请总量平均增长率 $\lambda = 0.38$。

(三)演化轨迹分析

根据式(5-4),当 $X(0) = C (0 < C < 1)$ 时,其解为:

$$X = \frac{1}{1 + (\frac{1}{c} - 1) e^{-\lambda t}} \quad (5-5)$$

其中,C 是积分常数,其大小由新能源汽车产业协同创新系统演化的初始条件 x_0 决定。考虑到我国新能源汽车产业初始阶段技术创新能力较小,但大于0,故取值 $X(0) = 0.1$,即新能源汽车产业协同创新系统初始创新能力 $C = 0.1$。

对成长速度方程式(5-4)继续求导,得:

$$\frac{d^2 x}{d t^2} = \lambda^2 X(1-X)(1-2X) \quad (5-6)$$

式(5-6)是用来表示福建新能源汽车产业技术创新能力在任意时刻的加速度。因为 $0 < X < 1$,所以状态演化方程曲线的拐点出现在 $X^* = \frac{1}{2}$,代入式(5-4),令 $\frac{d^2 x}{d t^2} = 0$,可求得状态演化曲线的拐点。

$$t^* = -\frac{1}{\lambda} \ln \frac{C}{1-C} = -\frac{1}{0.38} \times \ln \frac{0.1}{1-0.1} = 5.78$$

此时,$\frac{dx}{dt}\Big|t = t^* = \frac{\lambda}{4} = \frac{0.38}{4} = 0.095$

对式(5-6)继续求导,得:$\frac{d^3 x}{d t^3} = \lambda^3 X(1-X)[1-(3+\sqrt{3})X]$

$[1+(3+\sqrt{3})X]$

令 $\frac{d^3x}{dt^3}=0$，得：$X_1 = \frac{1}{3+\sqrt{3}} = 0.211$；$X_2 = \frac{1}{3-\sqrt{3}} = 0.789$

代入式（5-6）得：

$t_1 = -\frac{1}{\lambda}\ln\frac{(2+\sqrt{3})C}{1-C} = -\frac{1}{0.38}\ln\frac{(2+\sqrt{3})\times 0.1}{1-0.1} = 2.32$

$t_2 = -\frac{1}{\lambda}\ln\frac{(2-\sqrt{3})C}{1-C} = -\frac{1}{0.38}\ln\frac{(2-\sqrt{3})\times 0.1}{1-0.1} = 9.25$

因此，福建新能源汽车产业协同创新系统演化成长速度曲线有两个对称拐点：（2.32，0.211）和（9.25，0.789）。

综合上述推导结果，可得福建新能源汽车产业技术创新能力演化曲线及状态特征（见图5-5）。通过计算，福建新能源汽车技术创新能力呈现初始值为0.1、成长速度为0.38的演化状态。

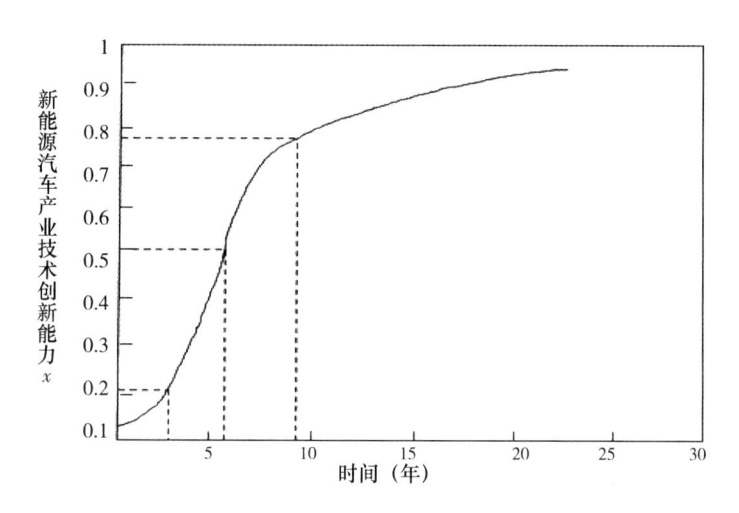

图5-5 福建新能源汽车产业技术创新能力演化曲线

三 福建新能源汽车产业协同创新系统的演化轨迹分析

福建新能源汽车产业协同创新系统的技术创新能力 X 随着时间 t 的变化，按S形曲线增长，上界渐近线的取值为 $X=1$。该产业协同创新系统的演化阶段划分如下。

(一) 第一阶段：萌芽期

此阶段即从新能源汽车产业协同创新系统成立到开始的 2.32 年，在 2011 年福建开始将新能源汽车列为汽车产业发展主攻方向之后的将近 3 年内，福建新能源汽车产业协同创新系统技术创新能力演化曲线中的 $\frac{d^2 x}{d t^2}$ 及 $\frac{d^3 x}{d t^3}$ 均大于零，系统的技术创新能力从成立之初的极弱状态，经过一段时间的演化发展，以递增的速度增加，并且技术增长曲线呈指数型增长，在拐点处增长速度达到最大。即从 2011 年到 2014 年，新能源汽车产业专利申请量的增长率上升，说明 2011 年之前福建开展的针对新能源汽车研究的各项技术攻关，都是为之后产业的发展积蓄能量。在以本省传统汽车产业为基础的前提下，在新能源汽车研发活动的推动下，到 2014 年，新能源汽车产业技术能力在外界信息、知识、资源、技术的流动下，经过较短的时间逐渐蜕化，最终实现质的飞跃。此时，福建新能源汽车产业协同创新系统中各子系统间的协同创新实现从无序到有序的转变，协同优势得到充分发挥，技术创新能力得到增强。

(二) 第二阶段：成长期

当 $2.32 < t < 5.78$，在 $\lambda = 0.38$ 的条件下，$\frac{d^2 x}{d t^2} > 0, \frac{d^3 x}{d t^3} < 0$。即在福建新能源汽车产业过了萌芽期之后的大约 4 年里，即从 2015 年开始的 4 年里，产业技术创新能力的加速度递减，成长速度继续递增，增长曲线为准线形。这表明新能源汽车产业协同创新系统已经过了最为困难的时期，在一定技术创新能力的基础上，随着生产经验积累和技术提升，产业竞争力得到提高。结合福建新能源汽车产业发展情况，2015 年以来，相关汽车生产企业主要通过联合大学、科研机构以产、学、研的方式进行技术研发等方面的合作，极大促进了新能源汽车产业技术创新水平的提升，通过知识共享、资源共享等方式实现系统内子系统间的良性循环，促进系统的进一步发展。

(三) 第三阶段：成熟期

当 $5.78 < t < 9.25$，在 $\lambda = 0.38$ 的条件下，$\frac{d^2x}{dt^2} < 0, \frac{d^3x}{dt^3} < 0$。即在福建新能源汽车产业度过起飞期之后的大约 5 年里，即从 2020 年开始的 5 年里，新能源汽车产业协同创新系统技术创新能力的加速度递减，成长速度递减，但还处于上升期。这主要是由于本省出台了一系列推进新能源汽车产业发展的政策措施及技术创新激励政策，来刺激产业发展和企业技术创新能力的提升。另外，以企业、大学、科研机构为创新主体，政府、中介机构、用户需求为辅助要素的新能源汽车产业协同创新系统发挥了其强大的协同创新优势，最大限度地凸显出协同创新优势。协同创新系统内各个部分在经济利益的驱动下，通过提高技术创新能力来实现自身利益及产业优势的最大化。就福建新能源汽车产业发展现状来说，要实现产业协同创新系统内各子系统的充分协同合作，实现知识、资源、技术等的无障碍流动，可能还需要更长的时间。

(四) 第四阶段：转轨期

当 $t > 9.25$，在 $\lambda = 0.38$ 的条件下，$\frac{d^2x}{dt^2} < 0, \frac{d^3x}{dt^3} > 0$。即在福建新能源汽车产业成长期的后一阶段，产业协同创新系统技术创新能力的成长加速度递增，成长速度递减，此时，创新能力的增长比较缓慢甚至停滞不前，且无限地趋近极限值。突破此极限，产业就要寻求新的技术轨迹，加大投入开发新技术，寻求新市场。在这一阶段，新能源汽车产业的技术创新能力已经接近于极限，系统内各子系统间的协同能力也趋于高效稳定状态。若我国新能源汽车产业协同创新系统发展到这一阶段，应注重由于市场用户需求等的变化带来的产业发展态势。

以上是在我国经济社会发展背景下，结合福建新能源汽车产业发展现实情况，通过对该产业协同创新系统演化方程的建立，在分析系统技术创新能力演化路径的基础上，对福建新能源汽车产业发展阶段进行的划分及研究。

第四节 本章小结

本章以福建新能源汽车产业协同创新系统为研究对象，首先分析了新能源汽车产业的发展背景及现状，提出福建新能源汽车产业及生产企业发展目前存在的问题，并指出要想使产业快速发展，必须依靠技术创新，依靠新能源汽车产业协同创新系统。其次，结合前文研究结论，对新能源汽车产业协同创新系统的内涵、特征及功能以及运行模型进行界定，并绘制了系统运行模型图。再次，运用协同学相关理论，对新能源汽车产业协同创新系统发展的内部及外部动力因素进行划分，并对系统演化过程中的分岔及突变现象进行详细的分析和研究。最后，通过构建福建新能源汽车产业协同创新系统的演化方程，分别从萌芽期、成长期、成熟期、转轨期四个阶段对新能源汽车产业的演化发展过程进行深入分析和评价。

第六章

基于产业协同创新系统视角的福建战略性新兴产业发展对策研究

由于福建战略性新兴产业协同创新系统是一个多因素、多特点的复杂适应系统，它具有整体性、复杂性以及对初始状态极其敏感性等特征，具有以点带面的效应。因此，为促进福建战略性新兴产业的快速健康发展，必须着眼于影响该产业协同创新系统演变的核心要素，从解决主要矛盾为出发点，制定相应的发展对策。只要拥有了促进福建战略性新兴产业协同创新系统发展所需的核心条件，系统内所具有的多种效应才会发生作用，从而推进福建战略性新兴产业协同创新系统朝着既定的目标方向演化发展，取得福建战略性新兴产业的跨越式发展。前面章节详细分析了福建战略性新兴产业协同创新系统的构成，又剖析了系统的序参量 X 与内外部控制变量 μ、v，详细分析了中国战略性新兴产业协同创新系统的演化机理和演化轨迹，并以新能源汽车产业协同创新系统为例进行实证分析。其中，系统技术创新能力 X 是影响福建战略性新兴产业协同创新系统演化发展最关键的要素，是系统发展的标志，其作用力具有持续性、稳定性的特征，决定着整个战略性新兴产业协同创新系统的演化方向；技术创新动力 μ 是系统内各子系统协同创新的主要推动力，对战略性新兴产业协同创新系统的演化发展具有重大的影响作用；技术创新保障力 v 作为外部环境因素的主体，起到推动产业协同创新系统稳步发展、保证系统顺利运行的作用。基于上述研究成果，本章从提升技术创新能力、强化技术创新动力以及完善技术创新保障力三个角度，就发展福建战略性新兴产业提出有效的发展对策，以便促进该省战略性新兴产业的持续、健康、快速发展。

第一节　提升生产企业的技术创新能力

福建战略性新兴产业协同创新系统中的生产企业在技术创新过程中起着核心作用，它们是产业协同创新系统中不可缺少的组成部分。每个企业的技术创新能力都是产业协同创新系统技术创新能力的体现，全部企业的技术创新实力共同构建了战略性新兴产业协同创新系统技术创新能力的主体。作为福建战略性新兴产业协同创新系统演化过程中的序参量，技术创新能力发挥着主导和支配的作用。由此可知，通过提升相关生产企业的技术创新能力，可以有效提高福建战略性新兴产业协同创新系统的技术创新水平，进而加速整个系统的演化发展。因此，建议从以下三个方面入手提升生产企业的技术创新能力。

一　设置高效的研发组织结构

生产企业的组织结构是构成企业的最基本单元。通过合理的组织结构，可以高效、有序地把企业内部的各个要素紧密结合起来，最大限度地发挥其协同能力，在推动企业完成发展目标中起到至关重要的作用。福建战略性新兴产业技术创新能力的提升，依赖产业内各企业的内部组织研发结构。设置高效的研发机构，不仅可以推动企业技术创新活动的有效开展，还有助于研发成果的高效转化。可以说，战略性新兴产业技术创新的重要动力源，就是产业内相关企业的技术研发组织。因此，建立高效的生产企业研发组织结构，是推动战略性新兴产业技术创新能力不断提升的有效方式。

企业可以建立创新事业部这样的实体部门，也可以建立灵活机动的创新小组，通过定期进行小组研讨，来开拓技术创新思路。企业具体的研发组织结构可以根据图 6-1 设计。

第六章 基于产业协同创新系统视角的福建战略性新兴产业发展对策研究

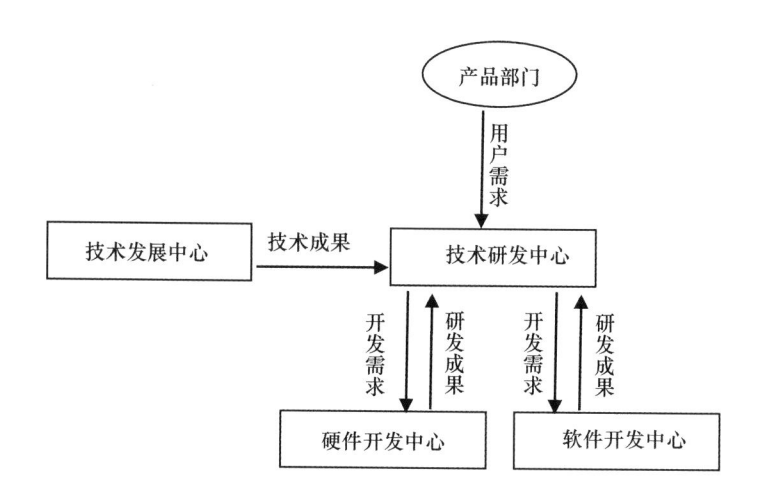

图 6-1 企业研发组织结构

技术研发中心的主要职责是系统梳理产品部门有关用户需求的意见，规划出企业有关产品技术创新的内容和方向；软、硬件开发中心是技术研发中心的两个支撑部门，主要负责相关产品软件及硬件的研发工作；技术发展中心的主要职责是收集、整理和分析国内外与本企业及本行业产品相关的先进生产技术，以供技术研发中心在形成技术创新工作内容时加以参考和借鉴。这种企业研发组织结构能够充分保证以用户需求为导向、技术与应用的紧密结合，从而推出新产品。

二 建立完善的企业人才培养体系

科技创新，以人为本，创新人才的培育是进行科技创新活动的根本。人才资源是企业的核心资源，企业间的竞争实质上是创新人才的竞争。生产企业如果想要拥有高效的创新能力，没有高素质的人才和团队是行不通的。科研人员的数量和素质关系到企业技术创新能力的强弱。为了保证福建战略性新兴产业技术创新活动的顺利开展以及技术创新能力的不断提升，产业内相关生产企业必须拥有高效的技术创新团队。技术创新团队须具有丰富的专业知识、合理的组织结构以及活跃的创新思想。因此，必须在增加核心技术人才引入、搭建高效技术人才引入平台的同时，建立合理的技术人才培养体系，培养一批具有超强专业知识、较高创新能力和创新意识的创新人才，使企业的创新团队获取最大的团队效益。

如何加强创新人才的引进与培养，是福建乃至全国各地区战略性新兴产业相关企业亟待解决的问题。一方面，可以通过加强技术创新项目的投资，以项目吸引和资金引进相结合的方式引入一大批高素质创新性人才；另一方面，生产企业可以校企合作的教育模式，通过构建合作的教育培训体系对企业相关技术人员进行技能培训，从而达到理论与实践相结合的目的。企业还可以有目的性地提拔一些拥有高级理论基础与实践能力的技术人员，并在明确产业发展方向的前提下，开展新技术缺口人员的培训，给有能力的人员出国深造的机会，开拓他们的视野，增加他们的实践能力。此外，企业还可以通过关注行业内最新的科研成果，建立创新工作站，组织相关领域学术带头人及国家项目完成人开展创新研讨会，把握技术创新方向，通过建立企业内技术人员交流平台，创造技术人员的交流环境，以活跃他们的创新思维。

在创新人才激励方面，一方面，须建立与科技创新人才相匹配的职业发展通道，使其立足岗位，发展成才。打破仅仅依靠职务晋升才能提升岗位级别的单一通道，注重形成职业发展、薪酬激励、绩效考核、人才发展等多种职能的良性互动，真正发挥各种机制的协同效应。另一方面，注重采用工作激励、特殊福利、技术创新一次性奖励等激励手段，满足企业技术创新人才的个性化激励需要，形成事业激励与荣誉激励相结合的多元化激励体系。

此外，激励效应的实现需要依靠相应的制度来保障。企业不仅可以通过加强创新文化建设，努力营造鼓励创新、敢于挑战、宽容失败的文化氛围，提高全员的创新意识，拥有自主创新的能力，获得核心竞争力，还须建立多层次、多类别的绩效评价机制，逐步增加评价指标体系中有关企业技术创新指标的权重，结合企业具体的技术创新工作适时调整。例如，对基础性、前瞻性的研发工作以过程性考核为主；对应用型的研发工作，以结果性考核为主。针对技术创新人才的绩效考核机制，着重完善绩效管理制度，突出考核技术创新人才的创新能力、科研贡献、领衔作用、人才培养和团队建设等内容，实施动态管理，使技术创新进步奖励真正发挥公正、客观地评价创新人才科研成果和科研能力的作用。

三　科学决策企业技术追赶路径

企业须根据自身拥有的创新资源选择正确的技术追赶路径，这关系到企业技术创新的层次和企业产品的技术含量，直接影响企业的竞争力和可能形成的竞争优势。就国内外的研究来看，企业技术创新通常分为三种模式，即原始性创新、集成创新以及引进—消化吸收—再创新。

技术追赶路径的选择不仅受到产业技术环境的影响，还受到企业技术能力以及技术来源方式等因素的作用。如果在技术和市场已经高度国际化的技术领域，当战略性新兴产业的企业不具备自主研发能力时，可以考虑选择技术收购、技术引进等方式，通过消化吸收提升企业的技术能力，并调整研发模式，加快技术追赶速度。还可以根据产业发展的不同阶段、技术发展的不同特征确定不同的创新策略。如何根据生产企业的技术创新能力对技术追赶路径进行科学决策，是实现福建战略性新兴产业技术赶超的关键所在。福建战略性新兴产业的生产企业应该借鉴国内外相近产业的成功发展模式，同时根据企业资源能力选择适合自身的技术创新模式，实现技术追赶，并创造符合本省实际情况、特有的战略性新兴产业技术追赶模式。

第二节　提升大学及科研机构的技术创新能力

福建战略性新兴产业协同创新系统中的知识生产子系统，主要由与产业相关的大学、科研机构构成，它们与生产企业共同构成战略性新兴产业协同创新系统的创新主体。系统创新能力的强弱不仅取决于产业内生产企业的技术创新能力，还取决于相关大学、科研机构的技术创新能力。因此，通过提升战略性新兴产业协同创新系统内知识生产机构子系统的技术创新能力，可以实现提升系统技术创新能力的目标。

一 提升大学的技术创新能力

从大学在当今知识经济的中心地位以及在战略性新兴产业协同创新系统中的重要作用来看，其技术创新能力的提升对战略性新兴产业的发展具有积极的影响。提升相关大学的技术创新能力应从以下几个方面入手。

（一）提高大学技术创新的自我发展能力

大学应积极合理地审视其在战略性新兴产业发展中所起的作用，把学校发展与战略性新兴产业乃至整个地区社会经济的发展相结合，尤其应从学校与当地战略性新兴产业互动的角度来看待学校自身的发展，不仅要重视提高相关学科的基础性研究水平，还要提高在研发项目上的组织管理能力。更重要的是，积极地与战略性新兴产业内的相关企业进行研发项目合作，为研发项目的成果转化提供有效的服务，主动开拓与企业界之间的联系网络，积极提高大学科研成果的转化率。

（二）加强教师队伍建设，提高教师整体水平

高水平教师队伍和创新团队的建立是决定大学创新能力强弱的关键。因此，大学应坚持以"人才队伍建设为核心"的思想，大力加强人才的引入与培养。一方面，应严格教师的准入条件和职称评聘制度，将教师的实际科研能力作为录用和评聘的重要依据；另一方面，完善人才培养体系，将科学研究与人才培养相结合。不仅如此，高校还须加强"双师型"师资队伍建设，通过校企之间的良性合作互动解决教学与实践脱节的问题。高校在聘请战略性新兴产业领域龙头企业中的研发带头人、高级工程师等作为学校兼职教授的同时，本校教师也可以到企业中为其研发人员授课以补充理论知识，保证知识技术的及时更新和教师特长的有效发挥。此外，还应建立激励制度，以稳定和吸引优秀人才及创新团队。

（三）创建创新发展环境，营造技术创新氛围

创新环境的构建是维系和促进创新活动的有力保障。大学应根据国

家及福建对战略性新兴产业的总体布局和学校学科专业的发展特点,综合本校实际,为技术创新营造良好的氛围。良好技术创新环境的营造,应从以下几个方面着手:一是构建技术创新的高效组织架构;二是建立资源配套体系和研究评价体系,不仅要形成人、财、物的协同投入机制,还要完善创新评价标准,突出对研究质量和实际贡献的评价;三是加强学校投融资体系建设,为校内技术创新提供资金支持,将具有时效性、实用性的成果快速推向市场,推进战略性新兴产业的发展。

(四)推动人才资源向战略性新兴产业集聚

破除人才在资源配置领域中的体制机制障碍,针对科研人员研究出台户籍、身份、住房、子女教育、就医、养老等方面更具吸引力的政策措施。鼓励具备条件的企业、大学、科研机构采取股权激励、项目收益、奖金分红等方式,激励创新人才。营造崇尚创新创业的社会环境,大力弘扬企业家精神和工匠精神。

二 提升科研机构的技术创新能力

科研机构的主要功能是创造知识、加工知识和应用知识,即探索未知、创造新知。科研机构技术创新能力的提升,对提高战略性新兴产业的整体技术创新能力具有不可忽视的作用。提升科研机构的技术创新能力应做到以下几个方面。

(一)合理部署基础研究、应用研究以及技术开发工作

基础研究的主要任务是探索自然及社会现象的基本规律,是知识创新的基础,也是科技与经济发展的重要支撑,对推动和促进应用研究及技术开发工作的顺利进展起到不可替代的作用。基础研究的耗时长,但影响面广,因此,科研机构必须重视基础研究进展,积极鼓励科研人员进行科技开发,使基础研究、应用研究和技术开发工作协调发展。

(二)坚持自主创新与引进先进技术相结合

相关科研机构的研发项目不仅要立足解决当前战略性新兴产业发展的热点、难点、重点问题,还要超前于产业发展,进行长远的技术开发,为战略性新兴产业的未来发展提供动力和支持。因此,科研机构应

对国民经济和社会发展中的战略性重大科技问题开展最前沿的创新研究，在自主创新的基础上加大与国际研发机构的科技交流与合作，积极引进、消化、吸收、推广国外先进技术。但应注意的是，引进的先进技术与自主技术创新应做到适度平衡，减少不合理的重复引进以及创新不力等问题。

（三）设立科研工作的激励机制

科研机构应从目标激励、利益激励、精神激励等方面完善激励机制。目标激励应做到激发科研人员的事业心与责任感，利益激励应体现对科研成果的价值认同，精神激励应做到给予高效率人才荣誉和晋升的机会。只有这样，才能充分调动科研人员的积极性，推进科研工作的顺利进行，不断扩大科研成果。

第三节 完善和强化产业技术创新动力机制

由福建战略性新兴产业协同创新系统的演化机理分析可知，系统演化发展过程中同时受到技术创新动力这一系统的内部控制变量的影响。福建战略性新兴产业主要由产业内相关生产企业共同构成，这些企业组成了一个庞大的产业链条，它与相关大学、科研机构共同构成战略性新兴产业协同创新系统的内部主体环境，决定着战略性新兴产业协同创新系统的内部控制变量。因此，培育良好的技术创新动力，提供良好的产业发展内部环境，对于福建战略性新兴产业的发展具有重要的作用。

一 提高福建战略性新兴产业生产企业的技术创新意识

将技术创新作为企业不断向前发展的价值观和发展策略，培育企业的创新意识，对于企业技术的发展和提高企业竞争力具有重要作用。可以说，战略性新兴产业内生产企业创新意识的提升，对增强企业创新的积极性有着本质的作用。它不仅影响着企业在激烈市场竞争中的技术发展战略，还决定了企业产品和服务的市场影响力，也是企业持续创新的前提和后续动力保障。战略性新兴产业的发展，离不开对产业内生产企业技术创新意识的保障。因此,为了提高企业的技术创新意识,应优先从以下几个方面开展。

(一) 提高企业技术创新的积极性

技术创新的积极性不仅是相关技术研发部门或部门内的科研人员应当具备的,而且是生产企业内每个部门甚至每个员工都需要具备的基本素质。这一基本素质贯穿产品开发、生产、投入市场直到售后服务的全过程。在这一过程中,只有每个员工都充分发挥创新的积极性,并充分体会到企业的创新精神,才更有助于创新活动的开展。企业员工具备的技术创新的积极性,使其易于其接受新鲜知识和新鲜事物,有利于企业实施变革。只有始终保持技术创新积极性,才能创造经济效益,保持效益领先,提升产品市场竞争力。

(二) 最大限度发挥企业家精神的作用

企业家是每个企业的最终决定人,也是企业进行技术创新活动的主要发起者、组织者和风险承受者。企业家的创新意识和创新理念在一定程度上推进了企业的科技创新活动,是推动企业实施技术创新的内在动力之一。作为战略性新兴产业内生产企业的决策者,需要用企业家的创新意识,深度挖掘企业在生产经营过程以及技术演变发展中所能抓住的机会,在确保企业发展的同时,推动中国战略性新兴产业技术创新。

(三) 加速培育龙头企业,发挥骨干带动作用

围绕福建战略性新兴产业发展的重点领域,加快培育一大批自主创新能力强、产品附加值高、品牌知名度高、经济效益好的龙头企业。一方面,政府可以通过体制机制创新,研究"一企一策"的培育政策,帮助企业制定符合自身特点的发展规划,明确企业发展目标,以加速推进骨干企业、重点龙头企业培育项目的实施;另一方面,通过设立专项资金、专门扶持政策等方式,对相关企业的技术创新、品牌培育以及产品附加值提升等给予资金支持及政策倾斜。同时,通过推出品牌名录等方式对重点企业进行推介宣传,引导企业重视产品质量及品质的提升,鼓励和支持企业通过参加国际性展销等方式提升自身及相关产品的国际

知名度及影响力。此外,针对战略性新兴产业存在的中小型企业同质化的问题,出台企业间资产重组、兼并合作的方案,达到企业资源整合及优势互补的目的。

(四)营造良好的企业文化环境

优越的文化氛围是每个企业的宝贵财富,是企业经营发展的有利软环境,更是战略性新兴产业内生产企业经营活动顺利进行的必要支撑。通过建立学习型组织,强化员工对企业发展的认同感,增强企业员工的文化素养和职业技能,可以有效发掘他们的技术创新潜能。这不仅有利于形成企业的创新文化,更有利于增强企业的创新意识,推动企业技术创新战略的快速实施。

二 构建福建战略性新兴产业的数据分享机制

鉴于当代计算机及网络科学技术的迅猛发展,战略性新兴产业内的生产企业、大学、科研机构可以利用计算机、网络技术的先进成果,由行业协会牵头,在产业内部共同构建技术资源共享中心。通过构建的技术资源共享中心,可以加强产业相关信息资源的电子化建设,提升战略性新兴产业内生产企业对最新生产技术(如产品及相关设备零部件的设计与生产技术等)、产业内相关技术及发展政策(如国内外同业者的生产技术现状、各地同业者的技术评价指标体系更新情况、市场最新动态以及政府支持政策等)的信息收集与吸收能力,从而降低因搜寻信息而产生的过高的交易成本,同时增强福建战略性新兴产业的资源利用和分配效率。同时,通过技术资源共享中心的信息分享机制,还能够打破固有的数据获得方法,最大限度运用网络科学技术、数据库技术和新兴的信息科学技术,达到深刻开发数据、适当挖掘市场的目的,为企业发展提供新思路。

此外,联合龙头企业、高校、科研院所和行业协会,建设战略性新兴产业公共服务平台,增强产业共性技术的供给能力,促进科技成果转化与应用,提升检验测试认证水平,加大对知识产权的保护力度。加快建设中小企业融资综合信用服务平台,加强信用信息整合共享,加大

"信易贷"模式的推广应用,为中小微企业融资担保创造良好的信用环境。

三 充分发挥子系统间的协同作用

近几年,由于政府相关政策的支持以及企业的不断发展,福建战略性新兴产业不断向前发展,但是还存在总体生产技术落后于国际先进水平的问题。要想实现技术赶超,就要加大自主创新力度。然而,仅仅依靠少数生产企业的创新资源作用相当有限,需要依靠与产业相关的企业外部资源的力量,即加强企业与大学、科研机构以及上下游企业的强强合作,建立具有多种核心能力的技术支撑网络,以突破福建战略性新兴产业技术发展瓶颈,实现赶超国际先进生产技术水平的目标。

福建战略性新兴产业协同创新系统的各个子系统间耦合起来,相互联系、相互制约、相互依存,形成一个超循环系统,从而推动整个战略性新兴产业协同创新系统的不断演化发展。系统整体通过各个子系统核心能力的耦合联结,形成单个子系统无法比拟的网络资源与网络核心能力,最大限度地发挥了各子系统间的协同效应,从而加快战略性新兴产业生产技术的发展速度。正因为战略性新兴产业协同创新系统这一特殊功能,就决定了产业内生产企业需要与其他子系统形成相互联系、相互作用的网络体系,充分发挥子系统间的协同作用,以增强生产企业对环境的适应性和自身的稳定性,提高企业竞争力。

在充分发挥福建战略性新兴产业协同创新系统中各子系统间的协同作用外,作为战略性新兴产业协同创新系统核心的生产企业子系统,它的技术发展水平直接决定了整个产业协同创新系统的演化速度。子系统的技术发展水平取决于子系统内各生产企业资源能力的强弱以及资源能力要素间的协同能力。这种协同能力不是一蹴而就的,而是需要一定时间及相关策略的推动和发展。这就要求生产企业在拥有一定创新要素的前提下,协同创新要素连接构成一个关系网络,充分发挥该网络的整体功能,以实现创新资源效用的最大化,从而推动整个产业协同创新系统的演化升级以及战略性新兴产业技术水平的快速发展。

此外，还应进一步发挥产业集聚效应，推动产业转型升级。一方面，加速推进福州、厦门两大战略性新兴产业核心区建设，充分发挥两大区域的产业集聚效应和对区域经济发展的带动作用。利用发达的省际高铁、城际轨道和市区干线联结闽北、闽中、闽南、闽西、闽东地区各主要城市的联动发展，在突出区域产业发展优势的同时，通过政府部门的总体规划，引导各区域战略性新兴产业合理布局及差异化发展，形成区域经济联动、协同发展的新局面。另一方面，通过共建企业间的协同发展关系以拓展产业链条上的不同环节，通过共享优质资源提升产业化效率，通过科学规划战略性新兴产业上、中、下游产业项目来延伸产业链长度，进而不断推动福建战略性新兴产业的转型升级。

第四节　加强和完善技术创新保障体系建设

由福建战略性新兴产业协同创新系统的演化机理分析可知，系统演化发展还受到技术创新保障力这一外部控制变量的影响。因此，加强和完善技术创新保障体系建设对于福建战略性新兴产业的发展也具有重要的作用。本节主要从以下四个方面提出加强和完善技术创新保障体系建设的政策措施。

一　推进产业政策实施

政府子系统作为福建战略性新兴产业协同创新系统的重要组成部分，对产业协同创新系统及各细分产业的协同发展发挥着特殊的影响作用。政府部门制定的与战略性新兴产业相关的产业政策是产业发展的助推器，在协同创新系统的演变过程中发挥着重要的作用。特别是在协同创新系统外部环境的构成及变化中有着决定性作用。也就是说，在较大范围内决定了战略性新兴产业协同创新系统的外部控制变量。战略性新兴产业的发展和产业技术创新能力的提升，需要以产业政策的实施作为保障。

第六章 基于产业协同创新系统视角的福建战略性新兴产业发展对策研究

（一）健全创新制度和政策体系

政府应以体制机制改革为突破口，以高质量发展为契机，为战略性新兴产业的发展提供有效的制度保障。在产业发展的整体层面，应着眼于全球视野，支持企业有效利用全球技术创新资源以推进技术创新；深化技术创新的对外开放及全球竞争与合作，推动执行技术创新伙伴计划，加强国际间的技术创新政策对话；支持企业相关的收购并购活动，培育战略性新兴产业多元化大型跨国企业集团，推动以重大技术突破为基础的产融相结合的产业发展模式。

编制人才需求目录，制定人才专项政策和规划。一是进行福建战略性新兴产业的人才摸底调查，对产业领域内各种类型组织中的人才数量、结构、绩效等进行调研。二是根据人才现状、供给和需求情况编制人才需求目录，并制定未来一段时间的人才工作目标，为人才管理工作提供信息服务。三是在现有政策的基础上，根据不同产业特点制定人才队伍建设专项政策，根据产业发展需要，对不同类型的人才给予不同的政策支持，合理分配资源，促进产业人才队伍整体素质和水平的提升。

建立有利于技术创新活动进行的政府采购政策、合理的知识产权制度、有效的项目评估体系；健全技术创新的市场导向机制，发挥市场在技术资源配置、技术研发方向选择上的导向作用；加强科技服务体系建设，完善技术市场和资本市场对技术创新的支持，制定限制盲目重复引进国外技术和设备的政策等；创建有助于技术创新和产业成长的长期绩效考核指标，为企业进行技术追赶和技术跨越做好充分准备。

加大对技术创新成果交流以及推动创新成果产业化实施方面的投入。鉴于目前福建科技贡献率低以及对外技术依存度高的现状，要想使全省经济高质量跨越式发展，需要加大研发投入，开展宣传技术创新成果、推动技术成果交流等促进技术市场化的活动。

（二）确保产业政策顺利实施

改革和优化科技创新管理体制，建立以绩效导向为主的管理体制，以期更加高效地配置科技资源。一方面，应建立省域科技创新平台，形成高效联动的评估和监管体制；另一方面，要转变政府职能，依托专业机构完成创新项目的立项、评审和过程管理，发挥专业机构的作用，完成对专项资金使用的咨询、指导、评估和监督工作，避免财政资金使用效率低等问题。

完善技术标准规范，提升品牌和质量，建立有效的产业技术创新激励机制。一是加快制定战略性新兴产业细分产业的产品标准，健全标准体系、技术认证机制；加快产业新产品信息化监测认证平台建设，监督产品质量，加强品牌管理；鼓励创新型企业积极参与国际技术标准制定，建设创新联盟和重要技术产品专利联盟，联合健全重要技术规范。二是制定直接或间接的政策措施，鼓励和支持战略性新兴产业内的相关企业、大学及科研机构进行技术研发和技术扩散，提升研发方转让先进技术的积极性，从而带动整个产业的全面发展。

加强产业配套政策实施细则和产业政策效果实施评估。一方面，在产业配套政策实施细则方面，应保证财政补贴、税收优惠、贷款贴息、国际合作与交流等政策落到实处，使更多战略性新兴产业内的中小企业更有效地得到支持，多管齐下，确保产业政策落实到位；另一方面，加强产业政策效果评估体系建设，设定一定的投入产出指标，动态评估产业政策实施情况。通过产业政策实施的事前、事中和事后评价考核，及时纠正产业政策细则存在的偏差，结合政策与产业发展实践，合理调整产业政策措施，改善产业政策执行效果，真正使产业政策有效促进产业资源的优化配置，实现社会经济福利最大化。

二 强化财政政策扶持

资金投入是企业及产业发展的血液，福建战略性新兴产业的发展离不开政府财政政策的扶持。在产业发展进程中，须加大科技研发与配套基建投入，制定合理的财政补贴制度，使税收优惠向战略性新兴产业领域倾斜，并加强财政补贴以协调财税政策，以期强化财政政策对战略性新兴产业的支持。

（一）加大科技研发与配套基建投入

在科技研发方面，政府应加强对战略性新兴产业关键及重点技术创新研发领域的支持，将财政补贴与技术创新主体的科研成果相联系，以充分发挥财政支持的资源配置功能。同时，制订一整套切实可行的资金用途约束方案，以保证科研资金专款专用。此外，政府可通过设立战略性新兴产业技术研发中心，提供相关的技术、设备以及研发人员进行技术研发工作，并与产业内相关企业合作，实现科研成果与市场需求的紧密结合。

在配套基建投入方面，完善和支持与战略性新兴产业相关的配套基础设施及社会服务体系建设。基础设施作为产业发展的硬件环境，与生产技术、社会服务体系共同对战略性新兴产业的发展具有十分重要的影响。不完善的基础设施和社会服务体系会抑制战略性新兴产业的发展。政府部门应以行政手段和市场调节相结合的方式，一方面，利用市场的调节机制在战略性新兴产业相关服务体系的完善上发挥主导作用；另一方面，在市场调节存在缺陷的领域，应积极增加配套设施的建设和公共品的供应，并随着战略性新兴产业的发展，不断加强相关基础设施的建设力度，提高公共服务的水准。

(二) 税收优惠向战略性新兴产业领域倾斜

在综合评估战略性新兴产业特点的基础上，设立具体的税收优惠政策，确保真正需要支持的战略性新兴产业内的生产企业均能获得优惠。这不仅需要完善战略性新兴产业的认定标准，防止非相关产业内企业获得税收优惠，还要设置针对性税收政策，对传统落后的产业征收高税收以降低其负外部性，抑制落后产业的发展，对具有正外部性的战略性新兴产业增加针对性的税收优惠，如增加针对战略新兴产业风险投资的税收优惠政策、增加针对战略性新兴产业税基优惠的间接优惠税收政策等。此外，为鼓励企业留住人才，加快重点技术研发的积极性，适度降低研发人才缴纳的个人所得税，从而发挥税收优惠政策应有效果。

(三) 完善财政补贴协调财税政策

一方面，要增加对战略性新兴产业的资金补贴投入，设立战略性新兴产业发展专项资金，大幅度增加财政补贴专项资金额度和规模，突出需要支持的重点领域，分批分次区别对待，集中力量解决制约产业发展的关键核心问题；另一方面，加强财政支出监控，不仅要明确专项资金支持的原则、方向与重点，严格审查专项资金支持项目的内容、资金用途等，还要建立健全财政支出的考评工作，对重大项目设定绩效目标，组织力量进行绩效考评，从而有效监督财政专项资金的使用。

三 优化金融资源配置，提升金融支持效率

积极发展多层次的金融市场，促使资源与资本优化配置到战略性新兴产业领域，提高金融资源对产业发展的支持效率。

首先，完善多层次资本市场体系，实现不同资本市场的有机衔接，满足战略性新兴产业技术升级和企业规模扩张的发展要求，助力产业成长。

其次，进一步增强资金融通的规模，优化金融资源配置，在结构上，保持资本市场对节能环保产业、新一代信息技术产业、新材料产业、生物医药产业支持效率稳中有升的同时，提高金融产品对高端装备制造业、新能源汽车产业、新能源产业的支持力度、支持规模和支持效率，实现金融市场支持战略性新兴产业中的生产企业强强联合，提升福建相关企业在国际市场上的影响力和竞争力。

再次，完善信贷市场体系，引导商业银行对战略性新兴产业内的生产企业开展信贷评审机制和信贷管理创新，积极推进知识产权质押融资等信贷产品创新。拓展战略性新兴产业融资渠道，完善政府投资、企业筹资、债券融资、开发性政策性金融等组合投融资和产业投资基金支持，吸引更多社会力量参与建设。对于央企、国企的中长期大额融资需求，做好在股权投资、企业发债、金融租赁、证券融资方面的配套金融服务；对于中小企业在初创期、成长期等阶段的融资需求，应提供多元化、低成本的普惠金融服务，有效缓解企业融资难、融资贵的问题。进一步深化银政企合作，加快研究设立科技研发贷款，以贷款为突破口，研究运用债贷基组合、投贷联动以及经第三方评估的专利权抵押贷款等方式，满足客户多维度的融资需求。

最后，鼓励银行制定差异化政策。金融管理部门应引导银行对战略

性新兴产业中不同行业、不同类型、不同发展阶段的客户因企施策,通过融智融制融资,提供差异化金融服务。鼓励银行业金融机构在战略性新兴产业需求旺盛地区设立试点分行或分支机构,明确标准,根据不同行业,有针对性地制定企业准入要求和差异化授信政策。加强政策导向和激励,对优质战略性新兴客户的融资需求,在充分利用企业核心资产、专利、股权质押等控制措施的前提下,可给予一定差异化政策,适当放宽信用结构评估和固定资产抵质押率要求,提高股权、知识产权的担保覆盖能力,在考核方面考虑不同地区业务行业和结构的差异,给予一定的风险和考核容忍度。

四 拓宽企业资金投入渠道

提高福建战略性新兴产业的技术创新能力,保障科学技术研发活动的顺利开展,投入的研发费用起着不可替代的作用。目前,学术界指出:从研发费用投入与产出的比例来看,投入比例小于或等于1%的企业将很难生存;投入比例为2%的企业只能艰难发展;投入比例达到5%的企业才能与行业内其他竞争对手正常竞争。因此,目前在福建大中型企业研发费用投入与产出的比例都没能达到1%的情况下,科学技术研究所需的经费缺口问题阻碍了这些企业的发展。研发经费欠缺的问题也阻碍了包括战略性新兴产业在内的众多产业的发展。本书构建的福建战略性新兴产业协同创新系统中,包括银行等金融机构在内的中介机构子系统作为系统整体的重要组成部分,可以解决企业研发费用不足的问题。一方面,科学技术创新的研发经费投入基本由战略性新兴产业的规模决定,由于研发主体通常为生产企业,在经费投入遇到缺口时,企业能够依靠金融机构解决资金问题,保障研究的顺利进行;另一方面,如果研发费用投入过多,会使企业面临较大的经费压力,这时需要考虑利用多方融资手段进行资金分摊。常见的融资手段包括资金重组、银行贷款、发行企业债券等。同时,福建也制定了一揽子优惠措施来促进战略性新兴产业的发展,包括税收减免及资金扶持。企业应当熟悉相关的制度,充分运用这些支持性政策。

合理有效投资是推进战略性新兴产业发展的重要手段，无论是传统产业转型升级，还是高新技术产业发展，都离不开政府财政的支持。在国家层面设立支持战略性新兴产业以及各子领域的专项资金，进一步整合利用好国家发改委、财政部、工信部、科技部、教育部等国家部委现有资金，提高使用效率。同时，加大普惠性财税政策支持。

此外，各地区、各国间的资源互动是福建战略性新兴产业科技创新经费来源的有利途径。通过参加交流项目，不但能够降低经费投入，也能够分摊技术开发的风险性。战略性新兴产业技术创新资金来源的有效途径包括引进外资、加强各国各地区合作、参加他国项目。此外，依靠政府的高效引领，最大限度地运用国际金融机构的贷款也是企业拓展融资途径的有效方式。战略性新兴产业的生产企业必须全面了解国际金融机构的借贷制度，时刻关注国际市场动态，在适时引入大额研发经费的同时，借鉴高水平国家和企业的先进科技创新及管理思想，推进本产业的不断发展。

第五节　本章小结

本章结合福建战略性新兴产业协同创新系统演化过程中的序参量、内部控制变量及外部控制变量在系统演化发展中所起到的作用，针对三种变量提出推进福建战略性新兴产业不断发展的政策措施，主要包括：提升生产企业的技术创新能力、提升大学及科研机构的技术创新能力、完善和强化产业技术创新动力机制、加强和完善技术创新保障体系建设等。

第七章

结论及展望

第一节 结论

战略性新兴产业的发展对包括福建在内的我国各地区产业结构调整、环境保护等都会产生重大影响，对提升地区经济社会发展水平和人们生活质量具有举足轻重的作用。本书在研究战略性新兴产业内涵及结构的基础上，通过建立福建战略性新兴产业协同创新系统的演化模型，详细分析了该系统的演化机理并结合生命周期理论对系统演化过程中经历的各阶段进行了判断和评价，在此基础上对发展福建战略性新兴产业提出了相关政策建议。本书的主要结论集中在以下几个方面。

第一，战略性新兴产业协同创新系统是由产业中的生产企业、知识生产机构（大学、科研机构）、政府、中介机构和用户需求五个子系统组成的复杂创新网络。网络中各子系统受到内外部动力因素的影响，进行着相互联系、既竞争又合作的协同创新活动。

第二，福建战略性新兴产业协同创新系统演化过程是在内外部动力因素的共同作用下实现的。演化过程中存在分岔与突变现象。分岔与突变总是相伴而生，分岔是战略性新兴产业协同创新系统在演化过程中各种平衡态的呈现，它是突变的基础；突变是战略性新兴产业协同创新系统由一个平衡态突跳到另一个平衡态的过程，它是分岔的历史延续。

第三，根据协同学相关理论，技术创新能力是战略性新兴产业协同创新系统演化发展过程中的序参量，支配着系统的演化发展，也是系统演化程度的宏观表现。技术创新动力与技术创新保障力作为福建战略性新兴产业协同创新系统的控制参量，是系统能够顺利演化发展的外在条件和保证。

第四，通过将 Logistic 方程与产业发展生命周期相结合的方式对福建战略性新兴产业协同创新系统的演化过程进行分析，得出该系统在演化过程中主要经历四个发展阶段，即萌芽期、成长期、成熟期、转轨期。

第五，根据对影响福建战略性新兴产业协同创新系统演化过程中序参量及控制参量的分析，提出了提升生产企业的技术创新能力、提升大学及科研机构的技术创新能力、完善和强化产业技术创新动力机制以及加强和完善技术创新保障体系建设等促进福建战略性新兴产业发展的政策措施。

第二节 创新点

本书的研究创新主要体现在以下几点。

第一，构建了福建战略性新兴产业协同创新系统的运行模型。本书在对福建战略性新兴产业协同创新系统具体内涵和结构的分析中得出，该协同创新系统由生产企业、知识生产机构、政府、用户需求、中介机构五个子系统构成；结合对该系统结构、特征以及各子系统间的适应性分析，构建了福建战略性新兴产业协同创新系统的运行模型。

第二，探讨了福建战略性新兴产业协同创新系统的演化机理。结合复杂适应系统理论及系统动力学理论，对福建战略性新兴产业协同创新系统演化的内外部动力因素进行分析，并利用分岔及突变理论，对福建战略性新兴产业协同创新系统演化的分岔及突变过程进行详细分析和描述，刻画了系统从无序到有序、从低级到高级的演化机理。

第三，划分了福建战略性新兴产业协同创新系统的演化阶段，阐述了各个阶段的演变特点及演变方式。通过协同学有关序参量及控制参量的相关理论，确定了决定战略性新兴产业协同创新系统演化发展的序参量——技术创新能力系统，建立求解了系统演化方程，描绘出中国战略性新兴产业协同创新系统的演化轨迹，并将福建战略性新兴产业协同创新系统的演化过程划分为萌芽期、成长期、成熟期和转轨期四个阶段，且对各阶段的演变特点和演变方式进行阐述。

第三节 研究展望

战略性新兴产业协同创新系统是一个较新的研究方向。本书从复杂适应性角度，结合协同学的基本原理对福建战略性新兴产业协同创新系统演化机理进行了探索性研究，分别就战略性新兴产业协同创新系统的概念、特征、系统结构、演化机理、演化过程等方面进行分析。但由于其本身是一个复杂系统，涉及的潜在问题有很多，且其涉及多学科、多个研究领域的相关理论，限于参考资料相对较少以及笔者认识水平有限，本书只是做了有益的研究尝试，仍存在许多欠缺之处。结合相关研究和科研实践中的体会，笔者认为还需要在以下几个方面开展进一步的研究。

第一，复杂性科学理论与战略性新兴产业的进一步结合应用。进一步将复杂性科学的多种理论、方法、思想与战略性新兴产业紧密联系，在对创新主体间非线性作用进行进一步研究的过程中探索战略性新兴产业协同创新系统多主体这一共生系统的演化机制，通过仿真方法来更加深入地分析系统的演化特征和演化规律。

第二，战略性新兴产业协同创新系统的演化路径辨别研究。虽然本书对福建战略性新兴产业协同创新系统的演化轨迹进行了分析，但由于数据及相关资料所限，且该系统自组织演化十分复杂，对其演化方向和路径辨别还有待进一步探索。

第三，战略性新兴产业协同创新系统发展评价指标与方法探索。战略性新兴产业协同创新系统具有多目标、多维度、多层次的特性，对系统发展水平进行评价时指标的选取是今后研究有待进一步完善之处。

附 录

福建省"十三五"战略性新兴产业发展专项规划

前 言

战略性新兴产业代表新一轮科技革命和产业变革的方向,加快战略性新兴产业发展,是引领产业结构优化升级、转变经济发展方式、抢占未来发展制高点的重要途径。"十三五"时期,是福建进一步加快发展的重要战略机遇期,建设机制活、产业优、百姓富、生态美的新福建,必须把战略性新兴产业摆在经济社会发展更加突出的位置,实现新旧增长动力转换。

根据《国务院关于加快培育和发展战略性新兴产业的决定》《中国制造2025》《福建省国民经济和社会发展第十三个五年发展规划纲要》《中共福建省委福建省人民政府关于进一步加快产业转型升级的若干意见》和《福建省实施〈中国制造2025〉行动计划》的部署和要求,省发改委、省经信委联合组织编制了本专项规划。本规划阐述了未来五年福建省战略性新兴产业发展基础、总体要求,明确了产业发展方向和重点任务,提出了保障措施,是指导全省"十三五"战略性新兴产业发展的重要文件。

本规划以2015年为基期,规划期限为2016—2020年。

第一章 发展基础

一 发展成效

"十二五"期间,我省战略性新兴产业发展成效显著,2015年实现增加值2618.82亿元,占地区生产总值比重为10.08%,比2010年高出2.08个百分点,成为推动我省经济持续快速发展的重要力量。

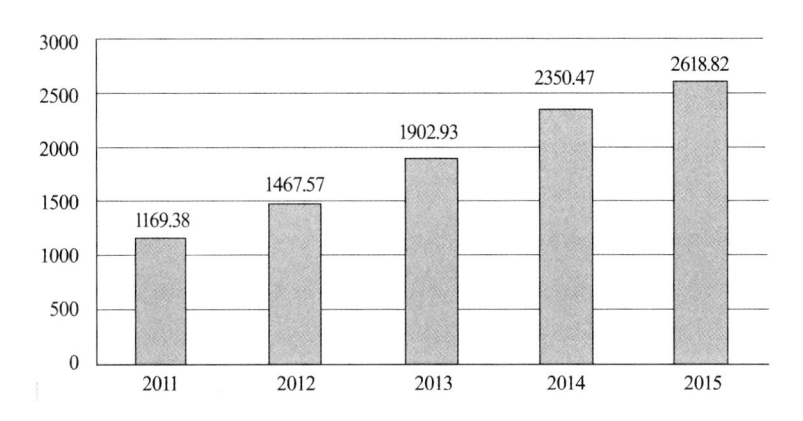

附图1 福建省"十二五"战略性新兴产业发展情况(增加值,单位:亿元)

(一)保持高位增长,总量规模壮大。我省战略性新兴产业整体保持快速增长态势,年均增速约17.7%。尤其是新能源、海洋高新和新材料三大产业年均增速位居前列。2015年,七大战略性新兴产业占全省规模以上工业增加值的比重达到17%。

(二)产业地位突显,结构日趋优化。2015年,我省新一代信息技术和新材料产业分别实现增加值952.56亿元和598.27亿元,合计占全省战略性新兴产业增加值的比重达59.21%,在新兴产业中突显主导地位。从2011年到2015年,全省高端装备制造、节能环保和海洋高新产业增加值从77.06亿元、71.55亿元、18.06亿元分别提高到311.50亿元、340.97亿元、67.65亿元,成为我省产业发展的新增长点,新兴产业结构不断优化。

附表1　　福建省"十二五"战略性新兴产业分行业发展情况

产业领域 增加值（亿元）		2011年	2012年	2013年	2014年	2015年
战略性新兴产业		1169.38	1467.57	1902.93	2350.47	2618.82
其中	新一代信息技术	676.41	808.25	864.56	957.98	952.56
	高端装备制造	77.06	87.99	133.93	257.15	311.50
	生物与新医药	58.64	74.00	86.62	97.74	149.06
	节能环保	71.55	115.14	227.4	304.53	340.97
	新能源	96.48	115.28	113.41	127.03	198.80
	新材料	171.18	243.09	427.72	536.42	598.27
	海洋高新	18.06	23.82	49.30	69.63	67.65

注：2011年数据为综合相关产业情况测算所得，其他年度为统计数据。

（三）推进载体建设，产业集聚明显。到2015年，全省已有7个国家级高新区、8个国家高新技术产业基地、2个国家高技术产业基地、3个国家创新型产业集群和1个国家战略性新兴产业区域集聚发展试点，初步形成以福州、厦门为核心，高新技术产业开发区、创新型产业化基地为节点的战略性新兴产业带，涌现出新型显示、集成电路、新医药等一批特色鲜明、具有竞争优势的新兴产业集群。

（四）加快平台构建，创新能力增强。到2015年，全省共有11家国家级技术转移示范机构、213家省级以上重点（工程）实验室、423家省级以上企业技术中心、471家省级以上工程（技术）研究中心、167家省级科技企业孵化器（其中备案136家）、101个生产力促进中心，搭建了一批产业技术创新战略联盟，突破了一批关键核心技术，企业自主创新能力不断提高。截至2015年底，全省万人发明专利拥有量达4.70件，居全国第10位，超额完成"十二五"规划目标。

但是也要看到，我省战略性新兴产业规模偏小、市场培育不够、研发投入不足、高端实用人才短缺、企业创新动力不强、整体创新水平不高。要立足省情，找准方向，聚焦重点，加快培育发展壮大若干新兴支柱产业，超前布局事关长远的战略性新兴产业，实现新旧发展动力转换，经济结构转型升级。

二 面临形势

（一）科技革命产业变革赋予历史新机遇。全球新一轮科技革命和产业变革正在加速演进，特别是以数字化、网络化、智能化、绿色化为核心的新兴技术广泛渗透，带动产业技术体系创新，引发产业分工重大调整，为我省加速实施创新驱动发展战略、实现新兴产业跨越赶超提供了难得的历史机遇。

（二）新常态新理念构成发展新引擎。党的十八大以来，我国经济发展正在向形态更高级、分工更精细、结构更合理、供给更有效的新阶段迈进，创新、协调、绿色、开放、共享五大发展理念，为实现全面建成小康社会战略目标指明了方向。我省应着力在创新体系和创新能力上实现突破提升，掌握一批关键核心技术，依靠创新驱动实现战略性新兴产业加快发展。

（三）新业态新模式开辟发展新空间。随着国内经济快速发展，国民收入不断提高，加上"互联网+"带来层出不穷的新业态，消费需求不断向多元化、高质量、高层次变化，为战略性新兴产业发展开辟了广阔空间。我省应注重需求引领，激发市场活力，加快发展新产业、掌握新技术、构筑新平台、催生新业态、应用新模式。

（四）中央支持和区位优势构筑发展新平台。近年来中央连续出台支持福建加快发展的重大政策举措，尤其是赋予建设自由贸易试验区、21世纪海上丝绸之路核心区、生态文明先行示范区、平潭综合实验区、福州新区等，政策效应将进一步显现。我省应充分发挥这些平台的综合效应，着力创造有利于新兴产业发展壮大的良好生态环境，推动战略性新兴产业成为社会发展的主动力。

第二章 总体要求

一 指导思想

全面贯彻党的十八大和十八届三中、四中、五中全会精神，深入学习贯彻习近平总书记系列重要讲话精神和对福建工作的重要指示，以创新、协调、绿色、开放、共享五大发展理念为指导，主动适应经济发展新常态，着力推动供给侧结构性改革，全面对接"十三五"国家战略性新兴产业发展规划、《中国制造2025》和"互联网＋"行动计划，立足我省产业基础、资源禀赋和科技实力，以市场为导向，以企业为主体，以创新为动力，以关键核心技术和高端人才为支撑，加大政策扶持力度，加快突破技术链、价值链和产业链关键环节，打造上中下游密切衔接、配套完善、具有自主知识产权支撑的战略性新兴产业体系，加快推动产业转型升级和经济发展方式转变，为我省全面建成小康社会，推动经济社会发展再上一个新台阶，努力建设机制活、产业优、百姓富、生态美的新福建奠定坚实基础。

二 基本原则

（一）市场主导与政府引导相结合。充分发挥市场在资源配置中的决定性作用，强化企业在创新中的主体地位，激发企业活力和创造力，使企业真正成为推动新兴产业发展的决策主体、研发主体和受益主体。同时加强政府规划指导，充分发挥政府扶持和服务功能，整合资源、突出重点、规模发展，努力营造市场、政府"双轮驱动"的战略性新兴产业发展格局。

（二）统筹规划与重点推进相结合。围绕战略性新兴产业发展重点，发挥规划导向作用，优化技术、资金、人才等要素资源配置，把有限的资源集中到关键领域和环节，集中到事关企业能力提升的重要方面，在最有基础、最有条件的环节率先突破。通过培育重点项目、龙头企业和示范工程，不断延伸产业链、技术链和价值链，提升产业配套能力和市场竞争力。

（三）创新驱动与高端攀升相结合。集中优势资源，聚焦主攻方向，着力突破一批重大关键核心技术。在推进原始创新的基础上，着力加强集成创新，提升引进消化吸收再创新能力，充分利用全球创新资源，完善以企业为主体的技术创新体系，推动战略性新兴产业走具备技术主导能力的创新驱动发展道路。推动产业发展向数字化、智能化、网络化转变，促进产业链不断向价值链高端攀升。

（四）体制创新与要素集聚相结合。加强体制机制创新，破除制约要素自由流动和优化配置的体制机制障碍，营造有利于大众创业、万众创新的文化、政策和制度环境。树立全省"一盘棋"理念，实施有针对性的聚焦战略，促进要素资源合理有序流动。支持和培育民营经济和中小企业健康发展，充分挖掘地方经济潜力，发挥各类主体的积极性，构建政产学研用一体化的产业发展新格局。

（五）集约发展与区域协调相结合。以园区为载体、骨干企业为依托、重大项目为支撑，着力完善配套产业链，打造一批创新能力强、创业环境好、特色鲜明的战略性新兴产业基地，推进产业集约化、集群化、规模化发展。以更为广阔的视野、更为长远的眼光精心谋划战略性新兴产业的区域合作与发展，推动区域分工协调，实现产业联动发展和一体化空间布局。

三　发展目标

（一）产业规模实现翻番。到 2020 年，战略性新兴产业增加值力争达到 5850 亿元，年均增长 17.5%，占地区生产总值比重约 15%。其中，新一代信息技术和新材料产业增加值分别为 1910 亿元和 1420 亿元，在战略性新兴产业中继续保持主导地位；高端装备制造和节能环保产业增加值分别达到 680 亿元和 700 亿元，成为战略性新兴产业中新的主导产业；新能源产业、生物与新医药产业、海洋高新产业、新能源汽车产业成为新的增长点。

（二）龙头企业和产业集群培育取得显著进展。到 2020 年，培育形成年产值超 100 亿元的企业 20 家以上，涌现一批具有较强自主创新能力和技术引领作用，以及拥有自有品牌的龙头骨干企业，培育形成一批产业链较为完善、特色鲜明、市场竞争力较强的新兴产业集群和产业品牌。

（三）产业创新能力大幅提升。到 2020 年，力争省级以上工程

（技术）研究中心、重点（工程）实验室、企业技术中心分别达到800个、240个、500个，技术转移示范机构、科技企业孵化器和生产力促进中心功能进一步发挥，全省研发经费投入年均增长15%，每万人口发明专利拥有量达7.5件；重要产业领域骨干企业研发投入占销售收入的比重达到3%以上。企业重大科技成果集成转化能力大幅提高，掌握一批具有产业主导地位的关键核心技术，实施一批重大科技成果转化项目，培育一批具有自主知识产权的重大战略性新兴产品，建成一批具有国际先进水平的创新平台，发明专利质量数量和技术标准水平进一步提升。

附表2　　福建省"十三五"战略性新兴产业发展目标

序号	指标名称	2015年	2020年（预计）
1	产业增加值	2618.82亿元	5850亿元
2	产业增加值年增速	17.7%	年均17.5%
3	产业增加值占全省GDP比重	10.08%	约15%
4	新一代信息技术产业增加值	952.56亿元	1910亿元
5	新材料产业增加值	598.27亿元	1420亿元
6	高端装备制造产业增加值（不含新能源汽车产业）	280.50亿元	680亿元
7	新能源汽车产业增加值	31亿元	100亿元
8	生物与新医药产业增加值	149.06亿元	310亿元
9	节能环保产业增加值	340.97亿元	700亿元
10	新能源产业增加值	198.80亿元	450亿元
11	海洋高新产业增加值	67.65亿元	280亿元
12	年产值超百亿元企业	—	20家以上
13	重要产业领域骨干企业研发投入占销售收入的比重	—	3%以上

第三章　深入推进区域创新

深入实施创新驱动发展战略，强化科技创新，推进高新技术企业对标认定，推动福厦泉国家自主创新示范区建设，大力推进漳州、莆田、龙岩、三明国家级高新区加快创新发展，支持南平、龙岩武平等产业集聚区创建省级高新技术产业开发区，扎实推进创新型（试点）城市和知识产权示范（试点）城市等建设，加快形成一批各具特色的区域创新中心和新增长极。

一 建设福厦泉国家自主创新示范区

（一）明确战略定位，凸显福建特色。以福州、厦门、泉州3个国家高新区为核心，以福州、厦门2个国家级创新型试点城市和平潭综合实验区为重点，推动创新资源集聚和高端产业发展，辐射带动闽东南沿海各区域高新技术产业联动发展，构建具有福建特色的国家自主创新示范区。推动海峡两岸协同创新，实施闽台产业对接升级计划，以新一代信息技术、新能源、新材料、智能制造和海洋产业为重点，打造一批具有高端产业链、特色鲜明、规模水平居全国前列的新兴产业；加快海上丝绸之路技术转移，以国家技术转移海峡中心为成果转化平台，加强与海上丝绸之路沿线国家与地区的科技平台互联互通，加强海上丝绸之路创新资源的整合，强化多边技术转移与辐射；实现产业转型升级示范，加快先进制造业和实体经济的发展，以加快实施"数控一代""泉州制造2025"提升区域智能装备水平和研发石墨烯大规模制备技术等为切入点，推进信息化与工业化深度融合，改造和提升区域传统产业，促进产业链与创新链的融合。在示范区内造就一批具有国际竞争力的创新型企业，形成一批技术集成高、对经济社会发展带动作用强、具有较强区域竞争力的新兴产业集群。

（二）围绕片区功能，布局新兴产业。福州片区，围绕建设国家创新型城市和国家级新区，发挥省会城市科教资源相对集聚和多区政策叠加、开放创新先行的优势，以海上丝绸之路沿线国家和地区技术转移、产业转型升级为重点，在VR产业、光电显示、装备制造、生物技术等领域，打造建成一批具有较强区域竞争力的产业集群，在两岸深度融合发展、协同创新和创新生态环境等方面提供样板。厦门片区，围绕建设国家创新型城市和两岸交流合作综合改革试验区，在微电子与集成电路、稀土功能材料、生物医药、海洋装备等领域，打造建设一批具有较强自主创新能力和国际竞争力的产业集群，在两岸高端产业集聚发展、推进后工业化进程和创新合作战略性枢纽作用等方面提供示范。泉州片区，围绕建设国家民营经济综合改革试点城市，以传统产业改造升级和发展智能制造为重点，在微波通讯、机械装备、太阳能光伏、集成电路（芯片、存储器）等领域，打造建成一批具有较强创新活力和竞争力的产业集群，在汇聚民间资本、调动民营企业活力、创新科技体制机制改革等方面提供示范。

二　加快发展高新区

（一）大力提升园区创新能力。确立区内企业在技术创新决策、研发投入、科研组织和成果产业化中的主体作用，鼓励企业承担国家科技项目，支持企业联合高校、科研机构规划建设一批产业技术研究院。推广以企业为主导的委托研发、组建联合实验室、成立合资公司、合作开展中试以及技术许可、技术转让、技术入股等多种合作模式。培养和支持一批中青年科技创新创业人才，引进一批海外高层次人才。鼓励园区建设科技企业孵化器、留学人员创业园等孵化服务机构，打造一批具有当地特色的众创空间。实现区内企业研究与试验发展（R&D）经费内部支出占销售收入比重超过全省平均水平，园区内高新技术企业数量明显增加。

（二）增强园区产业核心竞争力。发挥国家高新区的核心载体作用，以整合技术资源为基础，采取"政府启动、多元投资、需求导向、市场运作"的运行模式，大力推动企业开发新产品，实现产品升级换代，发展高端制造业。鼓励企业并购与重组，支持跨区域整合与产业链整合，做大企业规模。积极推进创新型产业集群建设，加快科技成果在产业集群内的转化，产业集中度明显提高，区内工业总产值增长率高于全省平均水平。

（三）促进园区转型升级。赋予国家高新区必要的经济、社会、行政等管理权限和职能，允许高新区依法进行用人、薪酬等方面的改革。

大力推进能源、资源的节约、集约和循环利用，单位工业增加值能耗、水耗进一步下降，主要污染物排放总量显著减少，提高土地集约利用效率。按照"布局合理、特色鲜明、集约高效、生态环保"的原则，创建高新技术产业基地、生态工业示范园区、循环化改造示范试点园区、低碳工业园区等绿色园区，探索建立国际合作创新园。提升高新区城市综合功能，优化人居环境，完善公共服务设施，促进具备条件的高新区向宜居宜业城市转型，把高新区建设成创新要素、高层次人才、高端产业集聚的科技新城区。

第四章　提升发展新一代信息技术产业

把握信息技术升级换代和产业融合发展机遇，重点突破新型显示、高性能集成电路、超高速光纤与无线通信、物联网、大数据与云计算、数字虚拟等新一代信息技术，推进信息技术创新、新兴应用拓展和网络建设互动结合，创新产业发展模式，提高新型装备保障水平，培育新兴服务业态，增强国际竞争能力，推动信息产业实现由大到强的转变。

一　新型显示与集成电路产业

新型显示产业，突破面板前段工艺、驱动和控制集成电路（IC）设计封装、整机模组一体化设计等关键技术，发展有机发光二极管（OLED）、印制量子点发光二极管（QLED）等国际前沿产业技术，推进虚拟现实（VR）、增强现实（AR）和裸眼3D显示等行业前瞻技术，整合资源引进新型显示面板上游材料生产线，推进8.5代新型半导体显示器件生产线、6代低温多晶硅显示面板及彩色滤光片生产线等一批项目建设。以面板为核心，带动关键器件材料协同发展，加强资源整合和战略合作，完善产业链，形成较为完整的上下游配套产业体系和相对完善的整机制造产业。新型显示终端，稳定扩大整机与显示模组产业规模，巩固我省显示下游产业在国内外已有的强势地位，推动中上游产业核心体系向福厦新型显示产业带集聚，加快形成上下游配套产业链相对完备的新型显示产业集群。高世代面板，大力发展高世代面板、高像素分辨率（PPI）面板和有机发光二极管（OLED）面板产业，壮大新型显示产业链核心环节，满足我省显示器、电视、平板电脑、手机等显示终端对高世代面板产品的需求。上游核心材料和配件，着力发展与非晶硅薄膜晶体管液晶显示面板（a-Si TFT-LCD）、低温多晶硅（LTPS）或铟镓锌氧化物（IGZO）薄膜晶体管液晶显示面板（TFT-LCD）/有机发光二极管（OLED）面板配套的玻璃基板、偏光片、背光源和靶材；与显示屏配套的触摸屏，与触摸屏配套的盖板玻璃和基板玻璃；扩大与背光模组配套的光学功能膜片如反射膜、扩散膜、增亮膜、导光板等产业规模。

集成电路产业，着力发展芯片设计业，开发高性能集成电路产品；壮大芯片制造业规模，增强先进和特色工艺能力，大力支持计算机及网络、智能电视、通信、数字对讲机 SOC 等芯片设计，发展系统级封装（SIP）、芯片级封装（CSP）等集成电路新型封装测试工艺与技术，推进芯片设计的知识产权布局及产业化。以专用芯片设计为突破口，重点支持电子整机与装备产品专用芯片的设计和应用。加快推进 12 英寸集成电路规模生产，形成 28 纳米工艺技术的加工能力。配合晶圆厂建立配套封装测试能力，完善我省集成电路设计、制造、封装测试链条。集成电路设计，重点研发、设计平板电脑、智能手机、智能电视、高速光通信、微波通信、智能家电、移动支付终端及微电子机械系统（MEMS）等芯片产品及其解决方案。集成电路芯片制造，着力发展 8 英寸和 12 英寸硅基集成电路生产线，6 英寸Ⅲ-Ⅴ族化合物集成电路生产线、存储芯片（DRAM）生产线等，形成高端芯片和特色功率芯片规模制造和封装、测试能力，促进先进工艺和特色工艺协同发展。集成电路封装测试，以现有晶圆制造厂为主，引进为辅，重点发展 3D 封装、MEMS 封装、SIP 系统级封装等当前国际先进封装技术，建立与省内集成电路制造产能配套的封装测试能力。

> **专栏一 基础电子产业发展重点**
>
> 积极推进海峡两岸在新型显示、集成电路产业的交流合作。
>
> **新型显示**，以上游材料、面板、触控、模组和终端整机为主要价值链，以玻璃基板、面板、触摸屏、背光模组、显示器、手机等为主要产品，**重点发展高世代面板**：建设京东方G8.5新型半导体显示器件、厦门天马G6低温多晶硅（LTPS）、福建华佳彩G6薄膜晶体管液晶（TFT-LCD）生产线等项目；**核心材料和配件**：建设电气硝子（NEG）液晶基板玻璃、华映科立视触控屏基材等项目；
>
> **新型显示终端**：建设冠捷、友达等大型模组与整机项目。
>
> **集成电路**，以集成电路设计和集成电路芯片制造为主要价值链，**重点发展集成电路设计**：平板电脑、智能家电、微波通信、可穿戴设备、移动支付终端及MEMS等芯片产品及其解决方案，建设福州瑞芯微、福建新大陆电脑等相关项目；**集成电路芯片制造**：8英吋和12英吋硅基集成电路，6英吋Ⅲ-Ⅴ族化合物集成电路、存储芯片（DRAM）生产线等，建设厦门三安光电、莆田6英吋砷化镓生产线、联芯12英吋集成电路、平潭协力科技产业园等项目。

二 "互联网+"与新一代通信产业

实施"互联网+"，重点在创业创新、协同制造、现代农业、智慧能源、普惠金融、益民服务、公共安全、高效物流、现代商贸、便捷交通、绿色生态、海洋经济、文创媒体、开放合作、人工智能等领域进一步推动与互联网融合发展，使"互联网+"成为改进公共服务和社会治理的重要手段，基本形成网络经济与实体经济协同互动的发展格局，进一步增强互联网支撑大众创业、万众创新的作用。推进福州、平潭海峡两岸电子商务经济合作实验区建设，加强福州、厦门、泉州、莆田电子商务示范城市建设，大力发展跨境电商，推动传统商贸业与电子商务线上线下深度融合。

新一代通信产业，发展移动通讯关键配件及元器件、基站和直放站、微波通信直放站核心模块、射频无线电通信设备、移动通信功率放大器、密集型波分复用器、可视电话、卫星通信配套设备、导航定位系统设备等产品；实施北斗卫星导航系统系列应用产品研发和产业化，推进数字对讲机转型升级；推广数字化广播电视网络建设，促进4C（计算机、通信、消费电子、内容）融合。计算机及终端产品，重点发展具有自主知识产权、掌握核心技术的计算机产业，重点发展高端容错计算机、工业控制计算机、嵌入式计算机以及海量存储设备等产品。结合互联网、移动互联网和消费市场发展趋势，优先发展便携式、低功耗笔记本计算机，以及大尺寸、高性能、触摸型一体式平板计算机，积极培育终端、内容、服务一体化产业链。

三 大数据应用与云服务业

大数据应用，重点夯实大数据发展承载基础，加快资源建设整合，推动共享开放开发；重点推广大数据在政府治理、公共服务、科学研究和产业发展的创新应用；重点发展壮大大数据产业园区，开展第三方数据交易平台建设，强化大数据安全保障。支持拥有规模数据的企业发展大数据产业，建设一批大数据云平台。积极发展安全可信的云计算和大数据外包服务，建设包含人群集聚、智慧旅游等大数据服务开发平台，推动地理信息产业发展，培育信用信息服务业。

云服务业，围绕政务、工业、农业、金融、教育、医疗等重点领域应用需求，建设区域公共云服务平台，增强云计算服务能力，统筹布局云计算基础设施，提升安全保障能力；重点建设我省电子政务云计算平台，实现电子政务集约化建设；促进各类信息系统向云计算服务平台迁移，发展基于云计算的个人信息存储、在线工具、学习娱乐等服务；推动信息技术能力实现按需供给，促进信息技术和数据资源充分利用。

四 智慧城市与物联网产业

智慧城市，运用物联网、云计算、大数据、空间地理信息集成等新一代信息技术，促进区域规划、建设、管理和服务智慧化，突出为民、便民、惠民，推动创新城市管理和公共服务方式，向城市居民提供广覆盖、多层次、差异化、高质量的公共服务，使公众分享智慧城市建设成果。积极推进福州、厦门、泉州、莆田等国家信息惠民示范城市评价工作，创建新型智慧城市；促进漳州、龙岩、三明等市开展信息惠民国家示范城市创建工作。开展云计算、物联网、大数据、"互联网+"、视频监控等在智慧城市建设中的融合应用，推动构建智慧城市感知、支撑、服务三大基础平台；推动公共安全、养老及社区服务、健康医疗、社会保障、优质教育、食品药品安全等各类智慧应用。

物联网产业，积极搭建物联网技术创新公共服务平台、大型测试仪器设备共享平台、物联网数据交换和信息安全平台、物联网产业发展研究与对外交流服务平台等一批物联网公共服务平台，着力推动产业链上下游配套资源整合、集聚，培育一批龙头骨干企业，构建物联网产业集聚区。围绕物联网应用，研发相应的信息感知、采集、传输、处理、反馈控制系统设备。组织一批物联网相关技术攻关，重点支持新型电子标签（RFID）芯片、传感元器件、大容量数据存储与高效智能数据检索、分析、处理技术研发与产业化；加快推进4G移动通信设备、宽带接入设备、终端产品、专用芯片、应用平台等的研发与产业化；大力研发基于下一代网络（NGN）、下一代互联网（NGI）的安全架构体系和网络融合技术体系等，不断提高物联网产业软件研发和系统集成服务能力。结合"数字福建、智慧城市"建设和物联网技术发展趋势，重点在智能交通管理、智能安全防范、智能生产制造、智能电网监控、智能卫生医疗、智能生活服务、智慧海洋、智能安全生产管理、智能环保节能等领域，组织实施一批应用示范工程。建成全省电子政务公共平台，政务活动普遍实现全流程网络化办理。

> **专栏二　信息产业发展重点**
>
> 积极培育信息经济热点，加快推动创业创新、协同制造等15个领域与"互联网+"融合；实施物联网先行工程，推广物联网技术集成应用；实施大数据产业先行工程，发挥云计算对数据资源的集聚作用。加快建设中海创（永泰）智慧科技园、福州市城市光网、中国电信福州分公司4G网络、"数字福建"云计算中心、漳州高新区众创城等项目。

五　智能电子应用与半导体照明产业

智能电子应用，深化智能电子技术在各行业的广泛应用，提升通信、仪器仪表、纺织机械、智能交通、视频监控、信息家电、可穿戴设备等领域关键元器件及材料的研发与产业化，重点发展高清化、数字化、智能化、网络化为特征的高端产品。提升工业控制的集成化、智能化水平。突破高档数控系统关键技术，加强机床电子功能部件研发与产业化。支持高功率密度、高性能电力电子装置和智能电网关键元器件的研究与开发。推动片式阻容感元器件、频率元器件、微电子器件、电力电子器件、光电子器件、敏感元器件及传感器、微电子机械系统（MEMS）机电器件、绿色电池、微特电机、高密度印刷电路板和柔性电路板等新型电子元器件研发与产业化。

半导体照明产业，围绕半导体照明工程，重点支持大功率芯片和器件、驱动电路及标准化模组、LED封装测试等关键器件与设备以及第三代半导体材料、金属有机化合物（MO）源、蓝宝石衬底、高性能环氧树脂、高效荧光粉及透明荧光体等关键材料的研发与产业化，积极推进LED产品的系统集成与集成应用。外延、芯片领域，重点推动龙头企业创新研发外延芯片光效达到250Lm/W以上，力争把我省的外延、芯片打造成世界一流的优势产业。外延领域加强对图形化衬底、同质衬底、复合衬底等的研发创新。芯片领域加快优化倒装结构、垂直结构芯片技术，开发芯片新结构，提高外量子效率，提升芯片性能。新技术芯片重点研究开发半导体红外、紫外、深紫外的外延、芯片新技术，推动实现产业化。封装领域，围绕产能扩充项目和创新技术、产品及创业团队建设，鼓励现有LED企业通过并购方式扩大规模；引导上下游产业对接，联合应对国际竞争，研发LED大功率COB集成封装、晶圆级封装、集成模块化封装和小间距LED封装技术。应用领域，着力发展中高端、个性化的灯具和照明系统设计和制造业；结合通信、传感、云计算、物联网、移动互联等手段，着重解决控制电路，实现LED照明智能化控制。创新研发光模块，着重解决光组件接口、驱动电源等问题，加快推进标准化。加快跨界合作和协同创新，推动农林牧渔业、医疗、健康、美容等特种照明、智慧照明和超越照明；推动小间距显示屏、高清和3D显示屏、小功率LED等产品在多领域的应用。

第五章　大力发展高端装备制造业

引导和支持高端制造企业深入开展技术研发，突破制约产业发展的重点共性工艺瓶颈和关键基础零部件，重点发展智能制造装备、增材制造装备、高技术船舶，培育发展轨道交通装备、航空装备、智能电网装备，建立高端装备开发制造体系，提升高端装备制造基地发展水平。

一　智能制造装备

重点发展高档数控机床、工业机器人、智能化专用装备、自动高效生产线等高端设备以及高速精密重载轴承、高压液压元件、高承载传动件、高性能密封件、大型精密模具等高端关键零部件，推动基础装备、基础工艺、基础零部件技术提升，增强核心技术创新能力。实现大容量储能装置自主化、大容量储能技术及兆瓦级储能装置满足电网调峰需要，解决可再生能源并网瓶颈。着力加快智能工厂和数字化车间智能装备应用发展步伐，优先发展搬运、喷涂、雕刻、焊接等工业机器人。集中力量攻克工业机器人本体、精密减速器、伺服驱动器和电机、高性能控制器等核心共性技术，研发传感器和智能仪器仪表、试验设备、元器件及通用部件、机床功能部件等关键部件与装置。重点围绕纺织服装和制鞋、食品包装、能源、建材、冶金矿山、农业生产等产业装备改造提升需求，集成制造技术、信息技术和智能技术，发展具有分析、控制、执行功能的智能装备。

二 增材制造装备

以工业设计、个性化医疗器械、教育文化、汽车零部件加工、精密铸造、航空零部件等领域为重点，突破一批制约增材制造装备产业发展的关键技术，重点突破3D打印材料研发、过程控制、数字化建模、后处理等环节的共性关键技术。研发一批具有自主知识产权的成形材料、装备及核心器件。以高品质金属和光敏树脂等增材专用材料制备技术为重点，加快高温难熔材料、高强度材料、光电材料等功能材料以及相应的关键基础工艺和装备的自主研发。围绕增材制造材料研制与技术服务，推动实现网络技术与先进材料技术、数字制造技术的紧密结合。建立增材制造产业化应用示范基地，加快3D科技成果的推广使用。

三 高技术船舶

加快推行现代造船技术，推动重点企业全面建立现代造船模式，重点研发批量大、价位好、附加值高的新型船舶，做强做精汽车滚装船、海洋工程多用途工作船两大特种船型和油船、散货船、集装箱船三大主力船型，大力发展船用电气自动化系统制造，积极拓展特种货船、旅游客船、江海直达型船舶、内河快速船舶等新型船舶产品，发展壮大游艇制造业规模。鼓励和引导中小造船企业组织分段制造和舾装件专业化生产，提高船用起重机、舵机、锚绞机等船用甲板机械和舱室机械配套能力，支持船用钢板、船用电机、船用电缆、化工涂料等一批船用原材料和配套产品的发展。

四 轨道交通装备

重点开展为高速铁路客车、重载铁路货车、新型城市轨道交通装备等配套的轮轴轴承、传动齿轮箱、减振装置、牵引变流器、绝缘栅双极型晶体管（IGBT）器件、大功率制动装置、供电高速开关等关键零部件的研发和制造，提高质量水平，满足整机配套需求。提高客运轨道交通装备的可靠性、舒适性、易维护性，加强城市轨交车辆系统集成技术研发，重点研发城市轨道牵引供电系统、运行控制系统及城市轨道专用磁轨制动装置等，完善成熟轨交车辆产品技术平台，形成多系列城市轨道车辆产品谱系，推动多样性发展。

五 航空装备

重点推进飞机维修及机场专用设备的发展，积极打造国际飞机零部件供应体系，提升对大型商用飞机、小型飞机及系统的维修能力。以大数据为核心，推动工单核销、内销模式、无纸化作业等联网监管改革，通过信息化的管理手段和智能化的管理方式满足航空维修企业的个性化需求，促进在民用飞机及发动机工艺装备，机场及地面保障设备，航空元器件、零部件、大部件、航空维修、通航运营等环节的发展。积极培育发展民用飞机、航空设备及系统、航空维修及服务业等。鼓励民用航空发动机的研制应用，加快推进轻型动力系统、液压系统、燃油系统、雷达系统、环控系统、通讯系统、新型航空材料等的发展，实现中小型飞机整机制造技术的新突破。

专栏三　高端装备制造产业发展重点

智能制造：全力突破一批关键技术与核心部件，探索人机协同的智能制造系统，重点支持中国机械科学总院海西（福建）分院、泉州"数控一代"等高端装备制造示范工程和基地发展，建设漳州智能车间、上杭重型矿用装备制造及矿山工程服务基地等项目。

第六章 推动发展新能源汽车产业

加强新能源汽车关键核心技术研究，突破整车设计、动力电池、驱动电机及电控系统等关键零部件核心技术，推进充电设备的研发，跟踪研究燃料电池汽车及下一代新能源汽车，加快研发具有竞争力的产品，大力支持新能源汽车推广应用和产业发展，提高相关配套能力，提升品牌影响力。

一 整车

加强新能源汽车系统集成技术创新与应用，重点突破正向开发技术和车身轻量化技术，提升整车性能，努力降低制造成本，开发适合市场需求的新能源客车、轿车、物流车、运动型多功能乘用车等具备较强竞争力的产品。促进互联网、大数据等数字技术与新能源汽车融合发展，密切关注全球新能源汽车发展动态，开展新一代新能源汽车和智能驾驶汽车产品的研发，做好新产品技术储备。

二 动力电池

把握全球燃料电池技术加速商业化的新趋势，加强燃料电池基础材料与过程机理研究，推动高性能低成本燃料电池材料和系统关键部件研发。注重新材料、新技术应用，实现锂离子电池技术升级，关键材料以高容量/高电压正级材料、高容量负极材料、高电压电解液、高熔点隔膜等新材料为取向，重点解决材料结构稳定性、热稳定性、性能衰减等问题，发展组分调节、结构控制、表面修饰和制备技术；单体电池以高容量/高电压正级材料的锂离子电池为主要研究方向，重点解决电池功率特性、循环稳定性和安全性等问题，发展电池设计、高负载电极、表面涂层电级等先进技术工艺；电池系统重点解决降成本、耐久性、安全性、可靠性等问题，发展电池系统模型设计方法、系统技术设计、电池箱体轻量化技术和SOC/SOH精确估算技术，开发高强度轻量化箱体结构、高性能热管理系统和电池管理系统。布局新体系电池的研发，提升新一代动力电池新材料和关键技术的工程化研究能力和动力电池产品设计验证能力。

三 充电设备

按照"因地适宜、适度超前"原则，优先建设公共服务领域充电基础设施，积极推进居民区与单位停车位配建充电桩。加强检测认证、安全防护、与电网双向互动、电池梯次利用、无人值守自助式服务、桩群协同控制等关键技术研究。重点突破一批高功率密度、高转换效率、高适用性、无线充电、移动充电等新型充换电技术及装备研发。运用互联网、物联网等信息技术，不断提升充电设备的智能化、集成化水平。执行国家充电接口及通信协议等标准，发展智能充电、柔性充电，促进充电终端的互联互通，实现充电网络一体化、智能化监控，保障电网安全、电池安全和操作安全。

四 驱动电机

加大驱动电机技术研发，增强驱动电机的可靠性、耐久性、适应性，推进驱动电机系统的永磁化和集成化，提升电机的效率、比功率、调速范围、可靠性和性价比，减少系统的重量和体积。联合相关高校和科研院所，积极开展轮毂/轮边电机研发和产业化。加大驱动电机控制技术研发，推进控制技术智能化和数字化，最大程度用软件代替硬件，提升控制以及系统保护、故障监控、自诊断等功能。

五 电控系统和其他零部件

加快电控技术的研究和开发，形成适用于纯电动、混合动力（含增程式）、燃料电池汽车的系列产品；不断提升产品性能，更好地满足整车控制的基本要求。大幅提升关键零部件技术能力和产业化水平，重点发展电控空调系统、电动助力转向系统以及电池回收再制造技术装备和试验检测装置。开发车身用和电池封装用轻量化新材料（如车用碳纤维、镁铝合金、铝合金等）。

> **专栏四　新能源汽车产业发展重点**
>
> 加大电池系统的技术研发,突破电池系统比能量、耐久性、安全性、可靠性,降低制造成本;加大整车设计优化,突破正向设计、轻量化和整车集成技术。重点推进福建云度纯电动乘用车、金龙集团龙海新能源大中型客车基地、宁德时代新能源聚合物锂电池、诏安猛狮新能源汽车锂离子电池等项目建设。

第七章　加快发展生物与新医药产业

面向健康、农业、资源、环境等经济社会发展重大需求,重点发展用于重大疾病防治的生物药物、化学药物、现代中药等创新药物品种,开发具有自主知识产权的生物医药新品种,加快先进医疗器械、新型医用材料等生物医学工程产品的研发和产业化,培育生物育种产业,积极推广绿色环保型农用生物产品,加快发展生物农业,将生物经济打造成为继信息经济后的新经济形态。

一　生物技术药物

重点发展新型疫苗、诊断试剂、抗体药物、蛋白质及多肽药物等生物技术药。加快研制用于疾病预防和治疗的新型疫苗产品以及用于重大传染病的诊断试剂。仿创一批专利到期的国际"重磅药物",引进一批国内外领先技术水平的重量级新药及其高端生物制剂产品。着力开发重大疾病的疫苗(如艾滋病疫苗、结核病疫苗、疟疾疫苗)、结合疫苗、联合疫苗、抗肿瘤疫苗以及新型传染病(甲流、埃博拉、口蹄疫等)疫苗,重点研发针对持续感染性疾病、肿瘤、自身免疫性疾病等的细胞型疫苗、多态性疫苗、重组基因疫苗,整合多种技术,控制关键环节,继续做强优势疫苗。

二 基因工程与干细胞

突破基因工程多肽技术、DNA重组技术和细胞重编程技术，重点发展需求量大的基因工程药物和基因治疗药物。大力发展基因测序等精准诊断与治疗技术，开发具有自主知识产权的核心技术、试剂和装备。大力发展以细胞治疗技术为重点的生物技术，开展各种细胞及功能细胞群关键制备技术研发，突破细胞存储技术瓶颈，建立临床应用级别、种类齐全的细胞库。开展以药品和化妆品为目标的关键技术研发，开发具有自主知识产权的核心技术，实现产业化。开展基于细胞技术的组织工程技术研发，解决组织缺损与功能替代技术难题。大力发展细胞治疗技术的临床应用研究，建立重大疾病细胞治疗技术标准和临床方案，推动我省干细胞与组织工程技术产业化。

三 化学新药

针对心脑血管疾病、糖尿病、肿瘤等重大疾病和多发性疾病，加快推进具有自主知识产权的创新药物的研发及产业化，着力发展新型药物制剂、高端化学原料药。重点开发抗病毒、抗多药耐药菌、抗深部和多重真菌、抗耐药结核杆菌、抗其它微生物的新型抗感染药物，开发治疗高发性肿瘤疾病的毒副作用小、临床疗效高的靶向、高选择性抗肿瘤药及辅助用药。着力开发能解除抑郁、焦虑、失眠、精神分裂等精神性疾病、慢性神经性疼痛等疾病的药物以及新型免疫调节剂。

四 现代中药

加快名优中成药的剂型改造和二次创新、名医名方的产业化开发和优质中医保健产品开发，重点培育一批治疗效果确切、物质基础清楚、作用机理明确、使用安全性高、剂型先进的闽派特色中药。完善中药技术标准、疗效评价体系和安全用药保障体系；开展中药资源普查，建立闽产道地药材种质资源库；大力发展以药效评价为导向的中药质量控制和有害物质检测技术，以及缓控释、透皮吸收及靶向给药等药物制剂新剂型新技术；优先发展用于治疗肿瘤、肝病、心脑血管病、抑郁症、流感等免疫功能性疾病、病毒性疾病和老年性疾病等的中成药，促进中药新药研发产业化。选育优良道地中药材品种，利用优良森林生态环境大力推广林下种植；大力发展天然活性单体成分的提取、分离、纯化，以及新药材、新药用部位、新有效成分的新药研发等创新药物研发技术；推进中药制药工艺参数在线检测和自动化控制、中药制药过程质量监控技术研发及应用。

五 医疗器械

整合福建在生命科学、电子信息、精密制造等领域的技术与产业资源，重点发展数字医学影像设备、医用直线加速器、新型放疗和热疗设备、人体功能状态检测设备、治疗微系统等高端诊疗设备。发展微创介入、外科植入、人工器官和组织工程产品等医用材料，加快实现一批高端生物医用材料的自主生产。大力发展智能化、小型化、家庭化、网络化、数字化的医疗器械产品，积极发展远程医疗专用设备。进一步提高助听器产品技术水平，建设全国最大的口腔牙科医疗器械研发和生产基地，发挥莆系医疗市场优势，建设集医疗器械设备药品的生产基地与药械交易等为一体的福建健康产业园。

六 绿色生物制造

以生物质为原料，建立以微生物、动植物细胞为基盘的细胞工厂，突破基因重组、酶分子机器和基因定向进化等一批生物制造关键核心技术，重点发展生物基材料、生物化工产品、工业发酵产品及其生物反应器的产业化开发。利用细胞转化和酶催化等绿色生物制造方式及天然产物提取分离技术，生产各类精细化学品、功能营养品、医药中间体和轻化工产品；利用现代生物技术，改造闽派生物酿造产品的生产工艺；以山海生物资源为依托，加快菌种资源和极端微生物等工业生产菌的开发和利用，大力发展抗生素替代品产业，支持生物芯片和检测试剂盒的产业化开发。

七 生物农业

以高产、优质、安全、营养为目标，支持利用细胞工程、基因工程等生物育种技术开展动植物育种、保种，培育、选育和发展农作物、林木、畜禽、水产等动植物优良品种；开展优质种苗繁育关键技术研究，打造具有较强自主创新能力和核心竞争力的育、繁、推一体化现代生物种业企业，发展新型生物农药、有机复合肥、兽用疫苗、环保兽药、土壤改良剂等产品。支持杀虫、防病、促生的新型高效多功能生物药肥、农药、杀菌剂、防菌剂的研究开发及产业化，发展可替代抗生素的酶制剂、抗菌肽、氨基酸、免疫增强剂等新型绿色生物饲料产品；利用生物技术推进农林水产品精深加工项目产业化，支持利用森林植物花、果、叶提取香精、香料等物质，发展天然生化产业，建设各具特色的农林水副产品深加工基地。

专栏五　生物医药产业发展重点

把握精准医疗、肿瘤免疫治疗、干细胞治疗等新型医疗技术发展新趋势，加快开发生物医药新品种。

生物与新医药：推动福建基因检测技术应用示范中心、厦门两岸生物医药产业创新创业平台等载体平台建设和厦门系列HPV疫苗研制与产业化、新罗天泉药业创新化药生产基地、三明治疗性单克隆抗体中试公共服务平台及生产基地、福建广生堂新药制剂产业化、中科三安植物工厂、南平灵芝深加工等项目建设。

闽派特色中药：推动漳州片仔癀医药产业园、柘荣力捷迅红景天苷等国家一类新药研发项目建设。

第八章　发展壮大节能环保产业

以提升产业装备水平、推广节能环保产品、创新产业经营模式为重点，突破能源高效与梯级利用、污染物防治与安全处置、资源回收与循环利用等关键核心技术，着力实施节能环保重点工程，大力发展高效节能、先进环保、资源循环利用和节能环保综合服务业，不断壮大产业规模，提升节能环保产业综合实力。

一　高效节能产业

重点发展高效节能锅炉窑炉自动化控制、低温烟气余热深度回收、非晶变压器、高效电动机等工业节能设备，高效照明产品、节能汽车等节能产品；大力发展余热发电、低热值煤气燃气轮机、烧结及炼钢烟气干法余热回收利用等技术和设备。加快发展节能交通工具，提高传统能源汽车节能环保和安全水平；积极开发和推广用能系统优化技术和节能管理，促进能源的梯级利用和高效利用。电机及拖动设备，重点开发高效率（IE2）和超高效率（IE3）电机系列产品、稀土永磁电动机及控制器一体化技术、应用于数控机床的伺服电机、直线电机和专用电机的变频调速控制装置、应用于节能与新能源汽车的电机控制技术、电机起动开关、供电馈线等电机系统节能技术，打造闽东电机电器千亿产业集群。绿色建筑材料，提高新建建筑节能标准，着力发展集保温、环保、防火、防水、抗震、降噪、装饰等多种功能于一体的新型建筑墙体和屋面系统等材料及制品；大力推广节能玻璃、陶瓷薄砖、高性能混凝土、外墙保温材料、节水洁具、预拌砂浆等绿色建材。

二　先进环保产业

重点发展水污染、大气污染防治技术设备及其配套产品、垃圾处理技术设备和环保药剂；扩大平板式脱硝催化剂、高效电袋复合除尘器、空气净化器等产品的生产规模，加速膜材料和组件、高浓度难降解工业废水成套处理设备等水处理设备的产业化，发展大型垃圾焚烧成套设备及热能回收利用系统和垃圾填埋渗滤处理技术与设备、垃圾填埋气（甲烷气）回收利用技术与设备等。大气污染防治技术装备，大力推进燃煤电厂超低排放升级改造、重点行业的多种污染物高效脱除技术，支持发展移动极板静电除尘设备、转炉煤气净化回收成套装备，加快电袋除尘器等设备和技术的研发与产业化，推进机动车尾气净化设备以及包装印刷和石化等重点行业挥发性有机物综合技术与装备的开发生产。水污染防治技术装备，重点突破高性能膜材料制备技术，膜系统组件中玻璃钢膜壳制造技术等关键技术，加速推进膜材料和组件、高浓度难降解工业废水成套处理设备等水处理设备的开发生产，加快重点行业废水节水、再生利用及污水处理厂尾水回用工程等共性技术及装备产业化，加快研发农业面源污染综合控制、农村污水治理、城镇污水资源化和黑臭水体生态修复等关键技术及成套装备。土壤修复及固体废弃物处理技术装备，加快研发污染土壤的资源化利用、强化降解、脱附净化等修复技术和装备，着力开发城市生活垃圾处理技术与设备、危险废物（含医疗废物）处理处置技术与设备，支持开发生产垃圾焚烧发电和烟气净化设备、高温微波消毒设备、种养殖业和餐饮业废弃物处理设备等。

三　资源循环利用产业

重点推广大型废钢破碎剪切和废旧电器、废旧汽车拆解回收利用技术设备，扩大再生资源、战略金属回收利用规模，促进大宗固体废物综合利用以及尾矿伴生矿产资源及城市餐厨废弃物、农林废弃物、林区"三剩物"及次小薪材、废旧纺织品和废旧塑料制品的资源化利用。固体废物综合利用，重点发展粉煤灰、煤矸石、冶炼和化工废渣、建筑废弃物以及农林废弃物等大宗固体废弃物的资源化利用技术与装备，支持利用尾矿生产综合利用产品，推进水泥窑协同处置固体废弃物。再制造技术装备，着力支持废旧汽车、废旧电机、废旧工程机械、废旧机床等产品零部件再制造关键设备的研发与产业化。废弃资源再生利用，建设"城市矿产"示范基地，发展再生金属、再生橡胶、再生塑料、再生玻璃等再生产品；扩大工业和生活废油、废旧轮胎、废旧塑料、废金属、废纸等废弃资源的回收利用。鼓励利用畜禽粪便、餐厨垃圾、沼渣、沼液生产高效有机肥等。

四 节能环保综合服务业

加强对重点用能企业能耗数据采集和监测，大力发展节能量交易、碳交易、排污权交易及鉴证服务，鼓励节能环保技术研究，加速发展节能环保工程勘察设计、施工、技术推广、质量评估以及产品认证评估服务，推动节能环保服务企业通过兼并、联合、重组等方式，实行规模化、品牌化、网络化经营。同时，加快推动环保装备龙头企业开展服务型制造试点，打造"制造业+服务业"新兴商业模式，推广城市环境卫生、烟气治理领域系统解决方案，优先鼓励在厦门、平潭等地开展试点示范，打造高效、规范的样板工程。着力发展以合同能源管理为主要模式的节能服务业，不断提升节能服务公司的技术集成和融资能力。着力推进环境保护设施建设和运营的专业化、市场化、社会化进程，大力发展环境投融资、环境污染第三方治理、环境绩效合同服务和环境影响评价、环境监测、环境保险、环境法律诉讼、清洁生产审核、认证评估和教育培训等环保服务业。

专栏六　节能环保产业发展重点

研发、推广、运用节能技术、污染防治技术装备和产品，推进资源循环利用。推动福建雪人高效节能压缩机组生产、中节能（三明）环保产业园、加速器驱动先进核能系统和清洁核能等项目建设。

附录 福建省"十三五"战略性新兴产业发展专项规划

第九章 积极发展新能源产业

加快发展技术成熟、市场竞争力强的核电、风电、太阳能光伏、生物质发电等新能源，积极推进新型太阳能光伏和热发电、生物质气化、生物燃料、海洋能、地热能等可再生能源技术以及智能电网、微电网技术的产业化，推动新能源高比例发展。

一 太阳能产业

以电池及组件研发和产业化为核心，向配套材料、关键装备和中下游应用产品等方向延伸，完善从硅料、太阳能电池及组件到系统集成、电站工程总承包的完整产业链。鼓励发展大面积超薄硅片和浆料回收利用技术，加强熔铸、剖锭及切割等关键技术创新，扶持太阳能硅业物理法提纯技术的研发。鼓励企业加大晶体硅电池及组件封装工艺关键技术和新材料的研发，提升电池光电转换率，降低生产成本。支持非晶微晶硅薄膜电池、单晶硅薄膜电池、碲化镉（CdTe）薄膜电池、铜铟镓硒（CIGS）薄膜电池等产品的研发和生产。加强光伏系统集成技术和控制器、逆变器等相关产品的研发和生产，推进太阳能光伏组件和集成系统及管件设备的研发和生产，推动太阳能电池用光伏超白玻璃、背板、EVA 膜、封装材料、密封材料等配套产业的发展。

二 风电产业

加强风电装备研发，提高发电机、齿轮箱、叶片以及轴承、变流器等关键零部件的开发能力，在风电运行控制、大规模并网、储能技术方面取得新突破。引进国内外大型风力企业和研究中心，以风电成套机组设计和组装为核心，带动风电关键零部件的发展，建设东南沿海风电装备制造基地。加快消化吸收国外先进技术，提升大功率海上风电成套机组设计研发能力，积极开发质量稳定、方便实用的家用风电整机。鼓励风电机组企业从单一制造向工程总承包以及风力电站开发方向延伸，积极参与国内外大型工程建设，大力提升制造水平。引导机械加工类企业积极参与风电配套件发展，重点开发控制系统、变压器、高速齿轮箱、机舱、轮毂、底盘、主轴、回转支承、叶片等关键配套件，形成与大功率风电机组发展相配套的技术水平和生产能力。着力开发变频、变浆控制、驱动设计制造、数字化风力发电场调度控制和并网控制系统等关键技术和产品，加快形成自主制造能力。

三　核电产业

加强核能安全、核燃料后处理和废物处置等技术研发，延伸发展核电装备制造和核燃料产业链。组织优势企业开展核电配套产品技术攻关，为企业获取核电资格许可证提供服务，力争在核安全级泵、阀、管道、仪控系统等关键配套设备领域形成小成套供货能力。引导专用设备制造企业拓展核电设备新领域，支持有潜力的企业开展核级直流电源和蓄电池的开发工作，促进省内机械制造企业参与核电结构部件、中小铸锻件的加工制造，着力发展大锻件制造能力，推动核级特殊用钢等原材料的发展。

四　生物质能产业

统筹生物质能源发展，有序发展生物质直燃发电，积极推进生物质气化及发电、生物质成型燃料、沼气等分布式生物质能的应用。加强新一代生物燃料技术开发，推进纤维素制乙醇、微藻生物能源的开发。因地制宜建设垃圾焚烧发电、生物质发电和大型沼气发电厂等规模化生物质发电项目。积极推进非粮食生物质液体燃料的规模化加工，支持以餐饮业废油、油榨厂油渣、油料作物和生物资源树种为原料的生物柴油的规模化生产，鼓励研发新型催化剂及高效生物转化酶，提高生物质液体燃料制备转化率。

五　光热产业

积极推进光热产业规模化、集约化经营，以提高技术水平为核心，着力提高真空管镀膜工艺，发展相关核心设备的生产装备，鼓励企业应用集热管镀膜、发泡生产、水箱、支架流水线生产设备，开发太阳能—热泵一体化热水系统。重点发展热管型集热器、平板型集热器、内置金属流道玻璃真空集热管，加快发展中高温光热产品，大力发展嵌入式数字化太阳能热水器，提升光热产品整体行业竞争力。

专栏七　新能源产业发展重点

发展高效能低成本的新能源技术，创新开发利用模式。推动阳光中科（福建）太阳能电池、平潭海上风电、泉州风电等项目建设。

第十章　做强做优新材料产业

积极推进纳米、超导、智能等共性基础材料研发和产业化，提高新材料工艺装备的保障能力。重点发展高性能稀土磁性材料、有机硅/氟材料、可降解塑料、发光材料、储氢合金、高分子材料应用、高性能纤维、特种陶瓷材料、石墨烯等一批特色优势新材料产业基地，打造特色优势新材料产业链，做强做优我省新材料产业。

一　金属材料及稀土材料

重点发展高品质特殊钢、高性能有色金属、稀有金属及新型轻合金材料。高性能金属及合金材料，重点发展高性能铝合金，开发高品质特种钢铁材料、加快镁合金制备及深加工，发展高性能钛合金、大型钛板、特种焊接材料、高温合金材料等。依托国家钨材料工程中心，加强超细晶硬质合金工业化制造、表面涂层等关键技术研究，做大硬质合金及工具、整体刀具、数控刀具等产业规模。稀土材料，重点发展稀土永磁、发光、催化、储氢等高性能稀土功能材料，以优质永磁材料带动电机产业发展，以优质发光材料带动现代照明和平板显示产业发展，以优质储氢合金材料带动二次电池产业发展，提升稀土资源高效综合利用技术。

二 高分子材料

积极开发新型超大规格、特殊结构材料的一体化制备工艺，推进高性能高分子材料低成本化、高端品种产业化和应用技术装备自主化。改性塑料，重点利用稀土改性、纤维增强、无卤阻燃等改性技术开发电池隔膜、吸附分离专用材料、耐高温、高阻隔等材料，开发稀土无机粉体改性塑料及其产业。树脂基复合材料，以低成本、高比强、高比模和高稳定性为目标，攻克树脂基复合材料的原料制备、工业化生产及配套装备等共性关键问题。提高树脂性能，开发新型超大规格、特殊结构材料的一体化制备工艺，加快在新能源、海洋工程、节能与新能源汽车和防灾减灾等领域的应用。有机氟材料，大力发展特种高品质聚四氟乙烯、新型ODS替代品、电子级含氟精细化学品、含氟聚合物和含氟表面活性剂等精深加工产品。轻纺新材料，重点发展新型纺织面料、高端产业用纺织品等纺织材料产业，推动竹纤维等纤维素纤维、生物基纤维、新型差别化纤维或功能化纤维在纺织下游及跨行业的应用。发展远红外、抗紫外、抗静电、抗菌、阻燃、负离子、保温、相变等新型功能性纺织面料。保持我省竹炭产品开发技术的领先地位，扩大竹炭纤维、竹炭催化、竹炭净化、竹炭保健产业规模。3D打印树脂材料，重点发展立体光固化成型（SLA）、数字光处理（DLP）、连续液面生长（CLIP）光敏树脂3D打印材料，鞋服用3D打印材料和模具铸造用3D打印树脂材料。高性能纤维材料，着力推进碳化硅纤维、氮化硅纤维和透波/吸波材料实现工程化，促进碳化硅纤维、氧化铝纤维和陶瓷先驱体材料产业化。积极开展高强、高模等系列碳纤维及芳纶、芳砜纶的开发和产业化，提高专用助剂和树脂性能，大力开发高比模量、高稳定性和热塑性复合材料品种。

三　无机非金属材料及复合材料

大力发展特种玻璃、新型陶瓷功能材料等无机非金属功能材料。加快推进新型半导体材料、LED光电子材料、高性能膜材料、新型电子元器件材料和传感材料、新型催化材料及助剂、高性能密封材料等产业化。结构陶瓷材料，重点突破粉体及前驱体制备、配方开发、烧制成型和精密加工等关键技术，扩大耐高温、耐磨和高稳定性结构功能一体化陶瓷生产规模。重点发展精细熔融石英陶瓷坩埚、陶瓷过滤膜和新型无毒蜂窝陶瓷脱硝催化剂等产品。积极发展透明氧化铝材料、高纯氧化锆材料、新型超硬材料（氮化硅、氮化硼、碳化硼）、陶瓷纤维复合材料、氧化锆增韧陶瓷和人造宝石。光电材料，大力推进蓝宝石窗口材料、LED衬底材料、碳化硅等第三代半导体材料、新型电子元器件材料等的研发和产业化；突破激光显示中的核心光电子晶体材料与器件的低成本规模化制备和加工关键技术，发展激光显示与激光加工的核心光电子材料，延伸产业链。环境光催化材料，着力开发资源有效利用、废物再循环利用等工艺和技术，加强废催化剂资源化和无害化研究，发展光催化技术、堇青石蜂窝陶瓷载体技术、中低温SCR催化材料及脱硝、VOCs治理和先进除尘技术等，做大高岭土下游应用等产业规模，推进环境工程材料生产研发基地建设。

四　纳米碳材料

加强纳米技术研究，重点突破纳米碳材料及制品的制备与应用关键技术，积极开发纳米粉体、纳米碳管、富勒烯、石墨烯等材料，积极推进纳米碳材料在新能源、节能减排、环境治理、绿色印刷、功能涂层、电子信息和生物医用等领域的研究应用。石墨烯，加快石墨烯提纯技术和透明电极手机触摸屏研发产业化，推动石墨烯在复合材料、海洋防腐涂料、电池/超级电容、储氢材料、场发射材料以及超灵敏传感器等领域的应用。纳米碳管，着力推进纳米碳管在高强度复合结构材料、纳米结构电子器件、热电材料、电池电极材料、低温高灵敏度传感器、生物分子载体、催化剂载体的运用。

第十一章　着力开发海洋高新产业

充分发挥海洋高技术产业基地试点作用，优先培育发展海洋生物制品、海洋生物制药、海洋生物酶制剂、海洋药源生物选育、邮轮游艇产业，扶持发展海洋装备制造、海洋可再生能源装备、海洋矿产资源开发装备和海水淡化利用设备，积极拓展海洋可再生能源、海水综合利用、海洋生物材料、海洋产业开发服务等产业。

一　海洋生物与医药

重点突破海洋生物活性物质高效提取分离纯化技术、海洋生物药物制备优化集成技术等，着力建设厦门（海沧）、福州、泉州（石狮）、漳州（诏安）等4个海洋医药和生物制品研发生产基地。海水养殖良种，重点发展海洋生物优良种质挖掘与开发，规模化繁育，海水养殖动植物细胞工程，育苗及大规模海水养殖技术，海水养殖植物工程育苗、育种技术，滩涂耐盐碱植物和耐海水蔬菜作物、优良生物材质的规模培育技术，海水养殖病害控制技术，海洋生物资源养护与环境生态修复技术，海洋牧场化开发与海珍品养殖技术。海洋药物与生物制品，重点发展源于海洋生物的抗菌、抗病毒、抗肿瘤、抗氧化、抗骨关节病、降血糖、减肥及心脑血管、神经系统等高效海洋生物创新药物，推动海洋动物疫苗与诊断试剂、海洋生物兽药、海洋动植物生物反应器药物的开发生产及海洋药用微生物资源建设。应用现代生物技术，从海洋生物中获取蛋白酶、脂肪酶、纤维素酶等海洋新型酶类的功能食品或生物制品；发展海洋生物功能蛋白、肽和寡糖类饲料添加剂，海洋生物肥料，珍珠钙、牡蛎钙等贝壳源钙营养补充剂产品；大力发展海洋生物提取、纯化和合成技术，推进大型藻类生物酿造、生物能源技术开发。以近海经济藻类资源为原料，开发新型生物材料、制品或药物；以海藻、鱼鳞、鱼皮、鲍壳等为原料，开发养颜护肤类化妆品；着力发展以海洋多肽、多糖和脂类及其衍生物等为主要活性成分的海洋功能食品，积极研发新型高值海洋精深加工产品。

二 海洋可再生能源

依托丰富的海洋可再生能源资源，加大技术研发、示范与应用，重点扶持海上风电、波浪能、潮汐能、潮流能、海洋藻类生物质能等海洋可再生能源利用技术的研发及示范项目建设，逐步提高海洋可再生能源在能源结构中的比重，构建较为完善的海洋可再生能源创新体系，形成一批海洋可再生能源产业化基地。

三 海洋工程装备

突破关键核心技术，重点发展高附加值、高市场占有率的海洋勘探、海洋监测、海洋防灾减灾、预警预报、海底工程、海洋环保、海洋牧场、海水综合利用、海上油气生产平台、海上人工浮岛、潮汐能机械、核电机械、海上风电机械、港口机械等海洋工程设备，支持海工机械零部件生产技术的提升，形成特色产品突出、配套完善的海洋工程装备制造业体系，提升我省特色海工辅助船产品档次，打造全国重点海洋工程船建造基地。实施一批海洋装备制造关键技术产业化示范工程，延伸从装备设计、集成到设备制造、基础材料配套服务为一体的海洋装备制造产业链，实现重大装备技术产业化突破，推动海洋装备产业集群发展。

四 海水综合利用

组织实施较大规模的海水淡化和海水直接利用、综合利用产业化示范工程，大力推广应用海水直流冷却和循环冷却技术以及海水源热泵、海水脱硫等新技术，推动海水淡化后浓缩海水的综合利用，优先解决海岛及沿海城市居民生活用水和作为锅炉补水等工业用水。大力发展电力、化工等行业应用海水直流冷却和循环冷却、海水农业利用及海水淡化等技术，加快建设一批海水淡化与综合利用产业化基地，推进海水淡化产业发展试点示范，支持平潭、厦门自主大型海水淡化与综合利用关键装备制造技术研发和推广，打造海水淡化与综合利用示范城市和示范岛。

五　邮轮游艇业

依托厦门国际邮轮母港建设，培育壮大本土邮轮公司，推动有实力的造船企业与国内外邮轮设计、建造企业进行合作，加快实现邮轮自主设计和建造，大力发展游艇动力设备、游艇附属设备、电子设备、室内器具、原材料和移运设备等。着力开发邮轮航线和旅游产品，延伸邮轮经济产业链，推进邮轮产业与物流、文化、旅游等产业融合。加快建立集游艇二手市场、游艇配件市场、游艇售后服务市场、游艇展示窗口于一体的游艇集散地，打造游艇交易中心。以滨海旅游区域、中心渔港和中心商务区为重点，培育游艇产业新业态，深化两岸及港澳邮轮游艇产业合作，加快发展福州、宁德、平潭、莆田游艇产业集群，打造集设计研发、生产制造、交易服务为一体的游艇产业基地。

第十二章　保障措施

加强组织管理，完善资金要素保障，构筑技术要素支撑，吸收培养高端创新创业人才，扩大新兴产业国际国内合作，深化行政审批制度改革，加强政府政策扶持，创新科技成果转化体制机制，营造战略性新兴产业发展壮大的生态环境。

一　健全组织保障

制订"十三五"战略性新兴产业产品和服务指导目录，加强对产业发展的跟踪分析，督促检查有关政策的实施和规划落实，及时解决产业发展中的重大问题。建立健全反映战略性新兴产业发展状况的统计指标体系和统计制度。成立战略性新兴产业专家咨询委员会，对产业发展的重大问题和政策措施开展调查研究，进行论证评估，提出咨询建议。加强规划实施情况评估，定期对规划执行情况进行检查，建立评价、评估和激励机制。

二 完善资金保障

创新财政资金扶持方式，贯彻落实国务院《关于深化中央财政科技计划（专项、基金等）管理改革的方案》，进一步推动我省财政科技计划（专项、基金等）改革工作。发挥财政资金的杠杆作用，加快运作省新兴产业创投引导基金，带动社会资本投向战略性新兴产业。重点抓好科技成果处置权和收益权改革、企业研发费用加计扣除、高新技术企业所得税优惠和技术交易市场免税等激励创新政策落实，进一步释放政策红利。

支持有条件的战略性新兴产业企业到主板、创业板上市融资，或到"新三板"、海峡股权交易中心挂牌交易。支持企业到银行间市场、交易所市场发债融资，支持发行双创专项企业债券、中小企业集合债或区域集优票据。规范和发展服务小微企业的区域性股权市场，鼓励发展天使投资和创业投资，积极开展互联网股权众筹融资试点，为科技型初创企业拓展股权融资渠道。鼓励银行机构组建新兴产业金融服务专营机构，建立相适应的客户准入标准和授信审批机制，对新兴产业项目优先给予信贷支持，为创新型企业提供知识产权质押、股权质押等金融服务。推进组建政策性担保公司，为新兴产业企业尤其是初创期、成长期企业提供增值服务。推动发展一批为高端装备、通用飞机、机器人等产品销售和融资服务的融资租赁公司。积极发展中小金融机构，为新兴产业企业提供新型金融服务。

三 提升技术保障

健全技术创新市场导向机制，发挥市场对技术研发方向、路线选择、要素价格、创新要素配置的导向作用，围绕产业链部署创新链。鼓励企业与高校、科研机构、行业协会等成立产业技术创新联盟、科研生产联合体，构建开放共享互动的创新网络，联合攻关产业链中的关键核心技术。强化企业创新主体地位和主导作用，推动各类创新资源向企业集聚，提高大中型企业研发机构覆盖面，培育一批科技小巨人领军企业，扶持产生拥有自主知识产权和自主品牌的创新型企业，推动我省产业转型升级。支持以企业为主承担重大科技专项等创新项目。

抓好技术创新平台建设，鼓励和引导科技企业孵化基地、国家大学科技园、技术创新服务中心、技术转移中心等创新服务机构的发展，争取更多的特色优势创新平台列入国家或国家与地方联合建设工程（技术）研究中心、重点（工程）实验室、企业技术中心、2011协同创新中心计划。建设提升"6·18"虚拟研究院、国家技术转移海峡中心、虚拟海洋研究院、厦门南方海洋研究中心等创新服务平台，推动各级各类创新服务平台向全社会开放，共赢共享，促进公共研发和科技成果转移转化。加强国际科技合作平台建设，鼓励国（境）内外一流大学、科研机构、跨国公司在闽设立研发机构，建设一批联合创新能力强的科技创新平台。

着力保护知识产权，加快形成一批拥有自主知识产权和核心竞争力的品牌产品、品牌工程和品牌企业。完善技术创新服务体系，强化知识产权服务业链条，促进国内外知识产权资源向福建集聚，大力发展技术交易市场，健全科技成果转化机制，确保创新成果变成实实在在的产业活动。

四 强化人才保障

坚持高端人才引领，以科学发展为导向、紧迫需求为重点，大力培养引进科技领军人才、创新创业团队、高素质管理人才和高技能人才。围绕战略性新兴产业重点领域，继续深入实施"海纳百川"高端人才集聚计划，支持中国福州海西引智试验区等平台建设和发展，面向国内外，以产业招揽人才、以人才引进项目、以项目对接人才，进一步促进战略性新兴产业发展。

充分发挥高校和科研院所作用，依托重大科技攻关项目，赋予创新领军人才更大的人财物支配权、技术路线决策权。支持高校优化设置战略性新兴产业相关专业，合理扩大招生比例。鼓励科研机构、高校和企业实行以增加知识价值为导向的分配政策,提高科研人员成果转化收益分享比例,鼓励科研机构和高校科技人员积极从事职务发明创造。支持企业与高校、科研单位共建人才重点培养基地,定向联合培养管理人才和高技能人才,开展高端研修培训。

建设福厦泉国家自主创新示范区,全面推广中关村试点政策,积极开展股权激励改革试点,加快推动人才评选、职称评聘等科技评价从以论文、著作和获奖为主向以成果应用和对经济社会发展贡献为核心转变。加快建设福建省高层次人才信息共享平台,优化人力资本配置,消除人才流动障碍,提高横向和纵向流动性。完善人才评价激励机制和服务保障体系。大力营造有利于各类战略性新兴产业创新领军人才和高端人才充分发挥作用的良好环境。

五 培育高新企业

落实新修订的高新技术企业管理办法,实施科技小巨人领军企业行动计划,加快培育高新技术企业步伐,壮大高新技术企业群体,落实研发费用加计扣除、高新技术企业税收减免、固定资产加速折旧、股权奖励等激励企业创新投入的优惠政策。

促进各种创新资源向高新技术企业、科技型企业集聚,优先支持高新技术企业设置省级创新平台,扶持政策向高新技术企业、科技型企业倾斜。鼓励高新技术企业通过并购重组、上市等融资方式做大做强,鼓励高新技术企业"走出去",重点支持优势企业融入全球创新网络,在欧美等国家设立研究中心、技术转移平台等。推进银行资金、创投基金、保险资金和民间资本支持高新技术企业科技创新成果转化。应用风险补偿机制,为高新技术企业、科技型中小企业提供快捷、低成本的融资和风险保障服务。

建立高新技术企业后备库。以科技小巨人领军企业和科技型企业等为主体,培育一批拥有核心关键技术及知识产权、研究开发实力强、注重产学研合作、具有一定成果转化能力、成长性好的优秀企业入库。各级财政性资金加大对后备库企业的扶持,根据研发、转化等情况给予财政奖励补贴，支持技术创新活动，并帮助争取国家资源，促进加快成长为高新技术企业。

六 深化合作保障

围绕制约我省战略性新兴产业发展的重点、难点和热点问题，不断推进与科技部、教育部、工业和信息化部等部委和中国科学院、中国工程院、北京大学、清华大学等科研院所、知名院校以及驻闽中央企业所属科研院所的科技创新合作向纵深发展，充分利用国家层面的技术、人才、管理优势，提升我省创新平台、中试基地和省级重点学科的发展水平。

探索以产权为纽带的紧密型合作方式，通过有偿出让政府持有的企业总股本中一定比例的国家股，实现技术开发与企业生产经营相结合，为解决企业创新能力薄弱、发展动力不足问题探索新模式。鼓励外资来闽创业或投资企业，鼓励境外企业和科研机构在闽设立研发机构，支持符合条件的外商投资企业申报认定高新技术企业，设立企业技术中心和博士后科研工作站，充分发挥外资企业的高端带动作用。支持省内有条件的企业通过各种方式到国外设立、兼并和收购、参股企业和研发机构，就地消化吸收国际先进技术。

进一步深化闽台科技交流与合作，推动闽台科技人员专业技术职务以及产品、商品检验认证等互认，促进闽台科技机构互设窗口。在闽台关联度较大的产业和技术领域，组织闽台优势科技力量协同攻关支撑和引领闽台合作产业链的龙头项目和缺失项目，促进闽台产业和高新技术的深度对接。加强海峡两岸科技产业合作基地、闽台农业科技合作示范基地等创业园、科技园区和合作基地的建设。继续办好"6·18""5·18"等综合性展会以及"海峡论坛"等高层次闽台科技交流活动。挖掘海外华侨华人参与21世纪海上丝绸之路建设的潜力，主动对接闽籍重点侨团、重点侨商，争取建立海外侨商创业园，吸引和鼓励侨胞来闽发展新兴产业。大力推动军民融合，助推我省新兴产业跨越发展。

七 优化环境保障

落实大力推进大众创业、万众创新的具体政策措施，通过创业创新培训辅导、创新投资、创新孵化等多种方式，支持个人创业、"草根创新"。发挥行业领军企业、创业投资机构、社会组织等社会力量的主力军作用，实施众创空间"四个一批"和创新创业文化培育工程，全面推进专业空间、网络平台和企业内部众创，积极推广研发创意、制造运维、知识内容和生活服务众包，立体实施社会公共、企业分享和公众互助众扶，稳健发展实物、股权和网络借贷众筹。发挥政策继承和协同效应，实现创新和创业相结合、线上与线下相结合、孵化与投资相结合，为广大创新创业者提供良好的工作空间、网络空间、社交空间和资源共享空间。

充分调动企业市场主体积极性，由市场选择新兴产业的发展方向，充分发挥企业的主体作用。加快转变政府职能，强化有效政府治理，进一步简政放权，降低创新创业门槛，为战略性新兴产业发展创造宽松环境。深化商事制度改革，针对众创空间等新型孵化机构集中办公等特点，鼓励各地结合实际，简化住所登记手续，采取"一站式"窗口、网上申报、多证联办等措施为创业企业工商注册提供便利。对众创空间等新型孵化机构的房租、宽带接入费用和用于创业服务的公共软件、开发工具给予适当财政补贴。

鼓励科技人员和大学生创业。完善科技人员创业股权激励机制。推进实施大学生创业引领计划，鼓励高校开发开设创新创业教育课程，建立健全大学生创业指导服务专门机构，加强大学生创业培训，整合发展国家和省级高校毕业生就业创业基金，为大学生创业提供场所、公共服务和资金支持，以创业带动就业。

营造创新创业文化氛围。积极倡导敢为人先、宽容失败的创新文化，树立崇尚创新、创业致富的价值导向，大力培育企业家精神和创客文化，将奇思妙想、创新创意转化为实实在在的创业活动。加强各类媒体对大众创新创业的新闻宣传和舆论引导，报道一批创新创业先进事迹，树立一批创新创业典型人物，让大众创业、万众创新在全社会蔚然成风。

参考文献

一 专著

陈劲：《协同创新》，浙江大学出版社 2012 年版。

柳卸林：《技术创新经济学》，中国经济出版社 1993 年版。

陆瑾：《产业组织演化研究》，复旦大学出版社 2005 年版。

吴彤：《自组织方法论研究》，清华大学出版社 2001 年版。

许国志：《系统科学》，上海科技教育出版社 2000 年版。

张家忠：《非线性动力系统的运动稳定性、分岔理论及其应用》，西安大学出版社 2010 年版。

张琪昌、王洪礼：《分岔与混沌理论及应用》，天津大学出版社 2006 年版。

张少春：《中国战略性新兴产业发展与财政政策》，经济科学出版社 2010 年版。

[德] 赫尔曼·哈肯：《高等协同学》，郭治安译，科学出版社 1989 年版。

[美] 安索夫：《新公司战略》，曹德骏等译，西南财经大学出版社 2009 年版。

[美] 约翰·霍兰：《隐秩序：适应性造就复杂性》，周牧、韩晖译，上海科技教育出版社 2011 年版。

二 期刊

曹青林：《协同创新与高水平大学建设》，《华中师范大学学报》（人文社会科学版）2014 年第 53 期。

曹祎遐、陈朝棕：《基于蛛网原理的协同创新过程研究》，《科技进步与对策》2014 年第 31 期。

蔡绍洪等：《区域集群创新网络形成发展的演进机理及特征》，《贵州社会科学》2007 年第 5 期。

蔡乌赶：《技术创新、制度创新和产业系统的协同演化机理及实证研究》，《天津大学学报》（社会科学版）2012 年第 5 期。

陈芳、眭纪刚：《新兴产业协同创新与演化研究：新能源汽车为例》，《科研管理》2015 年第 1 期。

陈飞：《我国电信产业经济系统协同演化研究》，《宏观经济研究》2012 年第 3 期。

陈光华、梁嘉明、杨国梁：《企业吸收能力、政府研发资助与外部知识获取对产学研创新绩效的影响研究》，《中国科技论坛》2014 年第 7 期。

陈杰、贺正楚等：《新一代信息技术产业布局研究：产业集群的视角》，《系统工程》2013 年第 4 期。

陈劲、阳银娟：《协同创新的理论基础与内涵》，《科学学研究》2012 年第 2 期。

陈劲、王方瑞：《再论企业技术和市场的协同创新：基于协同学序参量概念的创新管理理论研究》，《大连理工大学学报》（社会科学版）2005 年第 2 期。

陈劲、殷辉、谢芳：《协同创新情景下产学研合作行为的演化博弈仿真分析》，《科技进步与对策》2014 年第 5 期。

陈金丹、吉敏：《基于多 Agent 的产业创新网络演化模型研究》，《统计与决策》2013 年第 20 期。

陈利华、张健：《产学研联盟中的协同化及创新绩效——以杭州市为例》，《中国高教研究》2013 年第 6 期。

陈立枢：《科技服务业与战略性新兴产业融合发展研究》，《改革与战略》2014 年第 30 期。

陈培樗、屠梅曾：《产学研技术联盟合作创新机制研究》，《科技进步与对策》2007年第6期。

陈文俊：《长株潭区域协同创新体系建设研究》，《湖南科技大学学报》（社会科学版）2005年第3期。

陈晓田、杨列勋：《技术创新研究十年总结》，《中国软科学》1998年第8期。

程贵孙、芮明杰：《战略性新兴产业理论研究新进展》，《商业经济与管理》2013年第8期。

戴志聪、杨敏丽、吴尚璟：《福建省高端装备制造业发展情况探讨》，《木工机床》2019年第3期。

戴志颖：《战略性新兴产业协同演化动力机制研究》，《统计与决策》2015年第6期。

邓颖翔、朱桂龙：《产学研合作绩效的测量研究》，《科技管理研究》2009年第11期。

丁刚、黄杰：《区域战略性新兴产业的产业链图谱表达方式研究——以福建省光伏产业为例》，《中国石油大学学报》（社会科学版）2012年第3期。

丁堃：《产学研合作的动力机制分析》，《科学管理研究》2000年第18期。

董豪、曾剑秋、沈孟如：《产业创新复合系统构建与协同度分析——以信息通信产业为例》，《科学学研究》2016年第8期。

董树功：《协同与融合：战略性新兴产业与传统产业互动发展的有效路径》，《现代经济探讨》2013年第2期。

杜勇、黄庆华、张卫国：《战略性新兴产业微观主体协同创新风险控制机制研究》，《科技进步与对策》2014年第12期。

段晶晶：《产学研协同创新绩效提升路径研究——一个理论分析框架》，《内蒙古社会科学》（汉文版）2014年第2期。

方正良：《加快培育经济增长新动能着力推动战略性新兴产业高质量发展——对战略性新兴产业的调研与思考》，《开发性金融研究》2019

年第 4 期。

高海燕:《创新生态系统战略性新兴产业创新能力评价指标构建》,《科技和产业》2020 年第 9 期。

高明、赵丹华:《基于技术路线图的战略性新兴产业发展研究——以福建省 LED 照明产业为例》,《发展研究》2013 年第 11 期。

高伟、缪协兴等:《基于区际产业联动的协同创新过程研究》,《科学学研究》2012 年第 2 期。

龚惠群、黄超、王永顺:《战略性新兴产业的成长规律、培育经验及启示》,《科技进步与对策》2011 年第 23 期。

顾菁、薛伟贤:《高技术产业协同创新研究》,《科技进步与对策》2012 年第 22 期。

郭江江:《战略性新兴产业发展新趋势新特点》,《浙江经济》2020 年第 12 期。

郭天娇、邹国庆:《战略性新兴产业开放式创新模式与对策研究》,《经济纵横》2020 年第 3 期。

贺俊、吕铁:《战略性新兴产业:从政策概念到理论问题》,《财贸经济》2012 年第 5 期。

何郁冰:《产学研协同创新的理论模式》,《科学学研究》2012 年第 2 期。

胡冬云、陶丹:《面向行业产业的协同创新中心运行机制研究》,《中国高校科技》2012 年第 11 期。

胡浩、李子彪、胡宝民:《区域创新系统多创新极共生演化动力模型》,《管理科学学报》2011 年第 10 期。

胡慧玲:《产学研协同创新系统耦合机理分析》,《科技管理研究》2015 年第 6 期。

胡梅玲等:《新能源汽车财政补贴政策分析——以福建省为例》,《科技经济市场》2020 年第 3 期。

胡明铭、徐姝:《产业创新系统研究综述》,《科技管理研究》2009 年第 7 期。

胡毅等：《战略性新兴产业创新驱动发展的关键要素研究》，《科技促进发展》2014年第6期。

胡支军、黄登仕：《证券组合投资分析的进化博弈方法》，《系统工程》2004年第7期。

黄传慧、郑彦宁、吴春玉：《美国科技成果转化机制研究》，《湖北社会科学》2011年第10期。

黄晓卫：《高科技产业园区知识创新的动力机制分析》，《统计与决策》2012年第7期。

贾生华、邬爱其、疏礼兵：《基于协同创新思想的浙江民营企业创新发展模式》，《浙江社会科学》2005年第2期。

菅利荣：《国际典型的产学研协同创新机制研究》，《高校教育管理》2012年第5期。

姜启军：《中国纺织服装企业协同创新的动因和形成过程》，《企业经济》2007年第6期。

蒋石梅、张爱国等：《产业集群产学研协同创新机制——基于保定市新能源及输变电产业集群的案例研究》，《科学学研究》2012年第2期。

剧锦文：《战略性新兴产业的发展"变量"：政府与市场分工》，《改革》2012年第3期。

康健、胡祖光：《战略性新兴产业与生产性服务业协同创新研究：演化博弈推演及协同度测度》，《科技管理研究》2015年第4期。

《科技日报》记者：《抓住机遇培育和发展战略性新兴产业——访科技部部长万钢》，《理论参考》2010年第11期。

孔祥浩、张研：《面向行业的三螺旋协同创新发展模型研究》，《科技进步与对策》2013年第4期。

李海超、李志春：《高技术产业原始创新系统分析及创新能力评价研究》，《中国管理科学》2015年第11期。

李黄庭、易瑞灶：《福建省海洋生物医药产业发展研究》，《海洋开发与管理》2017年第10期。

李金海、崔杰、刘雷：《基于协同创新的概念性结构模型研究》，《河北工业大学学报》2013年第1期。

李莉：《新时期战略性新兴产业人力资源培养机制——以福建新一代信息技术产业为例》，《辽宁工程技术大学学报》（社会科学版）2014年第3期。

李玲、忻海然：《福建省战略性新兴产业人才队伍建设SWOT分析及对策研究》，《电子科技大学学报》（社会科学版）2013年第5期。

李锐、鞠晓峰、刘茂长：《基于自组织理论的技术创新系统演化机理及模型分析》，《运筹与管理》2010年第2期。

李巍、郗永勤：《战略性新兴产业创新系统协同度的测度》，《统计与决策》2017年第2期。

李丫丫、赵玉林：《战略性新兴产业融合发展机理——基于全球生物芯片产业的分析》，《宏观经济研究》2015年第11期。

李煜华、武晓锋、胡瑶瑛：《基于演化博弈的战略性新兴产业集群协同创新策略研究》，《科技进步与对策》2013年第2期。

李祖超、聂飒：《产学研协同创新问题分析与对策建议》，《中国高校科技》2012年第8期。

林宏杰：《战略性新兴产业发展优先序评价方法及应用——基于残缺区间直觉模糊集的评价》，《厦门理工学院学报》2018年第6期。

林民书、刘名远：《区域战略性新兴产业发展困境与策略选择——以海西经济区为例》，《福建论坛》（人文社会科学版）2013年第1期。

林孟涛：《加快发展福建省新能源产业的对策研究》，《东南学术》2012年第3期。

林润辉：《谢宗晓等协同创新网络、法人资格与创新绩效：基于国家工程技术研究中心的实证研究》，《中国软科学》2014年第10期。

林松辉：《政策性金融支持福建省新能源产业发展》，《海外投资与出口信贷》2016年第4期。

林涛：《基于协同学理论的高校协同创新机理研究》，《研究生教育研究》2013年第2期。

林榅荷：《"十三五"时期福建战略性新兴产业发展问题的思考》，《产业与科技论坛》2016年第17期。

林学军：《战略性新兴产业的发展与形成模式研究》，《中国软科学》2012年第2期。

林迎星、廖菊珠：《基于创新驱动的福建省高端装备制造业发展研究》，《福建论坛》（人文社会科学版）2019年第7期。

林章岁等：《战略性新兴产业与传统产业耦合发展的实证研究》，《经济研究导刊》2017年第17期。

刘洪昌：《中国战略性新兴产业的选择原则及培育政策取向研究》，《科学学与科学技术管理》2011年第3期。

刘嘉琳、汤吉军：《东北地区战略性新兴产业与传统产业融合发展研究——基于动态演化博弈模型分析》，《经济问题探索》2020年第11期。

刘锦英：《核心企业自主创新网络演化机理研究：以鸽瑞公司"冷轧钢带"自主创新为例》，《技术与创新管理》2014年第2期。

刘名远、卓子凯：《福建省海洋战略性新兴产业发展路径研究》，《发展研究》2018年第11期。

刘玉忠：《后危机时代中国战略性新兴产业发展战略的选择》，《中国科技论坛》2011年第2期。

刘志彪：《战略性新兴产业的高端化：基于"链"的经济分析》，《产业经济研究》2012第3期。

刘志高、尹贻梅：《演化经济地理学：当代西方经济地理学发展的新方向》，《国外社会科学》2006年第2期。

刘志华、李林、姜郁文：《我国区域科技协同创新绩效评价模型及实证研究》，《管理学报》2014年第6期。

刘志迎、单洁含：《协同创新背景下组织间沟通与创新绩效关系研究》，《当代财经》2013年第7期。

陆淑敏、饶元等：《面向科技融合的文化创意产业协同创新机制研究》，《西安交通大学学报》（社会科学版）2013年第3期。

吕海萍、龚建立等：《产学研相结合的动力——障碍机制实证分析》，

《研究与发展管理》2004年第2期。

马飞虹：《官产学合作创新系统建模与仿真方法研究》，《计算机仿真》2012年第9期。

毛荐其、刘娜：《基于技术生态的技术协同演化机制研究》，《自然辩证法研究》2010年第11期。

苗成林、冯俊文等：《基于协同理论和自组织理论的企业能力系统演化模型》，《南京理工大学学报》2013年第1期。

欧阳峰、曾靖：《基于主成分—粗糙集方法的战略性新兴产业创新驱动绩效评价——以战略性新兴产业上市公司为样本》，《工业技术经济》2015年第12期。

彭纪生、吴林海：《论技术协同创新模式及建构》，《研究与发展管理》2000年第5期。

乔玉婷、曾立：《战略性新兴产业的军民融合式发展模式分析》，《预测》2011年第5期。

邱栋、吴秋明：《产学研协同创新机理分析及其启示——基于福建部分高校产学研协同创新调查》，《福建论坛》2013年第4期。

曲永军、毕新华：《后发地区战略性新兴产业成长动力研究》，《社会科学战线》2014年第5期。

冉龙、陈晓玲：《协同创新与后发企业动态能力的演化》，《科学学研究》2012年第2期。

饶燕婷：《"产学研"协同创新的内涵、要求与政策构想》，《高教探索》2012年第4期。

单玉丽：《福建战略性新兴产业发展与闽台合作五大策略》，《福建论坛》（人文社会科学版）2011年第10期。

邵景峰等：《基于数据的产学研协同创新关键动力优化》，《中国管理科学》2013年第11期。

申俊喜：《创新产学研合作视角下我国战略性新兴产业发展对策研究》，《科学学与科学技术管理》2012年第2期。

沈奎琴、李双荣、郤永勤：《福建省新能源产业技术创新体系构建研究》,《能源与环境》2015年第4期。

沈小峰、郭治安:《协同学的方法论问题》,《北京师范大学学报》1984年第1期。

石乘齐、党兴华:《创新网络演化动力研究》,《中国科技论坛》2013年第1期。

孙冰、林婷婷:《我国高技术产业竞争力与技术创新的关系研究》,《中国科技论坛》2012年第1期。

孙国民:《战略性新兴产业概念界定:一个文献综述》,《科学管理研究》2014年第2期。

唐文献等:《知识驱动协同创新的产品开发模型》,《计算机集成制造系统》2005年第6期。

特日昆、宋波、徐飞:《技术与制度协同创新的战略性新兴产业演化机理研究》,《科学管理研究》2015年第4期。

田霖:《城市化若干问题的再探讨——基于演化经济学的新视角》,《商业研究》2005年第6期。

涂文明:《我国战略性新兴产业区域集聚的发展路径与实践模式》,《现代经济探讨》2012年第9期。

万幼清、邓明然:《基于知识视角的产业集群协同创新绩效分析》,《科学学与科学技术管理》2007年第4期。

王飞:《生物医药创新网络的合作驱动机制研究》,《南京社会科学》2012年第2期。

王灏:《光电子产业区域创新网络构建与演化机理研究》,《科研管理》2013年第1期。

王宏起、于澎田、李玥:《大学科技园集成创新能力形成与演化机理研究》,《科技进步与对策》2015年第24期。

王建华、林子华:《区域创新系统中官产学合作问题研究——以福建省培育战略性新兴产业为例》,《综合竞争力》2011年第5期。

王进富等:《产学研协同创新机制研究——一个理论分析框架》,《科技进步与对策》2013年第16期。

王静等:《新能源汽车产业政策工具与产业创新需求要素关联分析》,《科学学与科学技术管理》2018 年第 5 期。

王利政:《我国战略性新兴产业发展模式分析》,《中国科技论坛》2011 年第 1 期。

王敏、辜胜阻:《中国高技术产业技术创新能力的实证分析》,《中国科技论坛》2015 年第 3 期。

王仙雅、慕静:《物流产业集群与外环境的协同演化及仿真》,《统计与决策》2011 年第 4 期。

王小迪、徐岩、任思儒:《企业协同创新研究观点综述》,《经济纵横》2013 年第 6 期。

王新新:《战略性新兴产业发展规律及发展对策分析研究》,《科学管理研究》2011 年第 4 期。

汪秀婷:《战略性新兴产业协同创新网络模型及能力动态演化研究》,《中国科技论坛》2012 年第 11 期。

王艳、纪志成:《物联网产业协同创新模型与机制研究》,《贵州社会科学》2013 年第 5 期。

王智新、梁翠:《科技服务业与战略性新兴产业融合发展对产业升级的影响研究》,《科学管理研究》2017 年第 35 期。

危怀安、聂继凯:《协同创新的内涵及机制研究述评》,《中共贵州省委党校学报》2013 年第 1 期。

吴赐联、林晶、颜华玲:《福建省战略性新兴产业的选择及评价研究——基于技术进步视角》,《三峡大学学报》(人文社会科学版)2017 年第 2 期。

吴德进:《加快福建战略性新兴产业培育与发展探究》,《福建论坛》(人文社会科学版)2011 年第 3 期。

吴雷:《装备制造业突破性创新机制的系统演化过程研究》,《科学学与科学技术管理》2014 年第 4 期。

吴卫、银路:《巴斯德象限取向模型与新型研发机构功能定位》,《技术经济》2016 年第 8 期。

夏红云：《产学研协同创新动力机制研究》，《科学管理研究》2014年第6期。

熊勇清、李世才：《战略性新兴产业与传统产业耦合发展的过程及作用机制探讨》，《科学学与科学技术管理》2010年第31期。

解学梅：《中小企业协同创新网络与创新绩效的实证研究》，《科学管理研究》2010年第8期。

解学梅、曾赛星：《科技产业集群持续创新系统运作机理：一个协同创新观》，《科学学研究》2008年第4期。

熊励、孙友霞等：《协同创新研究综述——基于实现途径视角》，《科技管理研究》2011年第14期。

徐丰伟：《基于协同的装备制造业技术创新能力评价指标体系研究》，《科学管理研究》2011年第5期。

徐静等：《我国产学研合作动力机制研究》，《中国科技论坛》2012年第7期。

许强、应翔君：《核心企业主导下传统产业集群和高技术产业集群协同创新网络比较》，《软科学》2012年第6期。

颜军梅：《高校产学研协同创新模式分类及实现路径研究》，《科技进步与对策》2014年第31期。

闫俊周：《战略性新兴产业培育和发展的趋同性研究——基于我国东、中、西六个省份的多案例分析》，《技术经济与管理研究》2017年第5期。

闫俊周、齐念念：《国内战略性新兴产业协同创新研究综述与展望》，《技术与创新理》2019年第6期。

杨莤、薛建强：《中国新一代信息技术产业发展背景与趋势分析》，《辽宁行政学院学报》2013年第3期。

杨宁、黄蕾：《福建省战略科技企业核心竞争力提升路径研究》，《福建教育学院学报》2020年第4期。

杨志刚：《技术系统和创新系统：观点及其比较》，《软科学》2003年第3期。

姚洪珠、邓飞其、刘永清：《演化理论在研究风险投资与政府职能间关系中的应用》,《武汉科技大学学报》（自然科学版）2004年第3期。

姚艳虹、夏敦：《协同创新动因——协同剩余：形成机理与促进策略》,《科技进步与对策》2013年第20期。

杨育、郭波、尹胜等：《客户协同创新的内涵与概念框架及其应用研究》,《计算机集成制造系统》2008年第5期。

杨枝茂：《发展战略新兴产业对促进我国产业结构升级的影响研究》,《商业经济研究》2018年第15期。

尹润锋：《战略导向、领导风格对协同创新绩效作用机理研究》,《科技进步与对策》2013年第10期。

喻登科、涂国平、陈华：《战略性新兴产业集群协同发展的路径与模式研究》,《科学学与科学技术管理》2012年第33期。

喻汇：《基于技术联盟的企业协同创新系统研究》,《工业技术经济》2009年第4期。

虞佳、朱志强：《基于生态学理论的产学研协同创新研究》,《科技通报》2013年第7期。

俞立平、孙建红：《知识溢出下自主研发与协同创新综合绩效研究》,《科学学与科学技术管理》2014年第6期。

于新东、牛少凤：《培育发展战略性新兴产业的背景分析、国际比较与对策研究》,《经济研究参考》2011年第16期。

詹锦华：《基于钻石模型的福建省新能源汽车产业竞争力分析》,《中国集体经济》2017年第7期。

张彩庆、李祺：《我国风力发电产业技术创新能力评价指标体系研究》,《科学管理研究》2013年第6期。

张明火：《福建省新一代信息技术产业发展仿真研究》,《科技管理研究》2013年第2期。

张力：《产学研协同创新的战略意义和政策走向》,《教育研究》2011年第7期。

张丽：《长三角新能源产业协同创新研究》,《宏观经济管理》2010年第

2期。

张敬文、谢翔、陈建：《战略性新兴产业协同创新绩效实证分析及提升路径研究》，《宏观经济研究》2015年第7期。

张淑莲、胡丹等：《京津冀高新技术产业协同创新研究》，《河北工业大学学报》2011年第6期。

张巍、华贤：《产学研协同创新主体间利益协调问题研究》，《技术与创新管理》2017年第5期。

张旭梅等：《供应链企业间的协同创新及其实施策略研究》，《现代管理科学》2008年第5期。

张治栋、甘卫平：《我国区域高技术产业自主创新能力综合评价与分析》，《科技管理研究》2014年第14期。

张志宏：《关于培育和发展战略性新兴产业的思考》，《中国高新区》2010年第11期。

赵长轶、曾婷、顾新：《产学研联盟推动我国战略性新兴产业技术创新的作用机制研究》，《四川大学学报》（哲学社会科学版）2013年第3期。

赵进、刘延平：《产业集群生态系统协同演化的环分析》，《科学管理研究》2010年第2期。

赵龙文、冯小宁：《基于OGSA的广东产业集群协同创新平台设计》，《科技进步与对策》2010年第14期。

赵玉林、王春珠：《战略性新兴产业发展中创新与需求协同驱动异质性分析》，《中国科技论坛》2017年第5期。

甄晓非：《协同创新模式与管理机制研究》，《科学管理研究》2013年第1期。

钟荣丙：《战略性新兴产业协同创新的组织模式研究》，《改革与战略》2013年第2期。

周磊等：《产业创新系统演化研究——以航空航天制造业为例》，《长江大学学报》（社会科学版）2020年第6期。

周绍东：《战略性新兴产业创新系统研究述评》，《科学管理研究》2012

年第 4 期。

周松涛：《混沌理论的有色金属集群企业网络创新演化机理》，《求索》2009 年第 6 期。

周正、尹玲娜、蔡兵：《我国产学研协同创新动力机制研究》，《软科学》2013 年第 7 期。

朱迎春：《政府在发展战略性新兴产业中的作用》，《中国科技论坛》2011 年第 1 期。

朱祖平：《企业协同创新机制与管理再造》，《管理与效益》1998 年第 1 期。

邹波、郭峰等：《三螺旋协同创新的机制与路径》，《自然辩证法研究》2013 年第 7 期。

三 学位论文

陈光：《企业内部协同创新研究》，博士学位论文，西南交通大学，2005 年。

李锐：《企业创新系统自组织演化机制及环境研究》，博士学位论文，哈尔滨工业大学，2010 年。

罗敏静：《战略性新兴产业协同创新的政策支撑体系研究》，博士学位论文，广西大学，2017 年。

毛清华：《风电设备制造业技术创新系统演化机理与技术追赶研究》，博士学位论文，燕山大学，2011 年。

司林波：《装备制造业技术协同创新机制及绩效研究》，博士学位论文，燕山大学，2017 年。

万熊婷：《战略性新兴产业协同创新能力评价研究》，博士学位论文，南昌大学，2015 年。

王博：《战后日本技术创新与经济增长研究》，博士学位论文，吉林大学，2020 年。

王芳：《中国制造业产业集群内协同创新决策机制研究》，博士学位论文，中南财经政法大学，2019 年。

四 网络文献

温家宝：《省部级主要领导干部深入贯彻落实科学发展观加快经济发展方式转变专题研讨班上的重要讲话》，https：//www.ndrc.gov.cn/fgzgz/fgjh/xcjy/201002/t20100226_1094496.html＞。

Abend and Joshua, "Innovation Management: The Missing Link in Productivity" *Management Review*, No. 68, 1979.

Agarwal, R., B. L. Bayus, "Creating and Surviving in New Industries", *Advances in Strategic Management*, No. 21, 2004.

Blankenberga A., Lakshmi G. and Iris J., "Information Management for Innovation Networks: An Empirical Study on the 'Who, What and How' in Networked Innovation", *International Journal of Information Management*, Vol. 36, No. 3, 2016.

Brian Morris, "High Technology Development: Applying a Social Network Paradigm", *Journal of New Business Ideas & Trends*, No. 4, 2006.

Claude G., *Dynamic Competition and Development of New Competencie*, Clarlotte: Information Age Publishing, 2003.

Cooker, Mguranga and Getxebarria, "Regional Innovation Systems: Institutional and Organizational Dimensions", *Research Policy*, No. 26, 1997.

Courtney and James E., "Decision Making and Knowledge Management in Inquiring Organizations: Toward a New Decision-Making Paradigm for DSS" *Decision Support Systems*, Vol. 31, No. 1, 2001.

Gertner D., Roberts J., Charles D., "University-industry Collaboration: A CoPs Approach to KTPs", *Journal of Knowledge Management*, Vol. 15, No. 4, 2011.

Goldstein, "Emergence as a Construct: History and Issues", *Emergence*, Vol. 1, No. 1, 1999.

Hermans F., Apeldoorn D., Stuiver M., "Niches and Networks: Explaining Network Evolution through Niche Formation Processes", *Research*

Policy, Vol. 42, No. 3, 2013.

Huber and George, "Synergies between Organizational Learning and Creativity & Innovation", *Creativity & Innovation Management*, No. 7, 1998.

Iizuka and Michiko, "Using Functions of Innovation Systems to Understand the Successful Emergence of Non-traditional Agricultural Export Industries in Developing Countries: Cases from Ethiopia and Chile" *European Journal of Development Research*, Vol. 29, No. 2, 2017.

Ikiujorin Nonaka, "The Knowledge-creating Company", *Harward Business Review*, No. 69, 1991.

Ilyong Kim, "Managing Korea's System of Technological Innovation", *Interfaces*, No. 23, 1993.

Jefferson and Gary H. , "R&D Performance in Chinese industry", *Economics of Innovation and New Technology*, Vol. 19, No. 5, 2010.

Jadesadalug, Viroj, Ussahawanitchakit and Phapruke, "The Impacts of Organizational Synergy and Autonomy on New Product Performance: Moderating Effects of Corporate Mindset and Innovation", *Journal of International Business Strategy*, No. 8, 2008.

Jungwon Yoon, "The Evolution of South Korea's Innovation System: Moving Towards the Triple Helix Model?", *Scientometrics*, Vol. 104, No. 1, 2015.

Kadama, "Creating New Businesses through a Strategic Innovation Community: Case Study of a New Interactive Video Service in Japan", *International Journal of Project Management*, No. 20, 2002.

Ketchen, Ireland, and Snow, "Strategic Entrepreneurship, Collaborative Innovation, and Wealth Creation", *Strategic Entrepreneurship Journal*, No. 1, 2007.

Low, M. B. and E. Abrahamson, "Movements, Bandwagons, and Clones: Industry Evolution and the Entrepreneurial Process", *Journal of Business Venturing*, Vol. 6, No. 12, 1997.

Miles R. E., Snow, C. C., Miles, G., *Collaborative Entrepreneurship: How Communities of Networked Firms Use Continuous Innovation to Create Economic Wealth*, California: Stanford University Press, 2005.

McGahan, "Context, Technology and Strategy: Forging New Perspectives on the Industry Life Cycle", *Advances in Strategic Management*, No. 21, 2004.

Nelson, *An Evolutionary Theory of Economic Change*, Cambridge: The Belknap Press of Harvard University Press, 1982.

Ostendorf J., Mouzas S., Chakrabarti R., "Innovation in Business Networks: The Role of Leveraging Resources", *Industrial Marketing Management*, Vol. 15, No. 1, 2014.

Porter, M. E., "Competitive Advantage, Agglomeration Economics, and Regional Policy", *International Regional Science Review*, Vol. 15, No. 1, 1996.

Reichardtab K., "Analyzing Interdependencies between Policy Mixes and Technological Innovation Systems: The Case of Offshore Wind in Germany", *Technological Forecasting and Social Change*, Vol. 106, No. 3, 2016.

Santoro M. D., "Success Breeds Success: The Linkage between Relationship Intensity and Tangible Outcomes in Industry University Collaborative Ventures", *The Journal of High Technology Management Research*, Vol. 11, No. 2, 2000.

Schlüter and Leonie, "Industrial Symbiosis Emergence and Network Development through Reproduction", *Journal of Cleaner Production*, Vol. 252, No. 12, 2020.

Tanimoto J., Coevulutionary, "Coexiting Learning and Teaching Agents Model for Prisoner's Dilemma Games Enhancing Cooperation with Assortative Heterogeneous Networks", *Physica A: Statistical Mechanics and Its Applications*, Vol. 392, No. 12, 2013.

Tooran Etzkowitz, "The Role of Local Communities: A Modification for the Knowledge-Based Regional Development Theory", *Academia*, No. 1, 2010.

Urtado, Christelle, Oussalah and Chabane, "Complex Entity Versioning at Two Granularity Levels", *Information Systems*, Vol. 23, No. 3, 1998.

Veugelers and Cassiman, "R&D Cooperation between Firms and Universities, Some Empirical Evidence from Belgian Manufacturing", *International Journal of Industrial Organization*, Vol. 23, No. 5, 2005.

Wahab Sazali Abdu, Rose Raduan Che and Suzana Idayu, "Exploring the Technology Transfer Mechanisms by the Multinational Corporations: A Literature Review", *Asian Social Science*, No. 3, 2012.

Wang Kun, "An Evolutionary Algorithm of the Regional Collaborative Innovation Based on Complex Network", *Discrete Dynamics in Nature and Society*, Vol. 2016, No. 1, 2016.

Wieimeier, Thoma Axe and Christoph, "Leveraging Synergies between R&D and Key account Management to Drive Value Creation", *Research Technology Management*, No. 55, 2012.

Wolfgang T., Hermann H., "The Functional Aspects of Self Organized Pattern Formation", *New Ideas in Psychology*, Vol. 25, No. 1, 2007.